南京大学人文地理丛书

编 委 会

总 序[1]

曾尊固　崔功豪　黄贤金　张　捷　张京祥

　　自 1921 年竺可桢先生创立地学系以来,南京大学地理学已走过了 91 年发展路程;若追溯到南京高等师范学校 1919 年设立的文史地部,南京大学地理学科的历史则已有 93 年之久。九十多年的历史见证了南京大学人文地理学科发展的历程与辉煌,彰显了南京大学人文地理学科对中国当代人文地理学发展的突出贡献。

　　南京大学是近代中国人文地理学科发展的奠基者。从最初设立的文史地部,到后来的地学系,再到 1930 年建立地理系,一直引领着中国近代地理学科建设与发展;介绍"新地学",讲授欧美的"人地学原理"、"人生地理",以及区域地理、世界地理、政治地理、历史地理、边疆地理和建设地理等,创建了中国近代人文地理学学科体系;南京大学的人文地理一贯重视田野调查,1931 年"九·一八"事变前组织的东北地理考察团,随后又开展的云南、两淮盐垦区考察以及内蒙古、青藏高原等地理考察,还有西北五省铁路旅游、京滇公路六省周览等考察,均开近代中国地理考察风气之先;1934 年,竺可桢、胡焕庸、张其昀、黄国璋等先生发起成立中国地理学会,创办了《地理学报》,以弘扬地理科学、普及地理知识,使南京大学成为当时全国地理学术活动的组织核心。人文地理学先驱和奠基人胡焕庸、张其昀、

　　〔1〕 感谢任美锷、吴传钧、张同铸、宋家泰等先生在《南京大学地理学系建系八十周年纪念》的文章以及胡焕庸、李旭旦先生为南京大学地理系建系 65 周年作的纪念文章,为本序内容提供了宝贵的借鉴和难得的资料。感谢南京大学地理与海洋科学学院院长、长江学者特聘教授高抒教授对于丛书出版的关心与支持。感谢南京大学地理与海洋科学学院党委书记、长江学者特聘教授鹿化煜教授,为完善序言内容提出了修改意见。

李旭旦、任美锷、吴传钧、宋家泰、张同铸等先生都先后在南京大学人文地理学科学习或教学、研究。早在1935年,任美锷先生、李旭旦先生就翻译、出版了《人地学原理》一书,介绍了法国人地学派;1940年设立中央大学研究院地理学部培养硕士研究生,开展城市地理与土地利用研究;20世纪40年代,任美锷先生在国内首先引介了韦伯工业区位论,并撰写了《建设地理学》,产生了巨大影响;胡焕庸先生提出了划分我国东南半壁和西北半壁地理环境的"胡焕庸线"——瑷珲—腾冲的人口分布线,至今仍然为各界公认。张其昀、沙学浚先生分别著有《人生地理学》、《中国区域志》及《中国历史地理》、《城市与似城聚落》等著作,推进了台湾人文地理学科研究和教育的发展。竺可桢先生倡导的"求是"学风、胡焕庸先生倡导的"学业并重"学风,一直引领着南京大学人文地理学科的建设与发展。

南京大学积极推进当代中国人文地理教育,于1954年在全国最早设立了经济地理专业;1977年招收城市规划方向学生,1979年吴友仁发表《关于中国社会主义城市化问题》,引起了学界对于中国城市化问题的关注,也推动了城市规划专业教育事业发展;1983年兴办了经济地理与城乡区域规划专业(后为城市规划专业),成为综合性高校最早培养理科背景的城市规划人才的单位之一;1982年与国家计划委员会、中国科学院自然资源综合考察委员会合作创办了自然资源专业(后为自然资源管理专业、资源环境与城乡规划管理专业);1991年又设立了旅游规划与管理专业(现为旅游管理专业)。这不仅为培养我国人文地理学人才提供了多元、多领域的支撑,而且也为南京大学城市地理、区域地理、旅游地理、土地利用、区域规划等人文地理学科的建设与发展提供了有力的支撑。

南京大学不仅在人文地理专业教育与人才培养方面起引导作用,而且在人文地理学科建设方面也走在全国前列,当代人文地理学教学与研究中名家辈出。张同铸先生的非洲地理研究、宋家泰先生的城市地理研究、曾尊固先生的农业地理研究、崔功豪先生的区域规划研究、雍万里先生的旅游地理研究、包浩生先生的自然资源与国土整治研究、彭补拙先生的土地利用研究、林炳耀先生的计量地理研究等,都对我国人文地理学科建设与发展产生了深远的影响,在全国人文地理学科发展中占据着重要的地位。同时,南京大学人文地理学科瞄准国际学科发展前沿和国家发展需求,积极探索农户行为地理、社会地理、信息地理、企业地理、文化地理、女性地理、交通地理等新的研究领域,保持着人文地理学学科前沿研究和教学创新的活力。

　　南京大学当代人文地理学科建设与发展,以经济地理、城市地理、非洲地理、旅游地理、区域土地利用为主流学科,理论人文地理学和应用人文地理学并重发展,人文地理学的学科渗透力和服务社会能力得到持续增强,研究机构建设也得到了积极推进。充分利用南京大学综合性院校多学科的优势,突出人文地理学研究国际化合作,整合学科资源,成立了一系列重要的人文地理研究机构,主要有:南京大学非洲研究所、区域发展研究所、旅游研究所、城市科学院等;同时,还与法国巴黎第十二大学建立了中法城市·区域·规划科学研究中心。按照服务国家战略、服务区域发展以及协同创新的目标,与江苏省土地勘测规划院共建国土资源部海岸带国土开发与重建重点实验室,与江苏省国土资源厅合建了南京大学—江苏省国土资源厅国土资源研究中心。此外,还积极推进人文地理学科实验室以及工程中心建设,业已建立了南京大学—澳大利亚西悉尼大学虚拟城市与区域开发实验室,以及南京大学城市与区域公共安全实验室、旅游景观环境评价实验室、江苏省土地开发整理技术工程中心等。

　　南京大学当代人文地理教育培养了大量优秀人才,在国内外人文地理教学、研究及区域管理中发挥了中坚作用。如,中国农业区划理论主要奠基人——中国科学院地理与资源研究所邓静中研究员;组建了中国第一个国家级旅游地理研究科学组织,曾任中国区域科学协会副会长,中国科学院地理与资源科学研究所的郭来喜研究员;中国科学院南京分院原院长、中国科学院东南资源环境综合研究中心主任、著名农业地理学家佘之祥研究员;中国区域科学协会副会长、中国科学院地理与资源科学研究所著名区域地理学家毛汉英研究员;我国人文地理学培养的第一位博士和第一位人文地理学国家杰出青年基金获得者——中国地理学会原副理事长、清华大学建筑学院顾朝林教授;教育部人文社会科学重点研究基地、河南大学黄河文明与可持续发展研究中心主任、黄河学者苗长虹教授;中国城市规划学会副理事长石楠教授级高级城市规划师;中国城市规划设计研究院副院长杨保军教授级高级城市规划师;英国伦敦大学学院城市地理学家吴缚龙教授等,都曾在南京大学学习过。曾任南京大学思源教授的美国马里兰大学沈清教授、南京大学国家杰出青年基金(海外)获得者、美国犹他大学魏也华教授也都在人文地理学科工作过,对推进该学科国际合作起到了积极作用。

南京大学当代人文地理学科建设与发展之所以有如此成就,是遵循了任美锷先生提出的"大人文地理学"学科发展思想的结果,现今业已形成了以地理学、城乡规划学为基础学科,以建筑学、经济学、历史学、社会学、公共管理等学科为交融的新"大人文地理科学"学科体系。南京大学正以此为基础,在弘扬人文地理学科传统优势的同时,通过"融入前沿、综合交叉、服务应用"的大人文地理学科发展理念,积极建设和发展"南京大学人文地理研究中心"(www.hugeo.nju.edu.cn)。

新人文地理学科体系建设,更加体现了时代背景,更加体现了学科融合的特点,更加体现了人文地理学方法的探索性,更加体现了新兴学科发展以及国家战略实施的要求。为此,南京大学人文地理学科组织出版了《南京大学人文地理丛书》,这不仅是南京大学人文地理学科发展脉络的延续,更体现了学科前沿、交叉、融合、方法创新等,同时,也是对我国人文地理学科建设与发展新要求、新趋势的体现。

《南京大学人文地理丛书》将秉承南京大学人文地理学科建设与发展的"求是"学风,"学业并重",积极探索人文地理学科新兴领域,不断深化发展人文地理学理论,努力发展应用人文地理学研究,从而为我国人文地理学科建设添砖加瓦,为国内外人文地理学科人才培养提供支持。

我们衷心希望《南京大学人文地理丛书》能更加体现地理学科的包容性理念,不仅反映南京大学在职教师、研究生的研究成果,还反映南京大学校友的优秀研究成果,形成体现南大精神、反映南大文化、传承南大事业的新人文地理学科体系。衷心希望《南京大学人文地理丛书》的出版,不仅展现南京大学人文地理学的最新研究成果,而且能够成为南京大学人文地理学科发展新的里程碑。

前　言

　　新形势下社会经济环境的变化,以及城市发展的空间制约,对滨江城市未来发展既是机遇又是挑战。世界上很多著名的大都市是跨江河发展的,如伦敦跨泰晤士河,巴黎跨塞纳河,鹿特丹跨马斯河,汉堡跨易北河,纽约跨哈得逊河,布达佩斯跨多瑙河,以及上海跨黄浦江发展。两岸的跨江河通道,在城市的发展、人口的扩散和土地的开发中是重要的先决条件。这些城市的发展模式大多是:城市先单边发展,当发展到一定程度,具有跨江的实力和强烈需求时,再加强江河两岸各项基础配套设施的完善以及相关政策支持,逐渐实现城市沿江河双侧发展,从而扩大城市发展空间,疏散主城人口,保证经济持续增长。

　　跨江通道是国内外众多跨江城市持续快速发展的重要保证,而在南京跨长江段,桥隧密度与其他发达跨江城市相差甚远。因此,近年来南京将跨江通道的规划与建设作为一项长久的工程持续进行,以落实跨江发展战略,实现浦口副城经济持续快速增长。

　　本书第一章探讨了跨江通道研究的背景、意义和目标:我国处于城市化加速阶段,原有的城市空间结构与规划布局难以适应社会经济活动的深刻变化。跨江通道建设能极大地提高滨江副城交通通达性,拓展城市空间,加速城市朝集约型城市转变。希望通过研究跨江通道对城市建设用地增长的影响,科学确定未来城市重点发展方向;得出各跨江通道地价影响范围、地价作用模式,为浦口区节约与集约用地、提高用地效益提供借鉴。

　　第二章中,回顾了相关理论的进展情况:区位理论,土地利用驱动力理论,城市增长理论,地价理论等。通过对理论的内涵分析和进展回顾,为下一步的实证研究打下基础。

第三章根据浦口区土地利用结构及用地分布情况,并结合相关统计资料,得出浦口区土地利用现状的特点,探讨了土地利用动态变化的幅度、速度及空间差异,并从社会经济、人口增加、政策、交通牵引等方面进行了建设用地增长的驱动力分析,发现交通流量与其他土地利用变化驱动因子呈正相关。

第四章利用 SLEUTH 元胞自动机模型,设置不同情景模拟预案,预测模拟区域未来三十余年(至 2040 年)城市扩张情况,确定城市适度增长模式为未来城市增长优选模式。然后进行跨江通道建设对浦口区城市用地增长的贡献分析,证实跨江通道的建设有力地拉动了浦口城市增长,但其贡献作用逐渐下降,需继续加大加密跨江通道建设,实现城市持续增长。

第五章讨论了跨江通道建设对浦口区地价的影响。研究以住宅地价为对象,分析跨江通道建设对浦口区住宅地价增值的影响。运用 GIS 空间叠置分析工具,计算得出 2020 年现状及规划各跨江通道对城市规划范围内各区段住宅地价的综合交通贡献值。

第六章利用生态服务价值方法研究了过江通道建设对浦口区土地生态的影响,并提出生态保护建议。

第七章对本研究进行了总结,并提出跨江通道建设下,浦口区的土地利用与城市发展建议。

由于作者水平有限,错误之处在所难免,恳请有关专家、学者和实际工作者提出批评指正。

目　录

第一章 绪 论

第一节 研究背景

一、跨江发展日益成为滨江城市战略选择

改革开放以来,伴随着国民经济的快速增长,城市社会经济发展突飞猛进,城市化水平迅速提高,城市规模也在相应地扩张;在城市扩张的同时,城市外部的空间结构也发生快速的演化。随着区域产业结构的重组、快速交通网络的建立,各城市融入整体区域经济,寻求协同发展,在长三角、珠三角、京津冀地区已基本形成大都市结构雏形。由于外部宏观环境、城市内部空间结构发生激烈变化,从而引起产业结构的调整与重新布局,交通、通信方式的转变和完善,城市中心职能的细化,新的城市产业集中区、生活区的形成,以及历史街区的更新与塑造等。在这样的形势下,原有的城市空间结构与规划布局难以适应社会经济活动的深刻变化,原有城市发展方针下制定的内聚或均衡增长模式无法适应快速的城市功能聚集、规模增长与土地拓展。

新形势下社会经济环境的变化,以及城市发展的空间制约,对滨江城市未来发展既是机遇又是挑战。我国的滨江城市大体可以分为两类:一类为内陆滨江型,如武汉、南昌等城市,城市腹地狭小,多山地丘陵,承担相对重要的区域水运功能,两岸土地、港口资源得到平衡开发,跨江发展战略实施较早;另一类为近海滨

江型,如南京、杭州、上海等城市,城市腹地相对较宽广,为近海平原或小盆地,江流既是重要的交通通道,又是重要的边界与防卫屏障。上海市由于特殊的地位与政策促进,自1992年至今已经实现跨黄浦江发展,但其他江面较宽的城市跨江力度还不够。世界上很多著名的大都市是跨江河发展的,如伦敦跨泰晤士河,巴黎跨塞纳河,鹿特丹跨马斯河,汉堡跨易北河,纽约跨哈得逊河,布达佩斯跨多瑙河,以及上海跨黄浦江发展。两岸的跨江河通道,在城市的发展、人口的扩散和土地的开发中是重要的先决条件。这些城市的发展模式大多是:城市先单边发展,当发展到一定程度,具有跨江的实力和强烈需求时,再加强江河两岸各项基础配套设施的完善以及相关政策支持,逐渐实现城市沿江河双侧发展,从而扩大城市发展空间,疏散主城人口,保证经济持续增长。

目前我国处于城市化加速阶段,各滨江城市经济发展十分迅速,区位交通条件便利,发展基础较好,滨江城市单侧规模迅速扩大,空间扩展受到制约。随着经济实力的增强,尤其是20世纪90年代后期我国加快了大型交通、水利、港口等基础设施的建设,规划并建设了跨江发展必需的多条跨江通道,初步具备跨江发展的基本条件。因此,跨江发展日益成为滨江城市特别是近海滨江型城市未来城市发展战略选择。

长江自云南水富至长江口全长2838 km,沿途流经7省2市,长江沿线地区是横贯我国中、东、西的重要经济走廊。截至2003年年底,四川宜宾以下干流河段已建和在建公路、铁路、城市桥梁54座(在建21座),其中湖北15座。但目前长江桥梁隧数量和能力仍然不足,跨江通道建设严重滞后,阻碍了大江南北的经济交流。桥梁分布也不够均匀,影响了路网结构的完善。同时,长江大桥建设规范不一,影响了航运业发展。目前,万吨级海轮只能直达铜陵,5000 t级轮船只能到达武汉,3000 t级轮船只能直达城陵矶。

2004年7月9日,国家发改委在武汉召开长江干流桥梁建设规划座谈会,按照提交讨论的初步规划,2020年前,长江干流上还需建设大桥(隧道)70座,届时,长江干流跨江通道将达到124座。

二、江苏省"沿江开发,跨江联动"战略

长三角地区是我国东南"黄金海岸"和长江"黄金水道"入海口的"T"型结合部,又是环球巨型经济增长带中长江经济带和我国沿海经济带的"十"字交汇部,初步形成了以上海为龙头,以南京、杭州为两翼的区域经济发展格局。随着经济全球化进程的加快,长江三角洲以其独特的滨江临海的区位和发达的制造业基础,正在成为全球新的投资热点地区。

目前,我省苏南地区由于其所处的优越区位,经济发展已经步入工业化后期,空间结构由轴线模式向网络化模式转化,急需产业、资本扩散转移,寻求发展幅地,扩大辐射范围。苏中地区空间结构主要是以轴线为重点,其经济中心主要集中在沿江地区,沿海和内陆发展相对落后,沿海产业主要以养殖业为主,投资硬环境差。苏北地区内部经济发展水平总体都比较落后,空间结构仍以点为主,没有形成明显的轴线,更没有网络的空间结构,需集中人力、物力、财力投入,使其空间结构实现由点状向轴线发展。

沿江产业带南北两岸产业、经济社会发展方面同样存在较大差距。江苏省沿江地区是长江三角洲重要的组成部分,拥有 800 多 km 的长江岸线和 8 个经济发达、人才资源优势明显的经济中心城市,分别是:南京、无锡、苏州、常州、镇江、南通、扬州、泰州,全区面积 4.84 万 km²,占全省的 48%。其优越的区位条件、丰富的劳动力资源和发达的基础设施网络已成为长江三角洲对外开放的重点地区。然而,沿江南北两岸经济发展存在明显差异,长江南岸经济发达,特别是东部无锡、苏州已经进入了产业扩张期,需要拓展新的发展空间,而岸线资源沿江空间日趋紧张,有北扩的愿望;北岸岸线资源丰富,开发程度和利用深度都有待提升,有接受辐射的渴求。在此背景下,江苏省委、省政府适时提出"沿江开发,跨江联动"战略,对整合两岸资源、实现优势互补、推动区域协调发展具有重大现实意义。

沿江开发,跨江联动,正是为了发挥沿江深水岸线优势,整合长江水、土、岸线资源,调整完善港口布局,提高集疏运能力,让各种要素各尽其用,加快建设沿江重化工制造业(主要包括冶金、机械、石油化工、造船等)基地及交通、能源、通信等

基础设施,加大长三角中枢上海和苏南地区辐射范围与强度,带动苏中、苏北地区快速发展。

三、南京市"以江为轴,跨江发展"部署

跨江(跨河)发展是国内外许多城市的发展模式。国外,如伦敦跨泰晤士河,巴黎跨塞纳河,纽约跨哈得逊河和东河,维也纳和布达佩斯跨多瑙河,汉城跨汉江等;国内,如天津跨海河,武汉跨长江和汉水,广州跨珠江,兰州跨黄河等。新设的直辖市重庆正在大力推进跨长江和嘉陵江发展,上海跨黄浦江使城市发展突飞猛进。进入新世纪以来,国内各滨江滨河城市纷纷作出"两岸联动,跨江发展"的重要决策,南京作为长三角城市群的三大节点城市之一,担负着拉动江北、辐射皖东的特殊作用。因此,调整发展思路、壮大自身实力对其而言意义重大。在江苏省沿江开发战略的指导下,市政府于 2006 年作出了"以江为轴,跨江发展"的战略部署,改滨江发展策略为跨江联动策略。南京市跨江发展,是城市社会经济发展的必然趋势,具有重要的现实意义。

滨江城市要实现跨江发展,必须具备一些跨江基础条件的支撑,包括经济总量、行政区划、设施配套、政策措施、思想观念等。2008 年,南京市实现地区生产总值 3775 亿元,按常住人口计算人均 GDP 达到 50327 元,社会固定资产投资等分别达到 2154.17 亿元,同比增长 15.3%,同时江北地区也进入了历史上发展最快、最好的时期,已超过了上海、杭州两市选择跨江发展时的经济实力。另外,江北地区行政区划在 2002 年已经得到调整,把原江浦县和原浦口区两辖区合并为浦口区,对克服产业重复、加快生产要素跨区域流动具有现实意义,是南京市构建跨江发展格局的实质性举措。另外,为了实现跨江发展战略部署,加快江北地区经济发展,南京市政府出台了一系列政策措施。

为了推进跨江发展步伐,南京市委、市政府相继出台了一些针对性的政策规定。2003 年 6 月,为呼应全省新一轮沿江开发,南京市委、市政府提出了促进沿江开发的 6 个方面、12 条政策。2004 年 9 月,"三城九镇"发展战略正式启动,为加快"三城九镇"建设,南京市政府计划在 5 年内投资 120 亿元,同时,出台了 24 条帮扶政策,包括用地、住房、户口、就业等 10 个方面。2007 年 1 月,在《中共南京

市委、南京市人民政府关于加快推进跨江发展战略的意见》（宁委发［2007］3 号，2007 年 1 月 12 日）文件中，提出跨江发展的战略目标是：立足江南、江北自身的特色优势，按照呼应主城、辐射周边的发展思路，着力打造现代化组团式新区，把江北地区建设成为全市重化工产业集聚区、高新技术产业先导区、现代物流业特色区、都市现代农业示范区和城市绿化生态保护区；推出了加快促进跨江发展的 24 条政策意见，涉及产业发展、招商引资、土地利用、生态环保、教育医疗、体制改革等内容。这些政策的推陈出新，加快了南京市跨江发展的进程，主城区人口、资本、技术不断流入江北地区，带动江北地区居住、旅游业、工业园区发展，促进江北产业结构升级，延长产业链，沿江南北两岸联系更加紧密。

第二节 跨江通道建设基本情况

一、浦口区跨江通道概况

南京为我国六大古都之一，是国家级历史文化名城，是江苏省政治、文化、经济中心。按照城市总体规划确定的"一个中心城，三个新市区"发展思路，最近几年，正在不断加快跨江发展速度，促进浦口新市区打造与建设。但是，南京市跨江发展的总体水平，特别是在跨江通道的建设及其数量分布方面，与世界发达城市相比还存在较大差距。在南京跨长江扬子江段，现有通道只有三座桥（南京长江大桥、二桥、三桥）及一个汽渡（板桥汽渡），桥隧平均分布密度仅为 15 km/座。而伦敦跨泰晤士河有 17 座过河通道，桥隧平均密度 1.1 km/座；巴黎的塞纳河上有 28 桥、6 隧，总共 34 座过河通道，桥隧平均密度 0.4 km/座；上海的黄浦江上也有 5 桥、5 隧，桥隧平均密度 3.5 km/座（见表 1 - 1）。与这些城市相比，南京市跨江通道数量较少、建设密度偏低，远不能满足日益增长的交通量需求。为实现南京市跨江发展，促进江北地区城市建设与经济发展，缩小江苏南北差距，实现区域经济整体协调发展，跨江通道的大量建设势在必行。

表1-1 世界跨河大城市跨江(河)通道统计概况表

城市名称	人口（万人）	河流名称	过河交通		桥隧平均分布密度	河两岸人口比
			桥	隧		
伦敦	227	泰晤士河	15	2	1.1 km/座	0.97
巴黎	232	塞纳河	28	6	0.4 km/座	0.95
鹿特丹	60	马斯河	2	3	3.6 km/座	0.44
汉堡	160	易北河	2	3	3.8 km/座	0.14
纽约	1619	哈得逊河	18	3	3.1 km/座	0.75
布达佩斯	200	多瑙河	2	1	1.6 km/座	0.57
上海	1300	黄浦江	5	5	3.5 km/座	约0.3

备注:不包括轮渡交通。

　　跨江发展最为重要的基础条件是交通配套设施——跨江通道的建设,只有打破沿江两岸的交通瓶颈,才能加强两岸紧密联系,克服区域发展屏障。根据南京市交通规划以及浦口区公路网规划,规划近期浦口区将会建成7条跨江通道,其中现状及规划的铁路性质跨江通道分别有:长江铁路大桥,为现状京沪铁路线跨江通道;大胜关通道,为京沪高铁、沪汉蓉通道以及未来城市轨道交通8号线专用,2010年通车;上元门通道,为沪汉蓉城际铁路环线及未来城市轨道交通3号线专用,预计2015年通车。

　　现状及规划的城市道路性质跨江通道有5条,分别是:已有的南京长江大桥和长江三桥,分别于1968年、2005年通车;已经建成的纬七路隧道,2010年通车;规划建设纬三路隧道,通车时间为2013年;以及江心洲跨江通道(长江五桥),其性质为绕城公路通道,预计通车时间为2014年(见图1-1和表1-2)。另外,位于江北六合区的南京长江二桥于2002年建成通车,对浦口区社会经济的发展也有较大的带动作用。

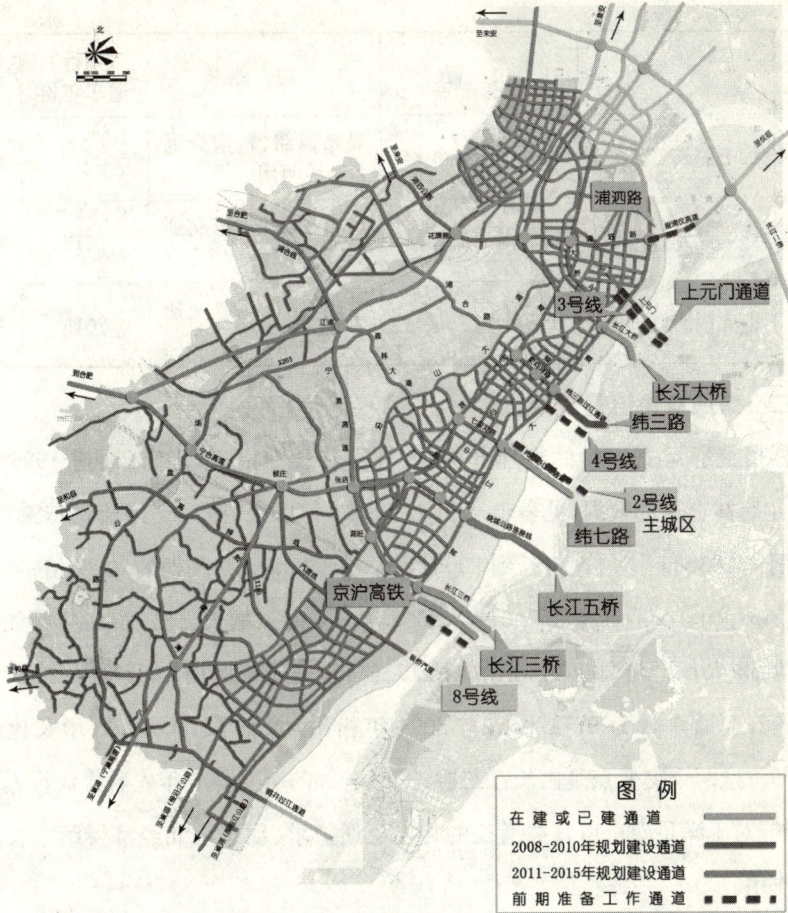

图1-1　浦口区现状及规划跨江通道示意图

表1-2　浦口区现状及规划跨江通道建设情况表

序号	名　称	位　置	功　能	（预计）通车年份	备注
1	南京长江大桥	泰山街道	公路、铁路两用	1968	建成
2	南京长江三桥	大胜关	绕越公路跨江通道	2005	建成
3	大胜关铁路大桥	大胜关	铁路、城市轨道交通8号线两用	2010	建成
4	江心洲跨江通道（长江五桥）	梅子洲头	绕城公路跨江通道	2014	规划

序号	名　称	位　置	功　能	（预计）通车年份	备注
5	纬七路跨江隧道	与七里河路相接	城市道路、轨道交通2 号线两用	2010	建成
6	纬三路跨江通道	与定向河路相接	城市道路、轨道交通4 号线两用	2013	规划
7	上元门跨江通道	上元门	铁路、城市轨道交通3 号线两用	2015	规划

二、跨江交通流量现状

　　根据交通调查资料的整理分析,统计得到长江南京段跨江通道 1996 年至 2006 年跨江交通量数据(见表 1 - 3)。从 1996 年以来,跨江交通流量持续增长,由基期 42183pcu[1]快速增长到 2006 年的 120933pcu,为基期的 2.87 倍,年平均增加 7159pcu。交通流量在 2001 年、2005 年两个时点增长突出:2001 年跨江交通总量为 62473pcu,与 2000 年相比增长 19.64％,交通量增加 10254pcu;2005 年南京市跨江交通总量为 97747pcu,与 2004 年相比,增加了 18083pcu,增长比例为 22.7％。这两个突变点是由长江二桥、三桥于 2001 年、2005 年先后建成投入使用引起的,对于满足南京市日益增长的跨江交通需求、促进南北经济持续增长具有重要作用。

　　现状跨江通道中,南京长江大桥承担交通流量最大,2006 年其承担的交通流量为 69386pcu,占断面总量的 57.4％,远远大于当初设计的最大交通流量。长江二桥、三桥自 2001 年、2005 年开通以来,主要承担过境交通,交通流量在持续增加,但是对长江大桥分流作用不明显。2006 年,长江二桥交通流量 35132pcu,占断面总量的 29.1％;长江三桥交通流量 15387pcu,占断面总量的 12.7％。相比之下,板桥汽渡对跨江交通流量的贡献则很低,承担的日平均交通流量为 1172pcu,

　　〔1〕 PCU(Passenger Car Unit):当量小汽车,指根据不同车辆类型的交通流量折算系数,把非小汽车类型的交通流量,如中巴、大巴、小货、中货、大货、拖挂、非机动车、行人、拖拉机等,折算为标准小汽车流量。

每年变动不大,随着规划通道的建成使用,未来板桥汽渡发挥的作用会越来越小,故本项目未将其纳入研究范围。

表 1 - 3　南京市各跨江通道历年平均日交通量

(单位:pcu)

年份	板桥汽渡	长江大桥	长江二桥	长江三桥	交通总量
1996	1600	40583	—	—	42183
1997	1472	47271	—	—	48743
1998	1099	51976	—	—	53075
1999	1123	52654	—	—	53777
2000	982	51237	—	—	52219
2001	1028	53508	7937	—	62473
2002	972	55076	10376	—	66424
2003	1129	53654	17998	—	72781
2004	1296	56349	22019	—	79664
2005	1165	58432	28315	9835	97747
2006	1028	69386	35132	15387	120933

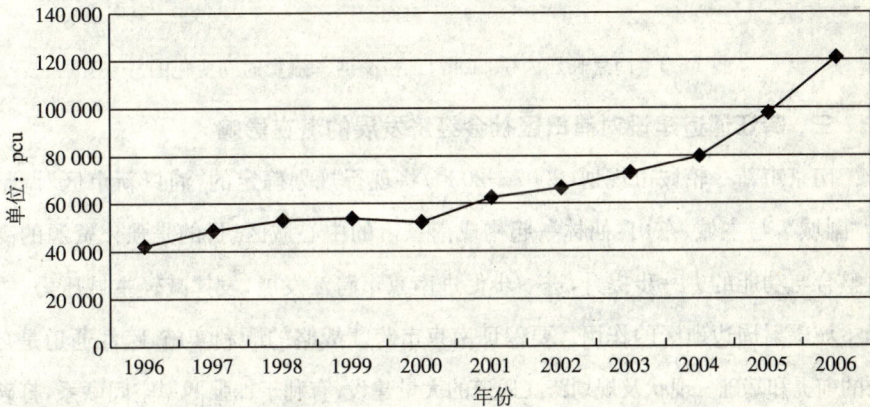

图 1 - 2　南京市跨江交通流量变化趋势图

根据交通资料调查整理,对长江大桥、二桥、三桥交通量的时变特征进行分析,得到三座大桥交通量时间变化分布图(如图 1 - 3)。三座大桥交通量时间变化图都呈马鞍形,早晚各有一个高峰时段,大桥高峰时段分别为 7:00—8:00 及17:00—18:00,早晚高峰小时交通量均占到全天交通量的 15% 左右,交通量较大,较易引起交通阻塞;二桥高峰时段为早晨 7:00 左右及傍晚 18:00—19:00,早晚高峰小时交通量分别占全天交通量的 11%、13% 左右;三桥的高峰时段为6:00—7:00 及 18:00 左右,早晚高峰小时交通量分别占全天交通量的 10%、11%左右。因此,如何通过有效的交通分流、疏导措施减轻高峰时段的交通压力是一个亟待解决的问题。

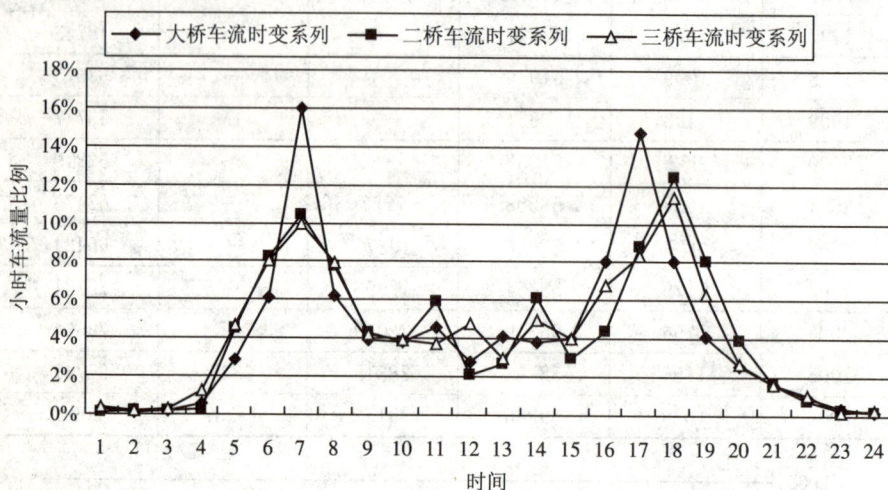

图 1-3 南京长江大桥,二桥,三桥交通车流量时间变化图

三、跨江通道建设对浦口区社会经济发展的潜在影响

南京市新一轮城市规划(2007—2030)将现行规划确定的"浦口新市区"调整为"副城",与主城、东山、仙林一起构成南京市的中心城区,目的是强化资源的高度整合与功能的进一步提升,进一步促进南京市跨江发展,发挥减轻主城压力、协助主城辐射周边地区的作用。要保证南京市跨江战略的顺利实施,跨江通道是必要的前提和基础。现状及规划跨江通道的大量建设,有利于加强两岸空间联系,打破水系天然阻隔,有利于新一轮规划确定的"多心开敞,轴向组团,拥江发展"的现代都市区空间格局的形成,其对南京浦口的社会经济影响主要体现在以下几个方面:

(一)跨江通道建设有利于提高浦口交通通达性

1. 提高交通通达性,增加跨江车流量

南京长江大桥建于 20 世纪 60 年代,限于当时的技术水平,其最大设计日跨

江车流量为 1.7 万辆,现已远远无法满足南京市跨江交通量需求。长江大桥占据着绝佳的区位条件,处于浦口主城泰山街道,是南北沟通联系的主要通道,对过往车辆不收费,其日过江车流量逐年增加。据相关资料统计,现状日过江车流量为最初设计流量的 4 倍左右。

现状及规划跨江通道的建设可直接提高浦口区对外交通便捷程度,延伸主城交通服务设施,如城市公交、道路管道设施等。另外,外部交通设施的改善还可促进城市内部交通系统等级的提升,提高交通系统整体运行效率。跨江通道的建设有利于加强长江南北两岸物质、技术、资金流动,吸引大量产业投资,带动浦口区城市建设,促进跨江战略的顺利实施,城市将吸引更多的人口与产业,两岸经济往来更为密切,日过江车流量将不断上升。为了满足日益增长的跨江交通流量需求,促进两岸人力、物力流通,提高流通效率,服务跨江发展,跨江通道的大量建设势在必行。

2. 凸显南京交通枢纽的地位,完善城市内部交通系统

长江横穿整个江苏省,南北交通在各自范围内自成系统。现有及规划跨江通道的建设对南北地域交通起重要联结作用,提升省域交通系统功能,凸显南京市交通枢纽地位,提高南北物质流通效率,为长江南北两岸的铁路、公路运输事业发展起到不可替代的作用。

城市交通与经济发展互相促进,交通密集程度可以反映地区经济繁荣状况,同时地区为促进经济发展又会增加交通设施投资、提升道路交通等级。南京主城区纵横交错的交通网恰恰衬托了江北的经济的平淡。现状及规划跨江通道的建设,可提高浦口区对外交通便捷程度,促进内部交通系统的完善与升级,将南北两岸交通网连成系统,扩大大众交通工具可到达范围,缩短车辆运行时间,吸引过江车流量,促进两岸人口、物质、技术流动。同时,完善统一的交通系统又能加速浦口社会经济建设,服务跨江发展战略。

(二)跨江通道建设有利于提升浦口区位优势

1. 提升区位优势,优化投资环境

传统区位理论认为影响区位的因素主要有:自然资源,交通条件,劳动力,市

场。各区位影响因素对区域经济作用程度并不相同,因地而异。长江岸线意味着资源、机遇和广阔的发展空间,然而处于沿江北岸的浦口区,在长江的阻隔下经济明显落后,主要原因有:第一,江南江北在长江的阻隔下形成各自行政区划,分属不同管辖区,生产要素的区域流动受到制约,整体区域经济协调、平衡发展存在自然条件和行政区划双重障碍。第二,已有跨江通道数量少,江北地区只有南京长江大桥、二桥、三桥与主城相连,其中,浦口区行政区域范围内只有长江大桥与二桥。两岸存在交通瓶颈,跨江交通压力大。

跨江通道建设有利于突破南北两岸交通瓶颈,通过构建整体交通系统,可以使彼岸潜在优势转为现实生产力,将为浦口第二、第三产业发展提供广阔的市场。根据跨江交通规划,南京将在长江扬子江段建成多条道路、铁路跨江通道,包括纬七路、纬三路隧道,南京长江五桥,大胜关、上元门等铁路通道,充分显示南京市政府"一城三区"的发展思路和打造浦口新市区的决心。未来浦口交通通达性的提高,以及南京市政府针对浦口区出台的一系列投资优惠政策,都为建设浦口创造了良好的投资环境。

2. 大力支持浦口沿江开发

跨江通道在南北两岸沿江位置停靠点是人流聚集与分散的中心,将促进周边土地开发与城市建设,产生沿江多种基础设施服务的需求,以及其他一系列的连锁经济效应。浦口区需牢牢把握国际产业向"长三角"大转移的机遇,抓住跨江通道建设契机,加大沿江开发力度,培育新世纪经济社会发展新优势。浦口区需着力改变乡镇工业布局分散、粗放经营的发展路子,集中力量抓好工业园区建设,加快实现分散经营向集约发展转变;积极培育临江优势产业,合理布局港口、开发区、沿江绿化公园,生态保护与经济发展二者并重,共同促进沿江开发。

在沿江开发进程中,还需引起注意的是:长江两岸"联动开发"不只是在时间、空间程序上由此及彼的链状开发,而是包含了开发对象中间相互依托、相互补充的丰富内涵。也即在分析各地区的优势之后,应以不同地区的优势劣势的互助补充来决定开发内容,追求内涵意义上的,而不仅仅是程序意义上的联动开发。

(三)跨江通道建设有利于优化浦口产业布局,促进产业结构升级

1. 优化产业布局,形成科学区域分工

跨江发展对实现浦口与南京主城的双向互动,发挥区域经济整体优势有重大意义。沿江两岸由于自然条件限制,各种经济要素难以自由流动,难以有效整合,南北经济差异明显。主城区经济发达,资金、技术实力雄厚,产业密集,竞争激烈,土地、劳动力成本较高;而浦口在资源、劳动力、发展空间等方面则存在优势。建设跨江通道,实施跨江发展,是整合两岸优势资源、优化产业空间布局、提升城市综合实力的重大举措。

在跨江通道突破两岸交通屏障后,南京市将更加明确各区主体功能和产业,加强分工协作,促进南京市整体经济的发展。主城区通过旧城改造,挖掘内部建设用地潜力,防止用地盲目扩张,发展金融、高新技术产业等高产值产业,提高土地产出率。浦口区根据自身资源、区位特点和高校人才优势,抓住规划的多条跨江通道建设契机,依据建设两型社会要求,合理布局安排工业园区,促进沿江的港口建设,把江北建成南京的高新技术产业、重化工和现代物流基地,与河西、仙林、江宁、主城形成功能互补的态势。

另一方面,浦口区还可从自身出发,遵照"相对独立"发展原则,在功能有机互补的前提下,加快江北的产业化、城市化进程,全面提升社会事业发展水平,增强江北的人口吸引力与凝聚力,使江北成为不完全依赖于主城,能够独立辐射周边的区域发展核心。

2. 抓住通道建设契机,促进产业结构升级

现状及规划的跨江通道的建设,将促进浦口区建设用地的增长,城市周边农用地转化的驱动力加大,浦口的农地保护日益艰巨。为了使发展经济而占用农地的代价最小化,应当抓住跨江隧道带来的商业契机以及交通便捷性,促进第一产业的升级改造。现有农业用地中的一部分,尤其是位于沿江区域的谷物、棉花等耕地,可以转为附加值更高的农业用地,如蔬菜、渔业、林业、农业旅游等。退耕造林、退耕造园,不但有利于农业产品的升值,而且提供了其他产业(如旅游业)发展的可能性,更保证生态环境的改善。

浦口区应抓住跨江通道建设契机,协调三大产业。加速第三产业,尤其是旅游业和现代物流业,工业发展走高科技工业和生态工业道路,向高、精、尖方向发展,不断突出工业特色。浦口未来发展迫切需要突出生态资源,以创新的思维整合老山、江岸生态资源;突出科教资源,推动高校、园区、社区的联动发展;突出人文资源,深度挖掘浦口丰厚的历史文化遗存,努力转化特色优势资源;最大限度地集聚高端资源要素,积极创新观念、制度、管理和服务,推动优势资源向现实产业支撑转化。全面推进产业结构优化、升级,形成由支柱产业和知识型产业组成的新型产业体系,以"双高"(高科技与高增值)产业发展为核心,以支柱产业发展为导向,形成以旅游业为重点的第三产业,以高新技术产业、现代制造业为主的第二产业和以都市农业为方向的第一产业发展体系。

(四)跨江通道建设有利于拓展城市空间,加速城市增长方式的转变

1. 加强与主城对接,成为南京新经济增长点

南京市素有"六朝古都"之称,以钟山风景区内古建筑为代表,与其他城市发展相比,南京较为完整地保留了众多历史文化遗产和古建筑。在城市的发展过程中,城市规模不断扩大,城市人口、产业、经济高度集聚,同时,交通拥挤、住房紧缺、绿化不高、环境污染等一系列城市问题也将伴随产生。本着"以江为轴,跨江发展"的战略部署,浦口区将承担更多的主城产业、人口转移,从而缓解主城区经济增长与用地需求的矛盾,以保持旧城区的早期建筑和原有风貌。

南京市跨江发展战略的实施,有助于浦口新城市功能区的形成,各类基础设施建设力度加大,空间产业布局得到优化,推动投资需求的扩张,加速浦口作为主城区有机成分的发展。浦口城区应把握机遇,抓住跨江通道建设契机,加强与主城区对接,努力成为南京新经济增长点,合理推进城市化进程,提高土地利用效率与自身经济实力。

2. 加快城市发展方式的转变

跨江通道的建设,不仅可吸引大量的人流、资金、物流,还会带来各种思想观念和思维方式的转变,信息更加流通,将其他城市先进的管理模式、科学的发展理念引入浦口,促进浦口城市发展思路的转变,在经济发展中不断创新改革。

　　早期的城市发展走的是外部扩张的路线,随着人地矛盾日益紧张,国家政策法规开始严格限制城市向外扩张。许多城市通过旧城改造、挖掘内涵、提高土地集约度的方式完善城市格局,拓展城市新空间,促进城市发展。过去浦口的发展建设过于独立,城市规划自成体系,浦口相对南京主城区,人少地多,用地方式过于粗放。城市建成区内部用地潜力巨大,土地节约集约利用有很大的提升空间。跨江通道将浦口与南京主城区连成一体,真正成为主城区有机组成部分,有利于扭转土地粗放利用的现状。

　　另外,在经济快速增长、人口高度集聚的新形势下,浦口区可持续发展正面临严峻的挑战。社会经济发展与资源环境的矛盾日益突出,部分水系水质较差,资源相对短缺,环境容量有限,经济增长方式仍以粗放型为主,环境保护基础设施相对滞后等,这些因素已经成为制约浦口区社会经济快速、健康、持续发展的瓶颈。因此,学习其他城市的先进理念与管理模式,选择一条生态发展之路,已成为浦口区可持续发展的必然选择。

第三节　研究目标

　　浦口区地处南京市西北部,扬子江北岸,与南京市雨花台区、江宁区隔江相望,紧邻南京主城区是其区位优势。近年来浦口区的发展实践证明:加快与南京城区对接,可提升自身区位优势,促进当地经济社会快速发展,充分发挥山、水、人文、环境等各种优势。未来城市发展中,需要不断加强与南京主城区的全方位密切协作,努力使浦口区成为南京城区的有机组成部分。

　　通过研究跨江通道对浦口区土地利用的影响,要达到如下两个方面目标:

　　1. 研究现状及规划跨江通道对城市建设用地增长的影响,把握二者相互作用的一般规律,分析跨江通道建设背景下浦口区未来城市扩张情况,科学地确定未来城市重点发展方向,为浦口区土地利用形态、结构与空间产业布局调整提供依据,为新一轮土地利用总体规划城市规模边界及扩展边界的确定提供分析依据。

2. 分析跨江通道建设对浦口区地价升值影响特别是对住宅地价增值的贡献,得出各跨江通道地价影响范围、地价作用模式,为浦口区合理调整用地方向,促进节约与集约用地,提高用地效益以及合理确定城市未来土地储备方向提供有利借鉴。

3. 通过分析浦口区历史及未来生态系统服务价值时空变化,研究跨江通道建设对浦口区生态环境特别是沿江各镇街生态服务价值变化的影响,以正确处理经济快速发展过程中生态环境保护的问题,为土地合理利用、生态保护建设以及实现浦口城市可持续发展提供有益帮助。

第四节　研究内容与技术路线

一、研究内容

首先阐述课题研究背景与目的意义、南京跨江通道现状规划及其对浦口社会经济发展的潜在影响,并分析全区土地利用动态变化及驱动力因素,然后重点围绕跨江通道建设对浦口区未来城市增长、地价升值的影响,寻求相关研究方法,构造实体模型,采用定性与定量、整体与局部、宏观与微观相结合的方法开展如下研究:

1. 在对浦口区未来城市增长研究中,引入 SLEUTH 元胞自动机模型,利用该模型模拟城市空间动态演化的优点,根据土地利用管理模式以及生态保护强弱程度,设置不同情景预案模拟研究区未来三十余年(至 2040 年)城市增长情况。通过对 SLEUTH 模型预测指数与系数行为的比较分析,确定适宜浦口区城市发展的优选方案,并与各街道、乡镇行政区划相结合,分析优选方案下浦口建设用地增长情况。

2. 在对浦口区地价增值的研究中,选取住宅地价为对象,基于 GIS 空间建模分析方法,得到南京长江大桥对住宅地价的影响模式。以此为基础,根据各跨江通道功能性质及未来年份交通流量,修正大桥的地价作用模式,求得现状及规划的各通道对住宅地价的作用模式,探索不同距离区段内跨江通道因素对土地升值能力影响的变化规律。

3. 在对浦口区生态环境影响研究中,利用生态系统服务价值方法,在土地利用变化模拟的基础上,求得预测年份内各镇街的土地生态服务价值的变化情况。

最后,根据各章节研究结论,有针对性地提出浦口区未来城市发展及土地合理利用的政策建议与有效措施,为浦口区土地管理实践和城市可持续发展提供有利借鉴与参考。

二、研究技术路线

项目研究技术路线见图1-4。

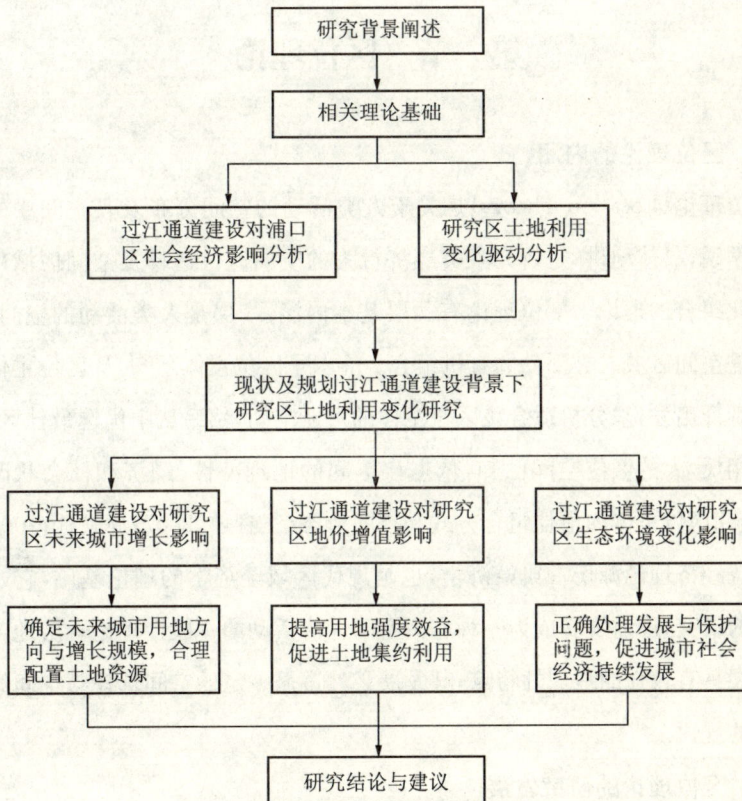

图1-4　跨江通道建设对浦口土地利用影响研究技术路线

第二章　理论基础

第一节　区位理论

一、区位理论的内涵

区位理论(Location Theory)是关于人类活动的空间分布及其空间中的相互关系的学说,具体地讲,是研究人类经济行为的空间区位选择及空间区域内经济活动优化组合的理论。区位理论有两层基本内涵:一层是人类活动的空间选择;另一层是空间区域人类活动的有机组合。前者是区位主体已知,从区位主体本身固有的特征出发,来分析适合该区位主体的可能空间,然后从中优选最佳区位;后者正好相反,大的区位空间已知,依据该空间的地理特性、经济和社会状况等因素,来研究区位主体的最佳组合方式和空间形态(王春才,2007;周素红,2005)。

区位经济理论源于古典经济学,也是现代区域经济学的理论基础,它始于级差地租的研究,逐渐发展成为一种有关空间经济活动的一般性理论。房地产业经济的发展具有较强的地域性特点,其发展必然遵循一定的空间选择与空间经济行为组合的规律。

二、区位理论的研究发展

德国经济学家杜能在《孤立国同农业和国民经济的关系》(1826)一书中提出了农业区位论。他认为:城市周围的土地利用类型以及农业集约程度都是呈圈层变化的。农业土地利用类型和土地集约化程度，不仅取决于土地的自然特性，还取决于当时的经济状况和生产力水平，特别是农业生产用地到市场的距离远近和运输费用的大小（王兴中，1993）。杜能的学说在一定程度上反映了级差地租成因。William A.（1965）用经过修改后的杜能模型非常好地解释了城市的商业用地。

德国经济学家韦伯在《论工业的区位》（1909）中提出：工业区位决定于影响生产成本的运费、劳动力及集聚三个因素，其中以运费最为重要。以运输和费用大小为前提，在原材料和消费中心一定的情况下，可以找到工业企业的最佳分布点。

城市区位论，即中心地理论，是德国地理学家克里斯蒂勒提出的。他从城市或中心居民点的物品供应、行政管理、交通运输等主要职能的角度，阐述了城镇居民点的结构及形成过程，于此得出了一定区域内的城市和城市职能大小空间结构的学说，即城市的等级规模学说，从物品供应、行政管理、交通运输三个角度，分析了城市等级的形成。同时指出，城市对其周围地区承担的各种职能服务，理论上必须最接近所属地区的点，由此，他从几何上推导出，这些点在正常情况下应当位于正六边形服务区域的中央，据此形成了他的六边形城市空间分布格局模型（徐学强，1997）。

美国学者廖什于 1939 年提出市场区位论，其特点是把生产区域和市场结合起来分析。他从工业配置要寻求最大市场的角度，得出了与克里斯蒂勒的城市区位模型相似的六边形区位模型。廖什的市场区位模型是通过对整个企业体系的考察，从整体均衡的角度来考虑整个系统的建立，把生产区位和市场结合起来，以利润来判断企业配置方向，并把利润同产品的销售范围相联系。同时他还从市场区的概念出发，在理论上剖析了经济区形成的内部机制。

在方法上，区域经济学的四大经典理论都假定所研究的区域为与外界隔离的孤立区域，域内都不存在任何自然条件的差异；运用大量的材料进行推理和演算，然后演绎出空间理论模型：寻找最低的成本区位；追求集聚效益、规模效益和外部效益；城市土地利用合理化；社会分工的发展所引起的空间结构变化和运输效果等问题（陈尚云，2004）。

芝加哥学派从属于社会科学领域，试图将人类生活、社会结构等社会人文因素与城市空间特征结合起来,描述并分析空间的形式和演化。它强调人文活动对城市空间的作用,并认为作为活动的主要外部表现之一的交通必然成为各种土地利用模式形成的基础(Harold C.,1995)。

20世纪50年代以来,工业化和城市化的突飞猛进使得区位论进一步发展,其研究由原来的单一客体向综合客体发展,主要表现在以下方面:区位理论从单个经济单位的区位政策,发展到地区总体经济结构及其模型的研究;从抽象的理论模型推导,转为力求接近实际的区域分析和建立在实践中可应用的模型,为实际决策服务;区位决策的客体除工业、农业外,又加进了范围更广泛的第三产业。

地理学者与部分经济学者、社会学者一起投入数量模型的研究,形成空间分析学派,主要的代表人物是数量地理学家布赖恩·贝里(黄亚平,2002)。行为学派代表人物之一的盖伯格把可达性作为城市发展(空间系统)的一个核心概念,认为互动是城市空间结构生成的一种基本决定因素(张兵,1998)。哈格斯特朗从人本主义的角度创立了基于出行日志调查的时间地理学,研究了个人行为的时空关系(R. J. 约翰斯顿,2000)。

城市实体空间研究将交通和土地利用状况共同作为城市区位分析的主要因素,或者将交通作为影响城市土地利用的因素;在城市市场空间中,交通是商业用地空间布局和用地结构演化的主要因素之一。例如,杨吾扬(1995)从历史、人口、交通等方面系统地探讨北京市商业中心等级结构的形成和演化,阎小培(2000)研究交通组织对CBD用地空间组织的影响,仵宗卿等(2000)研究消费者行为对商业用地空间组织的影响。大工业使得交通运输与城市发展的传统关系发生了根本性的改变(许庆斌等,1995),到了经济发展的较高级阶段,交通运输体系向着多种交通运输方式协调配合、多功能、方便节约和高效率的目标前进,以满足此时工业化多种形式的交通运输需求,交通运输本身也由此进入了向完善转化的阶段(韩彪,2000)。

世界各学科的学者分别从不同角度研究城市和城市区位,相继形成了一系列的理论假设和研究模型(顾朝林,2000;单刚等,2007)。齐康(1982)在城市形态研究中指出,城市形态是构成城市发展变化的空间形式特征,是城市"有机体"内外矛盾的结果。王农(1998)从文化视角出发,认为城市形态是一种存在于该地域社会特有文化中的为集团意志所左右的构图。杜春兰(1998)认为城市形态是指城市在某一特定时间内,在各种城市活动作用下所构成的空间形态特征。王宁(1996)认为城市形态是城市实体的地域空间投影,是城市自身动态发展与其所处的地域、人文环境共同作用的结果,是自然的历史过程。武进(1990)在《中国城市形态:结构、特征及其演变》中提出城市形态由物质形态和非物质形态两部分所组成。和谐的城市交通对健康的城市空间结构的形成具有重要的引导作用,是我们研究城市和城市形态的重点所在(刘露,2008)。

在工业革命后,随着近现代交通方式的变革及"卫星城"概念的问世,霍华德的"田园城市理论"为后来出现的城市分散奠定了理论基础(Gallion,1986)。由于火车、电车等交通工具的使用,城市有了前所未有的扩张力,集聚和扩散开始共同影响城市空间结构的演变。伯吉斯的同心圆模式和霍伊特的扇形空间结构模型等规划模式,都从不同侧面发展了圈层式空间结构的基本原型。最终,单中心的逐层扩张模式与轴向扩散模式相叠加,逐渐建立起环形加放射形布局的"环套环"交通结构(欧阳杰等,2007)。这种逐层外拓的同心圆结构以交通运输作为最根本的考虑因素,其所具有的向心性、通达性及识别性强等诸多优点使得圈层式基本原型得以广泛应用。

三、交通与区位条件的改善

居民要完成一次出行都必须通过一定的交通方式来实现(Horbort J. E.,1960;Goldberg M. A.,1970)。出行方式的划分和选择就是交通方式的选择,是指人的出行次数在不同的交通方式之间的划分和选择(Moazzem H. F.,2000)。交通方式的选择问题是城市客运交通系统结构研究的主要问题,其相关研究也是中外学者研究的重点(Ryuji K. M.,2002)。

各工业发达国家经过第二次世界大战以后三十多年的建设与发展,到20世纪80年代前后均已实现了城市交通的机动化,建成了比较完善的综合交通体系(张帆等,2002),但交通需求的持续增长使得交通拥挤甚至堵塞、事故频繁、效率低下、环境污染等问题仍然十分严重(陆峰等,1997)。因此,人们关心交通甚于关心政治、经济等问题(胡子祥等,2001;马林等,1999;孙群郎等,2001)。城市交通成为现代人们生活中一大令人头痛的问题,成为影响人们生命安全和生活质量的重要因素(Johannes S. ,2000)。随着社会的发展,城市交通的地位和作用也越来越突出,解决大城市尤其是特大城市的交通问题也一直是政府、学术界和全体市民关心的重要问题(Eran Feitelson,1994)。所以,城市交通问题目前仍然是世界性的难题,各国都在努力寻求解决问题的方法,在此过程中逐渐形成了城市交通的各个学科领域,已经有了比较成熟的城市交通的研究理论和技术方法,在实践中提供了很多启示(Lloyd H. ,1997;Roget L. ,1998)。

现代交通条件的改善,对提升城市区位优势有着独到的作用,主要表现在:

1. 城市交通引导城市空间格局的演化

轨道交通对城市空间演化的作用是巨大的,促进了城市空间沿轨道轴线方向的大规模发展(黄建中,2006)。小汽车的广泛使用与地铁、轻轨和大容量公交的快速发展,对城市空间的低密度、大范围扩张产生了巨大的推动作用(Goranvuk,2005)。

2. 城市交通决定城市空间的经济效益

可达性的概念最早由汉森(Hansen,1959)提出,他将可达性定义为交通网络中各节点相互作用的机会的大小。戴尔维和马丁(Dalvi & Martin,1976)将其定义为用一种特定的交通系统从某一区位到达任一土地使用活动地点的便利程度。城市交通可达性的提高,能够给居民和企业带来节约时间的经济价值(李平华等,2005)。通常可以用通达指数 (accessibility index)来衡量网络中各个交通点之间移动的难易程度。汤姆逊(1982)对世界上 30 个大城市的交通问题进行研究后发现,一个城市除了受地理上的约束外,城市里不同部分相对可达性的改变会导致城市结构的改变,除非用规划管理来防止这种变化的发生。

3. 交通成本影响住房价格和居民的迁移趋势

关于城市土地价格(地租)、交通成本与城市发展和土地利用之间的关系,已有不少学者进行了研究,如布鲁柯纳(Brueckner)的城市经济理论模型等(丁成日,2006)。

4. 城市交通对城市空间演化的影响强度并不是固定不变的

同样的交通设施，如果其建设时机不同，那么，它对城市空间演化的作用大小就会不同，甚至相差甚远。一般来说，当城市处于快速发展时期的时候，城市交通设施的建设对城市空间演化的影响效果最为明显，不仅会促进城市空间的快速演化，而且还会引导城市空间演化的方向（王春才，2006）。只有同时把握好时机和时序问题，才能促进城市交通与城市空间演化的协调发展（Keith A. B. , 2004）。

第二节　土地利用变化驱动力理论

一、土地利用变化驱动力的内涵

土地利用及其变化受到自然、社会、经济等诸多因素的影响，不同因素对土地利用变化的作用方式与强度各有不同。从定性看，自然环境条件是土地覆盖与土地利用分布的基础条件，具有一定的主导作用；而社会、经济、技术等人文因素则对土地利用的时空变化具有决定性的影响。在自然系统中，气候、土壤、水文等被认为是主要的驱动力类型，但是它对耕地面积变化在较长时间后才有较大影响，短时间尺度可以不予考虑；社会经济因素包括人口、城市化水平、GDP、固定资产投资、生产效率等指标，对土地利用变化影响较大。

驱动力研究是土地利用变化的核心。驱动力是指导致土地利用变化的各种动因，其范围涉及自然系统和社会经济系统的许多方面。深入研究各种驱动力及其相互之间复杂关系作用的条件、速率和范围，以及在不同时间和空间尺度上的动态等，是认识土地利用变化规律，预测未来土地利用方向和合理制定政策、规划的基础。

二、土地利用变化驱动力的研究进展

土地利用变化驱动力因素种类很多，如果孤立地分析个别驱动力，难以解释它们与土地利用变化之间的复杂关系，需综合考虑自然、社会、经济各方面的因素对土地利用变化产生的影响。

　　土地利用变化的自然驱动力是指对土地管理和利用方式有一定影响的生物地球物理因子。就实际情况而言，自然因素主要包括地质地貌、气候以及土壤条件。地质地貌是土地利用结构差异的基础，它直接或间接地影响各种土地类型的分布和利用水平。社会经济因素对土地利用的改变主要是通过对土地的具体生产实践来进行的，如森林砍伐、耕地撂荒、过度放牧、城市建设等行为。这些具体活动对土地利用与覆被变化影响的广度和深度都受到社会、经济、技术以及人类的价值观念等因素的制约，这些因素是土地利用变化的真正驱动力。尽管人口因素在土地利用覆盖变化的定量研究中是最具争议的，但它的确是一个非常重要的因素，这是因为人口因素容易获得，同时，人口是土地利用系统的组织者、参与者，也是系统输出品的消费者，对土地利用格局有重要影响。土地利用变化驱动力具体作用方式如图2-1。

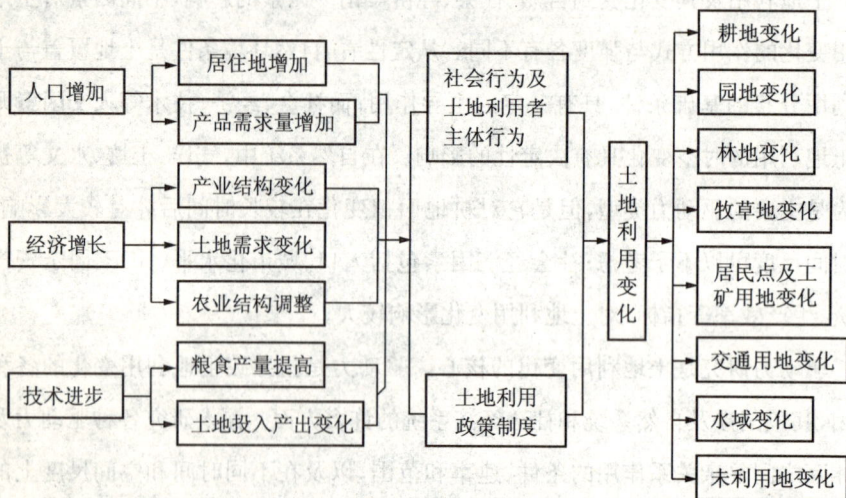

图2-1　土地利用变化驱动机理图

　　为了探讨土地利用变化与各个驱动因子之间的定量关系，目前的研究大多采用相关分析法进行。例如，在对巴西亚马逊河流域的土地利用变化研究中发现人口密度与森林覆盖减少之间存在着一定的统计相关关系，但关系相当微弱；国内多个学者也利用相关性方法研究了不同城市土地利用变化驱动力因素的作用。

除了常用的相关分析法以外,还有一些数学、统计方法可以对驱动因子进行定量研究,主要的数学方法包括:

1. 主成分分析法

利用各研究单位与土地利用变化相关的变量构造矩阵,用方法找出线性变换,使得新的主成分互不相关,选择累积贡献率达到一定域值的若干因子作为主因子参与分析。

2. 层次分析法

把相关联的要素按照隶属关系划分为若干层次,请有经验的专家对各层次各因素的相对重要性给出定量指标,综合众人意见给出各层次各要素的相对重要性权重,作为综合分析的基础。

3. 系统聚类分析

根据各因素的相似程度,采用一定的距离计算方法,包括绝对值距离、欧氏距离、马氏距离、切比雪夫距离等,逐步合并为若干类别。

4. 判别分析

依据理论与实践,预先给出不同等级系列的因子标准,利用距离判别法或者最小风险判别法等,将各因子划分到不同的类别中,以选择主要的具有代表性的因子进行分析。和聚类分析类似,但可以事先确定类别,如将经济发展因子、人口增长状况、土地利用变化状况等划分为若干种驱动类型,再将各研究区数据进行判别归类。

5. 回归分析

利用各自变量因子与因变量之间的关系,借助线性回归、指数回归、对数回归、多元回归等方法,找出回归系数最大的因子作为主要影响因素,进行分析。

6. 趋势分析

通过数学模型模拟各因素空间分布与时间过程,寻找与所研究变化趋势类似的变量作为主要因素,同时也可以对数据记录的不足部分进行内插和预测。

土地利用变化是一种特殊的自然社会现象,涉及土地资源自然属性和人类利用方式变化(朱会义等,2001)。社会经济发展是土地利用及结构演变最根本的动力(杨桂山等,2004)。土地利用变化研究包括全球和区域两个层次,全球层次强调土地利用变化对全球环境变化的影响,区域层次则注重土地利用变化对区域社会经济可持续发展的作用(李平等,2001)。随着全球变化研究的兴起,国际科学界特别关注人类活动尤其是土地利用对全球变化的累积性影响(谭少华等,2005)。区域土地利用变化是全球变化在地球上留下最直接的印迹,已成为全球变化研究的热点领域(Riebsame W. E. & Tymer,1995;李秀彬,1996)。国内外针对土地利用变化驱动力开展了大量实证研究(Lambin E. F. ,1995,1997;张明,1999;史培军等,2000),取得了一些成果。但在研究内容上,侧重土地利用系统的自然条件研究(周伟等,2006;白利妮,2004;邓红兵等,2006),对引起土地利用变化的社会经济因素研究较少(梁巨伟等,2007)。

目前的工作距建立一个良好的土地利用变化驱动模型还有相当的距离,许多研究方法还需不断完善,以经济学理论为基础,以农、林、牧等与土地资源利用最为密切的产业为重点,从资源和产品的市场供需及生产者、消费者的利益等角度分析土地利用的变化机制是一个很好的思路。

第三节　城市增长理论

一、城市增长内涵

一个城市从产生到发展经历了小城市—中等城市—大城市—特大城市—城市群这样一个演变过程,在这一过程中城市增长是贯穿始终的。王宏伟(2006)将城市增长定义为:随着城市经济和城市人口的发展,城市建设用地规模逐步扩展,用地结构逐步变化,使地域表现出作为经济发展的载体功能,成为居民生产生活的幽雅环境的过程,包括城市数量的增加和城市规模的扩大两方面。该定义侧重于从地理区域扩张来理解城市增长(刘平辉等,2007)。有些学者认为城镇人口的剧增刺激了建设用地规模的扩大,使城镇建城区向外快速扩展,使大量农业用地转为建设用地(刘平辉等,2003,2005;宋金平等,2000;黄贤金,2002)。也有学者认为政府为获取土地使用权出让金的收益是推动农用地向建设用地转化的主要因素(橡子,2003;周健瑜,2005)。还有些学者认为是由于房地产开发过热,农村地区工业化的快速发展所造成(Xia L.,2004;Huang J.K at. el.,2005;Anthony,1999)。

城市空间扩展模式主要有三种分类:① 主导因子法:环境制约型、交通导向型、规划约束型(生态控制);② 几何形态法:散点式扩展、线形(带状)扩展、星型扩展、同心圆式扩展;③ 非均衡法:轴线扩展(沿主要对外交通轴线带状扩展)模式、跳跃式组团扩展模式、低密度连续蔓延模式。杨荣南、张雪莲提出中国城市扩展的模式:集中型同心圆式扩展模式为主,沿主要对外交通轴线带状扩展模式、跳跃式成组团扩展模式、低密度连续蔓延模式。另外不乏众多学者(郝寿义,1999;陈顺清,1999;林坚,2007 等)也从城市建设用地增长角度出发研究城市增长的动力问题,这种研究趋势和我国城市快速增长过程中建设用地过度扩张,以致威胁到耕地安全有着密切的联系。

二、城市增长相关研究

总结国外对城市增长理论的研究,大致包括以下四种理论体系:① 内生增长理论:包括规模经济理论、人力资本理论、知识信息外溢理论和聚集理论等。一般认为,城市是聚集的产物,并因聚集而增长;聚集是规模经济的产物,规模经济是城市的一个重要特点;规模经济又源于知识和信息的外溢,知识和信息外溢是城市规模经济的微观基础。② 增长极增长理论:最早由佩鲁(Perroux)于 1950 年至 1955 年提出。认为城市是具有吸引力与排斥力,能产生极化效应与扩散效应的功能组织。③ 自组织增长理论:该理论认为自组织在宇宙的物质运动中普遍存在,天体运动、物种进化、人类社会分工等都是客观世界自组织的结果,将自组织概念引入城市增长过程中,研究城市增长的模式与规律。④ 外生增长理论:该理论认为城市增长的力量来自外部环境的带动作用,如地方政府的支持、大型土地开发商的投资,以及交通环境和条件的改善等。

目前,传统上关于城市空间增长动力的研究主要停留在定性的层次上,难以进行定量化的比较,已有的定量研究中也包括大量的人为定性因素。元胞自动机

(Cellular Automata,简称CA)概念最早由 Ulam 在 20 世纪 40 年代提出,近十几年来,CA 模型广泛应用于生物医学、地震学、神经系统及流体力学等领域,这些研究使元胞自动机成为研究复杂系统演化的一种重要方法,根据简单的局部规则模拟复杂的动态系统,为模拟城市演变过程和动力机制提供了一种新的研究方法,是对传统研究方法的重要补充。

应用 CA 模型进行城市空间增长动力的研究,可以根据区位现状、交通条件、环境优势等动力因素设定转换规则,模拟城市空间增长的演变过程,有助于定量地分析各种动力因素在城市空间增长中发挥的作用大小,便于进行横向、纵向的对比研究,深入认识城市空间增长的客观规律,总结历史经验,发现存在问题,指导未来的城市发展。元胞自动机模型中最为经典和最著名的是由加利福尼亚大学圣巴巴拉分校 Keith Clarke 教授等提出的 SLEUTH 模型,在城市模拟中具有很大的适用性,并据此先后对旧金山和华盛顿都市区进行了成功模拟、长期预测。

三、交通改善对城市增长的推动作用

城市交通是城市之间,以及城市内部人员、物资、信息互动交流的前提,也是城市日常生活与社会生产活动的基础。只有在城市空间结构与城市交通之间建立一种彼此适应、相互促进的关系,才能够使城市经济、社会与环境得以协调、健康发展。

地理学把交通运输作为一个空间网络来研究,探求客货流分布及变化的规律和影响因素。随着近代人文地理学和经济地理学的出现及不断发展,20 世纪初期,人们对相关的交通运输地理现象开始进行较为系统的叙述、分析、归纳与专门研究。交通运输是城市和经济布局形成的重要因素之一。德国人文地理学的奠基人 F. 拉采尔有过"交通是促使城市形成的力"的著名论断。提出城市和居民点分布"中心地理论"的著名地理学家克里斯蒂勒也指出,交通运输是独立的经济因素,它起着"中间介质"的作用,使得物质的空间交换成为可能。经济学家潘德拉格认为,"交通运输是人类文明的生命线,是构成支持经济增长的基础结构的一个重要组成部分"。索斯塔克认为,"只有根据一个经济社会移动物体与人的能力,我们才能理解其本身的运行"。阿·欧文分析了交通运输与发展的关系,认为尽

管交通运输仅是经济增长的必要条件而不是充分条件,但人口与货物的流动性同国家的发展程度之间有着十分密切的联系(赵燕,2002)。他认为世界上交通运输资源的配置严重不平衡,这导致目前极富国家和极贫穷国家之间出现经济增长方面的悬殊差距,而交通运输缺乏则是阻挡所有其他加速发展努力的障碍(徐永健等,1999)。

多目标分析或决策模型也在交通评价中广为应用。Hayashi(2000)认为法国和日本在交通项目评估时,多采用多目标分析来综合考察交通基础设施的投资效果。Sival(1996)将多目标决策模型进行了改进,以改进传统评价中经常忽略的两个问题,即从效率角度考虑,应了解公众认为的交通项目投资带来的"最有价值"的效益,比如交通安全、减少环境污染等,并在评价过程中相应地增加这些因素的权重;从公平性角度考虑,增加了一些评价内容,以保障不同地区之间或者不同群体之间社会效益的合理分配。Morisugi H.(2000)采用效益指标表格来估计道路和港口投资的影响。

张薰华主编的《交通经济学》对"交通生产率"进行了专门的讨论,指出交通生产力的客体要素主要是占用的土地(它的自然基础)、附着于土地的基础设施、在基础设施上运行的运输工具和推动运输工具的能源。王延中(2002)提出:交通运输是一个国家和地区的经济发展的必要前提。国际经验证明了交通运输在社会生产力发展中的先导作用。与传统农业生产相比,现代化大生产对交通运输的发展提出了更高的要求,并且为交通运输的完善和发展提供了现代化的技术、原材料以及市场需求。因此,现代化大生产和交通运输的发展可以说是相辅相成的。交通运输促进了现代都市圈的形成和发展,顾朝林(2000)在他的研究中描述为"大都市连绵带",指出现代都市圈的发展,是人类经济活动和社会活动在交通不断发展、信息技术高度发展、生产力高度发达的条件下形成的城市发展的一个新的里程碑。

交通发展是城市空间扩展的牵动力,对城市空间扩展具有指向性作用(徐吉谦,1991)。交通网络的分布与容量是城市形态发展的重要条件和实施保障,对城市用地结构形态有较大影响(陆化普等,1998)。工业化之前,水运是交通运输的主要方式,因而河流是城市辐射网络的主要组织者。工业化之后,铁路、公路运输的兴起,取代了河流而成为城市辐射网络的主要组织者,沿铁路、公路发展成为城市的最显著空间形态(李旭宏等,1997)。因此,跨越江河发展的城市江河两侧的铁路、公路交通运输条件和跨江交通条件是影响城市跨江河发展的重要因素(解本政,2004)。

交通运输条件改善促进了城市群内部区域间的社会分工。城市群内部区域之间分工不断深化,日益突出的区域经济发展专业化倾向导致区域之间相互依赖程度不断加深,城市群内部各区域之间在分工的同时必然寻求相互之间的合作与交流(徐慰慈,1998)。交通、运输等组成的区域基础设施体系是区域内部各种生产要素流动和社会经济活动的必要保障,是大都市带内部经济整合的重要支撑条件(陆锡明等,1996)。基础设施的改进和升级就是实现城市群内部基础设施的共筹、共建、共享,为大都市带内部要素的顺畅流动提供物质支撑(高万云等,2001)。社会分工的演进必然伴随着经济系统中交易次数的增多,交易次数增多意味着系统中物资流通次数的增加。因此在运输条件不变的情况下,运输费用必然增大,交易费用变化额应为负值(石成球,2000)。如果改善交通状况,降低单位运输成本,则分工演进后的运输费用可能低于原来的运输费用(黄琼,2006)。凯瑟琳·罗斯等人的研究证实,居住密度、到工作地点的距离等是决定公交使用情况的重要因素(Catherine L. R. ,1997)。交通方式的改进和交通网络的建设是引导城市空间格局演变的主要原因(Alex A. et. al. ,1998),每一次交通方式的改进和交通网络的建设都会推动城市空间格局的演化(陈立芳,2007)。

纽约是美国第一大都市和第一大商港,它不仅是美国的金融中心,也是世界金融中心之一。1825年,连接哈得逊河和五大湖区的伊利运河建成通航,以后又兴建了铁路,沟通了纽约同中西部的联系,促进了城市的大发展(肖秋生等,1998)。高速公路、城市道路、地铁、电气铁道、新干线、新交通系统组成了市际交通与市内交通的整体化网络和便捷的换乘交通枢纽。由于交通发达,城市间的联系变得轻而易举,中小城市围绕大城市不断形成,最终日本形成了以大城市为核心的大都市圈地域结构(刘露,2008)。

城市发展必须有明确合理的交通政策和配套法规,并对交通需求进行合理有效的引导、管理(TDM),使交通需求从低效率的交通向高效率的公共交通体系转移(Perez W. A.,1992)。同时,自 20 世纪 80 年代以来,美国、日本、欧洲等率先发展智能交通系统(ITS),使人、车、路与环境协调配合,和谐统一(Hancock P. A.,1992),从而建立一种在大范围内全方位发挥作用的实时、准确、安全、高效、舒适的整合型交通系统(Lunenfeld H.,1990)。国际上一些知名的国际大都会城市交通在充分实现机动化,并经过充分的发展和曲折过程之后,其基本发展思路为:进一步加强交通需求管理(TDM),大力发展公共交通;同时,积极推行交通系统的智能化(John P.,1999)。这也将是我国未来城市交通发展的方向。

第四节　区域地价理论

一、区域地价内涵

地价理论是建立在地租理论和市场价格理论的基础上发展起来的。地价可以由地租还原而求取。由于对土地价格的形成机制及影响因素有不同的认识,形成了名目繁多的地价理论与模型,从而使地价理论研究形成五大学派,即土地经济学派、土地利用学派、生态学派、行为学派和现代西方经济学派。概括起来,地价理论可分为两大类,即总体地价理论与个体地价理论(徐丰,2009)。

国外有关房地产市场价格及其影响因素的理论研究已有数百年历史。17 世纪末,威廉·配第第一次提出级差地租的概念,并初步阐述了级差地租、土地价格等问题。此后至 19 世纪初的一百多年间,亚当·斯密(A. Smith)、大卫·李嘉图(D. Ricardo)、马克思等人分别对土地经济问题、住房问题进行了各自的研究,形成了现代资本主义土地经济理论和马克思主义土地经济理论。法国古典经济学派让·巴蒂斯特·萨伊(Jean Baptiste Say)对古典地租理论的发展和完善作出了重要贡献,他的地租地价理论基础是"生产三要素"论(保罗·A. 萨缪尔森,1982)。

　　新古典主义地价理论产生于 19 世纪末 20 世纪初,尤其是进入 20 世纪 40 年代之后,伴随着影子价格、区位平衡、边际主义等新概念、新方法的引入,新古典主义地租地价理论逐步成为当代西方土地经济学的核心。其中影响深远的主要有马歇尔的均衡价值论和密尔斯的城市结构理论。马歇尔是新古典学派的奠基人。他将供求论、生产费用论、边际效用论、边际生产力论融合为一体,建构了一个以"均衡价值论"为核心的经济学体系(莫尔豪斯·伊利,1982)。密尔斯作为新古典学派的一个代表人物,其主要贡献之一在于构建了测算地价的城市结构模型。新古典学派地租地价理论发展的一个重要方面就是"影子价格"(徐丰,2009)。

　　马克思地价理论主要包括以下几点:① 土地不是劳动产品,没有价值,但有使用价值并存在价格,但这个价格不是土地的购买价格,而是土地所提供的地租的购买价格。② 已利用的土地由土地物质和土地资本构成。③ 土地价格包括三个部分:地租,即绝对地租和级差地租;土地投资的折旧;土地投资的利息。马克思认为,他的绝对地租理论的创立,不仅对他的整个经济学体系有重要的意义,认为"不考察这一点,对资本的分析就是不完全的",而且认为这一发现对无产阶级革命斗争具有重大意义。按照马克思的见解,在资本主义社会形态下,即使最劣等的土地也要产生地租(绝对地租)。马克思还认为地租存在两种形式:绝对地租和级差地租,且"这两个地租形式,是唯一正常的地租形式"。

　　其后,在西方经济学中对地价的理论则主要采用边际分析、供求分析等数量分析的方法,其理论基础是效用价值论、生产费用论和供求论(张金鄂,1996)。上述理论均对房地产市场发展的早期研究提供了重要的理论基础。

　　近年来,国外一些学者对此又有了一些新的分析角度和认识。Mayer J. C. 和 Somerville C. T. (2000)采用了实证方法来研究住宅价格问题;Ratcliffe J. (1999)对于不同特征房屋的需求进行了定量的估计;Matusita K. A. 研究认为新建住宅开工量的影响因素受交通和区位影响很大;Stephen M. (2001)认为已有的绝大多数住宅模型和绝大多数政策分析重点都在于住宅价格的评价上;John K. (2001)认为房地产价格具有流动性,区位"热"的市场房价升高,交易数量高于标准水平,而"冷"的房地产市场则房价下降,流动贫乏,销售量减少。Okmyung B. (2004)运用半参数回归模型评价了房地产价格函数，运用了大量住宅销售的数据，并将这些数据与房屋的区位特征结合起来进行分析。William S. C. , Don T. J. & Robert A. K. (2006)通过最小二乘法(OLS)回归模型，对五个本国的房地产市场投资回报进行检验，结果是区位好的房地产投资者和管理者更容易从中明显受益。Wolfgang M. (2007)通过实证研究，对2002年德国98个大都市单住户家庭住房价格进行了定量模拟，发现不对称的价格反应：交通改善对原本较差区位的住房价格的大幅提高。Claire A. M. (1996)重新模拟了DiPasquale & Wheaton(1994)与Follain & Velz(1995)的模型，并在此基础上提出了分析美国房地产市场价格的结构模型。Peter E. & John M. Q. (1996)以瑞典12年来房地产价格的动态变化为背景，运用了一种改进的方法测算房地产的价格并研究其相关的影响因素，始终体现了房地产价格制定是建立在区域情境基础上的这样一种思想。精确的预测房屋价格对于房地产市场的正常运行是非常重要的，Okmyung B. (2004)运用半参数回归模型评价了房地产价格函数，并且将这种模型对价格的预测功能与传统的参数模型做了对比。但他们的研究工作对房地产价格与区位交通方面的交互影响普遍考虑甚少(Alan W. E. , 1992)。

我国地价理论与城市土地价格相关研究始于20世纪30年代，这一时期的城市土地价格研究主要以介绍国外土地经济理论及地价理论为主，并在此基础上对我国城市土地价格做了初步研究。新中国成立以后，受"土地无价"观点的影响，以及整个土地经济学研究没有受到应有的重视，我国有关土地价格的研究也中断了。20世纪80年代，我国学者重新开始对城市土地价格问题的理论探索，突破了以往国内关于土地价格研究的理论禁区，在理论与实践上均具有重要意义。在地价方面，常用的包括三个概念。

基准地价：区域地价表征方式为基准地价，基准地价是指按照城镇不同的土地级别或均质区域分别评估的商业、工业、居住等各类用途的单位面积土地使用权平均价格。基准地价的评估是以城镇整体为单位进行的，是该地区各等级土地中，一定时间内的商业、住宅、工业用地使用权平均价格，反映了我国城镇土地利用所产生的实际经济效果，标明了土地经济价值运动的基准线。

标定地价：标定地价是市、县政府根据管理需要，评估的正常土地市场中，在正常的经营管理条件下和政策作用下，具体宗地在一定使用年期内的价格。标定地价是宗地地价的一种，评估时一般以基准地价为依据，根据地块使用年限、市场行情、地块大小、形状、容积率限制、微观区位等条件，通过系数修正进行评估。

交易价：交易价是土地使用权转移双方按照一定的法律程序，在土地市场中实际达成的交易价格。市场交易价一般是具体宗地一定使用年期的现实交易价格，是交易双方收支地价款的标准，也是契税、土地增值税、土地收益金的计税基础；地价政策、交易双方心理等各要素综合作用于某一宗地在某一时刻的价格。

二、基于 GIS 的区域地价相关研究

国内外学者对城市土地价格影响因素问题作了相当多的探索和研究，总体来说，大多数学者的研究主要关注城市土地需求方面因素，而对城市土地供给方面因素的研究则相对要少一些，这主要是因为土地供给方面的因素，如政府政策等较难加以衡量（胡冠军，2007）。

从土地供给方面来看，学者们的研究比较集中于土地资源条件、政府政策、土地开发成本、城市分区、土地使用管制、城市增长控制、城市规划和税收政策等因素。研究方法上既有实证研究，也有规范分析（Smith，1978；Bentick，1979）。

从土地需求方面来看，影响因素研究大体可以分为两种思路：一种是从住宅的视角切入，如 Muth R. F. (1971)、Manning C. A. (1958)、Witte A. D. (1975)、Chan W. W. & Jeannette (1991)等均通过分析住宅价格需求方面的影响因素来间接分析影响城市土地价格的因素；另一种是直接从土地需求的角度寻找影响城市土地价格的因素，如 Downing (1973)、Ottensmann (1977)、Asabere (1981) 和 Broomahll(1995)等。

GIS 空间分析也称空间数据分析，是基于地理对象空间布局的地理数据分析技术。空间分析也可以看作一个空间知识发现和挖掘的过程，通过 GIS 提供的空间分析功能，用户可以从已知地理数据中得出隐含的重要结论。插值分析是空间分析的重要组成，其基本思路是对已知样点数据拟合一个空间结构模型，进行空间结构量化分析，从而对某一区域的未知点进行预测。

国内目前对地价空间分布规律方面的理论研究相对较少,有待深入研究(蒋芳、朱道林,2005)。较早几年的研究,大多数都以估价或者基准地价估价为主要研究目的。吴次芳等(1995)较早地把 GIS 和多元线性回归引入到地价空间分布研究;杜德斌、徐建刚(1997)采用 GIS 技术和多元线性回归分析方法,分析上海市地价与城市区位因子的线性关系;杜忠潮、车自力(2002)用多元线性回归方程对不同类型的基准地价进行模拟测算。

最近的一些国内研究开始探索地价的空间分布规律,如李玲等(2003)利用北京市 1999—2001 年土地出让案例,分析了四种用地的空间分布格局,发现地价空间变异受随机因子影响较小,四种出让地价有较强的空间毗邻效应。杜小娅、陆跃进(2004)采用 GIS 技术和多元回归方法,对南京市 1998 年 200 余个土地出让案例进行研究,发现南京市地价空间差异十分明显。蒋芳、朱道林(2005)应用统计分析和 GIS 空间分析,对北京市住宅地价的空间分布规律进行探讨,论述了住宅用地的兴盛区、增长区、饱和区。陈思源等(2005)对镇江市商业地价进行了研究,发现镇江市商业中心与地价中心的分布有较强一致性,商业地价空间分布形态呈辐聚状。汪应宏等(2005)研究了商业、住宅、工业土地价格的变异函数。GIS 结合地理统计学进行的地价研究,也是目前较为热门的一个方面(罗罡辉,2007)。

随着 GIS 技术的发展,GIS 空间分析受到广泛关注,空间插值分析方法已应用于地价研究中,其在土地科学中的运用也日益深入;特别是在地价研究应用中,已经形成较为成熟的理论方法体系。鉴于此,本研究采用 GIS 空间分析技术,以浦口区的住宅地价为研究对象,利用市场交易资料,通过数据处理和空间分析,进而获取地价分布信息,从而进行跨江通道对地价影响的研究。

三、交通改善对区域地价的推动作用

价格是价值的货币表现形式,故土地价格的概念相对应的也有以下几种观点。第一种是土地价格二元论(如周诚,1992;杨继瑞,1994;单胜道、黄祖辉,2002)。这种观点认为,城市土地价格由土地物质价格(虚幻价值)和土地资本价格(真实价值)两部分组成。第二种是土地价格三元论(如单胜道、吴次芳,2000)。这种观点认为城市土地价格除土地资源价格、土地资本价格外,还有外部辐射地租。宗地以外的大型基本建设(如道路、商场、公园等)会对宗地产生辐射作用,从而使得宗地的价格有所增加或减少,即产生外部辐射地租。第三种是供求论(如严星、林增杰,1993;车江洪,2000)。这种观点主要是从城市土地市场均衡角度出发,认为土地具有稀缺性、有使用价值和有需求这三个价格形成的基本要素。第四种是产权论(如刘维新,1999;杨钢桥,2001)。这种观点从产权理论出发,认为城市土地价格就是土地使用者为拥有一定时期范围内对土地的使用、经营、处置、获益等权利所支付的代价,这种代价的实质是一种产权价格。

在城市地价空间结构模式方面,Chapin & Weiss S. F. (1962)引入交通成本因素将市地价与土地利用关系模式化,Alonso W. (1964)等引进区位平衡概念,建立了土地利用与地租相互关系模式。Harvey(1978)、Deakin(1989)从不同侧面论述了交通通达性和便捷性是决定地价地租的最重要因素。在地价变化影响因素及地价动态研究方面,James & Simmons(1971)将复杂的城市地域抽象为一个简单的均质区域,并在此假设条件下再逐步叠加其他经济因子,建立了各种情况下城市地租与地价的具体模型;伊利(1982)等分析了影响地价的因素;Wheaton W. C. (1982)对美国城市中心区住宅用地供需与住宅价格变化关系进行了统计分析。野口悠纪雄(1997)利用统计学模型考察了日本土地问题的演变过程和地价变动背后的土地供求关系。Betts & Ely(1998)对城市不动产价值评估、开发城市的土地价值及商用、居住用、农用土地的租金作了深入研究。

在地价的空间分布上,国内研究主要是对地价影响因子的空间叠加分析,空间分布规律分析和空间分布的数量特征分析等。欧阳安蛟、陈立定(2002)对风景区开发项目用地基准地价评估方法进行了实践探索;郑云有、周国华(2001)对城镇工业用地基准地价进行了评估方法研究;王筱明、郑新奇(2004)对路线价法在实际应用中存在的问题进行了探讨。在地价与影响因素相关关系研究方面,华文等(2005)以城市地价产生地域差异的理论分析为依据,运用逐步回归分析法建立了江苏省城市地价评估模型;葛京凤等(2005)通过对石家庄市两次定级估价成果的比较,分析了地价水平变化的原因,探讨了各种影响因素与地价变化的关系。张莉(2002)对城市地价空间结构的基本模型和演化规律进行了阐述,并分析了影响城市地价变动的因素、城市地价空间结构的基本模式。陆跃进、周生路(2003)通过对大量地价样点数据的分析,揭示出南京城区土地出让价格的时空变化规律,并对规律形成原因进行了探讨,从而为政府制定合理而有效的地价政策提供建议和参考。蒋芳(2004)通过对北京市土地出让市场现状及北京市各用途地价空间的分析,应用地价等值线和向量图,得出城市地价的影响因素和作用机制。

交通设施的建设可促进土地的开发,使城市土地增值,所以,通达性是土地利用过程中首先要考虑的因素。便捷的交通网络可以缩短物品流通的时间,增强其流通性,减少原料产品的运输成本,增加其交易量,从而使单位城市土地获得更多的超额利润,城市地价增高。交通便利、地理位置优越的城市,不但城市规模和经济发展都优先于其他城市,而且城市土地的利用效益也会明显高出其他城市,其外部表现形式即为那些对外交通条件好的城市地价高于其他城市土地价格。Czamanski(1966)构筑了一个针对城市功能的"通达性指数",认为所有类型的城市土地的价格与"通达性指数"之间有着极高的相关性,最高可达 100%。国内有学者通过对德阳市 116 个地价采样点数据进行相关分析后发现,高地价点主要出现在道路交通网的结点上,这说明地价与交通具有极高的相关性,地价沿城市对外交通干道延伸明显(唐菊兴等,2001)。

轨道交通具有明显的外部效益,能够给沿线的土地(房地产)带来显著的增值效益。轨道交通具有高度的能达性效能,不仅能够节省轨道交通利用者的出行时间和出行成本,而且能够减少道路交通的拥挤程度,节省道路交通使用者的出行时间和经济成本。"这种高度能达性还具有'磁力效应',能够吸引各种生活、商务、文化、娱乐等设施向轨道站点周围集中,刺激站点周围土地的高密度开发,繁荣轨道交通沿线的经济。轨道交通的高能达性,以及由此促进的沿线土地的高密度开发与经济繁荣,必将促进沿线房地产增值,这就是轨道交通建设促进沿线房地产增值的机理。""美国学者对华盛顿特区地铁及周围房地产的研究显示,截至1981 年年底,华盛顿地铁投资了 30 亿美元(占总投资的 40%)时,引起的土地增值效益就达到 20 亿美元;到 2001 年 1 月地铁累计投资达到 95 亿美元,新增的土地价值达到 100 亿—150 亿美元。地铁沿线一些区域的商业用地增值幅度达到

100％—300％。"

城市交通与城市土地利用和城市社会经济发展存在着密切的关系。城市交通系统的通达状况和实际供给能力,影响城市经济发展和土地利用类型,直接影响城市地价的高低;反过来,城市经济发展和土地利用类型及地价的高低又要求城市交通达到一定程度。

城市交通和城市地价之间的联系早已被许多学者所探讨、研究。1903年,赫德(R. M. Hurd)发表了《城市土地价值理论》,认为:城市地价的高低决定于城市土地的交通通达性。黑格20年代的研究也认为:城市土地地租是该地交通通达性或交通成本节约的函数。沿着运输轴线的区位由于具备了通往市中心的高度便利,因而吸引许多经济活动沿着放射性的运输轴线集中。欧文在《大都市交通问题》(1956)一书中指出:"只有一个由限制出入的高速公路与停车设施组成的完善的网络,才能构成支持未来大都市的骨架。"阿朗索在《区位与土地利用》(1964)一书中指出,不同地块的地价将随着它到城市中心的交通费用的增加而下降。迈耶等(1965)从实地调查中得出结论:受雇于高密度工作地点的工人不得不在高额交通费用与高额住宅消费之间做出选择,许多人选择了住在郊区,这样从居住地到工作地的出行时间更长,花费也更大,然而却换取到了他们所渴望的相对便宜的住宅与庭院空间。他们的共同点都是认为最高地价将产生于城市中心通达性最高的地块。故交通通达性是城市地价和土地利用的一个关键因素,而通达性的变化源于交通系统的改善,可见通达性是城市交通系统与城市利用产生联系的纽带。

我国的城市土地经济研究者、实践者在引进吸收国外及港台地区的地价估价方法的基础上,创造了许多适合于我国目前土地使用现状的地价评估方法。目前,仍不断有学者探讨引入其他数学模型到基准地价评估中,如模糊数学、层次分析法(AHP法)、回归分析、灰色预测、人工神经网络等,并建立了一系列基于这些数学模型的基准地价评估模型,如基于神经网络的基准地价预测模型、基于模糊数学的基准地价评估模型等。目前基准地价评估一般以划分土地均质地域(均质区片或土地级别)为基础,以市场交易价格为依据,根据外业调查的样点地价,建立地价与土地级别(或土地定级单元总分值)数学模型来评估级别基准地价。常用的模型主要有以下几种,其他的模型均可以转变成这几种基本模型:

1. 指数模型 $Y_n = A(1+r)^{X_n}$ 或 $Y_n = A(1+r)^{\alpha X_n}$,其中 Y_n 为第 n 级土地上样本每平方米土地的地价,X_n 为第 n 级土地级别指数或单元土地质量指数,A 为回归系数,α 是模型待定系数。

2. 线性模型 $Y_n = a + b \times X_n$,其中 Y_n 为第 n 级土地上样本每平方米土地的地价,X_n 为第 n 级土地级别指数或单元土地质量指数,a,b 为常数。

3. 算术平均数模型 $Y = \sum_{i=1}^{n} X_i / n$ 或 $Y = \sum_{i=1}^{n} X_i S_i / \sum_{i=1}^{n} S_i$,其中 Y 为某均质地域或土地级别的平均地价,X_n 为某均质地域或土地级别内可用样点 i 的单位面积地价,n 为某均质区域或土地级别内可利用的地价样点数,S_i 为样点 i 宗地面积。

第三章　浦口区土地利用变化
与驱动力分析

第一节　土地利用现状与特点

一、土地利用现状

浦口区共辖 12 个镇街和 1 个老山林场,行政区域面积较大。2008 年,全区土地总面积为 91895.53 公顷,其中,农用地面积为 58940 公顷,占总面积比例为 64.14%;建设用地面积为 24961.48 公顷,占总面积比例为 27.16%;未利用地面积为 7994.05 公顷,占总面积比例为 8.7%(见表 3-1)。农用地中,耕地、林地所占比例较大,分别为 46.3%、27.71%,面积依次为 27287.05 公顷、16329.72 公顷;浦口区域内坑塘水面,养殖水面较多,导致其他农用地占一级地类的比例也相对较高,达到 23.66%,面积为 13947.58 公顷。建设用地中,居民点及独立工矿用地面积为 21100.65 公顷,占建设用地总量的 84.53%;交通运输用地、水利设施用地比例较小,分别占建设用地面积的 8.67%、6.8%。全区未利用地面积比例较低,且主要为河流水面、苇地、滩涂,荒地较少,土地利用率较高。

表 3-1　2008 年浦口区土地利用现状表

地　　类		面积（公顷）	占一级地类的比例（%）	占土地总面积的比例（%）
农用地	耕地	27287.05	46.30	29.69
	园地	1373.01	2.33	1.49
	林地	16329.72	27.71	17.77
	牧草地	2.64	0	0
	其他农用地	13947.58	23.66	15.18
	小计	**58940**	**100**	**64.14**
建设用地	居民点及独立工矿	21100.65	84.53	22.96
	交通运输用地	2164.39	8.67	2.36
	水利设施用地	1696.44	6.80	1.85
	小计	**24961.48**	**100**	**27.16**
未利用地	未利用地	1149.61	14.38	1.25
	其他土地	6844.44	85.62	7.45
	小计	**7994.05**	**100**	**8.70**
合计		**91895.53**		**100**

　　由浦口区 2008 年土地利用动态监测遥感图可知,浦口区建设用地主要分布于老山与长江之间的范围内,山水之间的新市区已初步形成(见图 3-1)[1]。新市区范围包括沿江街道、泰山街道、顶山街道、江浦街道四个行政区,建设用地密度高于其他各乡镇,其中,泰山街道建设密度最高,分布最为密集,沿江街道次之,这两个街道的建设用地于大桥北路两侧分布尤为密集,这直接地体现了南京长江大桥对泰山街道、沿江街道城市增长的拉动作用。与泰山、沿江两街道相比,顶山街道与江浦街道建设密度相对较低,且分布零散,各类用地破碎度较大,建设用地范围内夹杂着大量的耕地、林地、园地、滩涂水域等,这间接地说明未来年份这两

　　[1]　由于排版需要,本书中部分插图集中在书末以彩色插页形式给出,翻阅时有不便之处,请读者见谅。

个街道城市增长潜力的巨大,纬三路隧道、纬七路隧道、南京长江五桥的规划建设,可激发并实现这两个街道乃至整个浦口区城市增长的潜力。新市区范围外的其他乡镇建设用地分布较少,密度较低;农村居民点用地较多,分布凌乱,各类用地破碎度较大,耕地区片内夹杂着大量居民点以及林地、水域等其他用地类型。

二、土地利用现状的特点

根据浦口区土地利用结构及用地分布情况,并结合相关统计资料,总结得出浦口区土地利用现状的特点如下:

1. 土地资源数量较大,土地利用类型较多。浦口区土地资源数量较大,利用类型较丰富。区内存在大量的荒草地、河流湖泊水面、苇地滩涂等高生态价值用地类型,资源开发前景广,农业生产条件好;土层深厚,光热较丰,雨热同季;生物、矿产资源丰富,土地资源利用正逐步走向综合开发方向。

2. 农用地中,耕地、林地比例大,园地、草地较少。2008年,浦口区农用地总面积为58940公顷,耕地、林地所占比例较大,分别为46.3%、27.71%,两类地占农用地比例高达74.01%;园地、草地数量较少,面积分别为1373.01公顷、2.64公顷,两类地占农用地比例仅为1.49%。浦口区林地面积大,分布广泛,生态环境较好。

3. 耕地以灌溉水田为主,但旱地面积也较大。根据2007年土地利用现状变更调查结果,浦口区耕地面积28004.66公顷,其中灌溉水田17298.63公顷,占耕地面积的61.77%,旱地9339.3公顷,占耕地面积的33.35%,两者合计占耕地总面积的95.12%。

4. 建设用地布局凌乱,耕地与村镇建设用地交错分布,耕地使用效率低。根据浦口区土地利用动态监测遥感图(见图3-1),沿江各镇街建设用地密度较高,但布局凌乱,主要是沿江、沿路分布,建设用地范围内有包括耕地在内的多种其他用地类型。其他各乡镇中,各种土地利用类型之间存在较为明显的相互交叉现象,尤其是耕地与村镇建设用地之间的交错,现状耕地未能成片成方,很大程度上削弱了土地利用的规模效益。

第二节 土地利用动态变化

一、土地利用变化幅度

土地利用变化首先反映在不同用地类型数量的变化即变化幅度上,表3-2为2002年浦口区行政区划调整以来各土地利用类型面积汇总表,由该表可详细了解到浦口区土地利用变化总体态势和土地利用结构变化情况。

浦口区自2002年调整行政区划,社会经济发展取得较大进步,土地利用结构也随之发生较大调整。2003—2008年期间数量变化较大的用地类型有居民点与独立工矿用地、耕地。2003年浦口区居民点与独立工矿用地面积为16238.96公顷,逐年增加,至2008年达20999.93公顷,增加面积4760.97公顷,增加比例为29%;耕地的减少伴随建设用地的增加,2003年浦口区耕地面积为30122.25公顷,至2008年减少至27156.79,耕地面积减少2965.46公顷(见图3-2)。

表3-2 2003—2008年浦口区各土地利用类型面积汇总表

(单位:公顷)

年份	耕地	园地	林地	草地	其他农用地	居民点与独立工矿	交通运输用地	水利设施用地	未利用地
2003	30122.25	1228.97	16323.18	17.58	14411.47	16238.96	1293.86	1328.57	10492.25
2004	29368.22	1232.62	16180.47	22.09	14253.56	17334.51	1500.46	1434.25	10130.83
2005	29260.05	1371.61	16105.07	21.96	14085.35	17604.45	1551.64	1434.37	9929.54
2006	28859.96	1419.54	15835.29	22.20	14040.27	18359.27	1687.57	1444.47	9788.31
2007	28005.16	1487.61	15113.49	7.99	13618.03	20333.68	2023.85	1449.80	9417.25
2008	27156.79	1366.46	16251.77	2.63	13881.00	20999.93	2154.06	1688.34	7955.89

交通运输用地、水利设施用地增长比例较大,2003年交通运输用地面积为1294.86公顷,至2008年达2154.06公顷,为期初年交通用地的1.66倍;水利设施用地增长面积略小于交通用地,为355.79公顷,增长比例为27.1%。

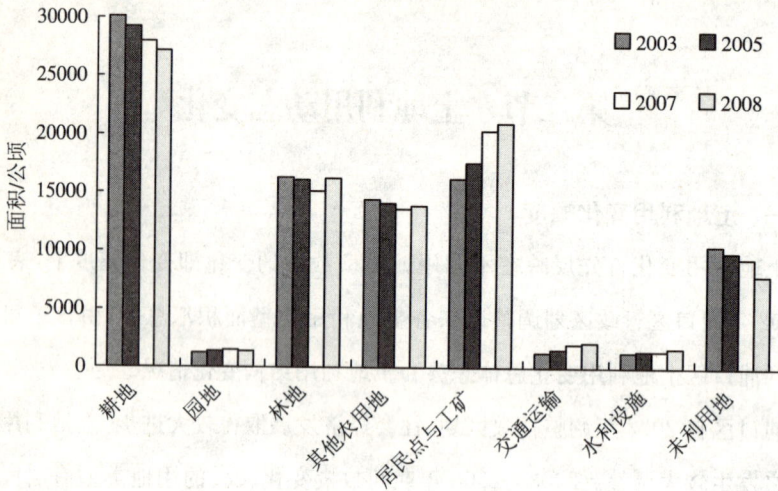

图 3-2　2003—2008 年浦口区各用地类型面积变化图

　　由图 3-2、表 3-2 可知,其他各类用地面积变化不大。园地面积 2003—2007 年一直增加,2008 年面积有所减少;林地面积则相反,前段时期先减少,2008 年面积突然增加,其主要原因包括建设占用与土地利用结构调整,但也不排除统计口径不同的原因。区内草地面积较少,至 2008 年,面积减少至 2.63 公顷。未利用地比例在不断地降低,2003 年全区未利用地面积为 10492.25 公顷,占行政区域总面积比例为 11.5%,至 2008 年未利用地面积急剧减少为 7955.89 公顷,占总面积比例降低为 8.7%。

二、土地利用变化速度

1. 综合土地利用类型动态度变化

　　土地利用动态度可定量描述区域土地利用变化的速度,它对于比较不同时段土地利用变化的速度和预测未来土地利用变化趋势都具有积极的作用。综合土地利用类型动态度是反映研究区域在指定时间期段内所有土地利用类型的整体变化程度,其数值都为正数,值越大,表示该时间段内,研究区域各土地利用类型之间调整较为频繁,地类之间的转换面积较大;反之亦然。综合土地利用类型动态度变化公式如下:

$$LC = \left(\frac{\sum_{i=1}^{n} \mathrm{d}LU\bar{i}}{\sum_{i=1}^{n} LU_i}\right) \times \frac{1}{T} \times 100\% \qquad (3-1)$$

式中 LU_i 为研究起始时间第 i 类土地利用类型面积，$\mathrm{d}LU\bar{i}$ 为监测时段内第 i 类土地利用类型转为非 i 类土地利用类型面积的绝对值，T 为监测时段长度。当 T 的时段设定为年时，LC 的值就是该研究区土地利用年变化率。由上述公式计算得到浦口区 2003—2005 年、2005—2008 年以及 2003—2008 年综合土地利用类型动态度变化值。

表 3-3　2003—2008 年浦口区综合土地利用年变化率

（单位：%）

年　份	2003—2005 年	2005—2008 年	2003—2008 年
综合土地利用年变化率	1.4	2.38	2.24

表 3-3 综合土地利用年变化率反映浦口区自 2002 年行政区划调整以来土地利用变化总体情况。2003—2008 年，浦口区综合土地利用年变化率为 2.24%，六年间共有 12237.08 公顷土地发生结构调整，转变为其他地类。2003—2005 年，综合土地利用年变化率为 1.4%，这三年内共有 3845.24 公顷土地发生地类转换；2005—2008 年，综合土地利用年变化率为 2.38%，共有 8704.31 公顷土地进行土地利用结构调整，该时期土地利用变化速率要大于前一时期，这与近年来浦口城市快速扩张紧密相关，特别是南京长江三桥的修建通车，缓解了南北两岸交通瓶颈，加强了浦口与主城经济联系，进一步促进了浦口区土地利用结构调整。

2. 单一土地利用类型动态度变化

单一土地利用类型动态度表达的是某研究区一定时间范围内某种土地利用类型的数量变化情况，其表达式为：

$$K = \frac{U_b - U_a}{U_a} \times \frac{1}{T} \times 100\% \qquad (3-2)$$

式中 K 为研究时段内某一土地利用类型动态度，U_a，U_b 分别为研究期初及研究期末某一种土地利用类型的数量，T 为研究时段长。当 T 的时段设定为年时，K 的值就是该研究区某土地利用类型年变化率。

单一土地利用类型年变化率为正,表示在研究期内对应用地类型的面积有所增加,负数表示对应地类面积有所减少;数值(绝对值)越大说明地类面积变化的相对幅度就越大,反之亦然。研究区各土地利用类型不同时期变化率见表 3-4。2003—2005 年各土地利用类型年变化率总体上要小于 2005—2008 年的地类年变化率。前一时期耕地年变化率为 -0.95%,至后一时期则减少为 -1.80%,耕地减少速度增加,出现这一现象主要有两个原因:一是农用地内部结构调整,耕地转换为林地或其他农用地;另一原因为中心城市建设步伐加快,城市居民及工矿用地面积增加导致耕地减少。2003—2005 年林地面积稍有减少,减少面积为 218.11 公顷,年变化率为 -0.45%;2005—2008 年面积有所增加,林地年变化率为 0.23%,其主要原因为农用地内部结构调整,大量耕地、园地、草地、其他农用地转为林地。浦口区内草地面积较少,至 2008 年已减少至 2.63 公顷,在 2005—2008 年草地年变化率高达 -22.01%,主要原因有二:一为地类转换,草地转换为其他农用地或建设用地;二为统计口径问题,二调中草地只包括人工草地与改良草地,而荒草地划分到未利用地范围内。

表 3-4 2003—2008 年浦口区单一土地利用类型年变化率

地 类	2003—2005 年		2005—2008 年		2003—2008 年	
	变化面积(公顷)	变化率(%)	变化面积(公顷)	变化率(%)	变化面积(公顷)	变化率(%)
耕地	-862.21	-0.95	-2103.26	-1.8	-2965.46	-1.64
园地	142.65	3.87	-5.15	-0.09	137.49	1.86
林地	-218.11	-0.45	146.7	0.23	-71.41	-0.07
草地	4.38	8.3	-19.33	-22.01	-14.95	-14.18
其他农用地	-326.12	-0.75	-204.35	-0.36	-530.47	-0.61
居民点与工矿	1365.49	2.8	3395.47	4.82	4760.97	4.89
交通运输	257.78	6.64	602.42	9.71	860.2	11.08
水利设施	105.8	2.65	253.97	4.43	359.77	4.51
未利用地	-562.71	-1.79	-1973.65	-4.97	-2536.36	-4.03

建设用地中,居民点与独立工矿用地、交通水利用地面积在研究年份内增长

速度较快,增长面积较大,2003—2008年,浦口建设用地总量以5.28%的年均增长率持续稳定增长,五年共增加了5980.94公顷;其中增长面积最大的为居民点与独立工矿用地,为4760.97公顷;增长速率最大的是交通运输用地,为11.08%。另外,2005—2008年各类建设用地增长速度要大于2003—2005年;2005—2008年时期内居民点与工矿、交通运输、水利设施用地以2005年为基期,土地利用类型变化率分别为4.82%、9.71%、4.43%,高于前一时期各用地类型土地利用变化率。究其原因,这与近年来南京市"一城三区"的空间规划以及跨江发展战略部署的提出密切相关,特别是2005年南京长江三桥的建设通车有效地缓解了跨江交通瓶颈,加速了区内土地利用结构调整。

三、土地利用变化空间差异

浦口区各镇街地理位置、地质地貌、水文等自然条件存在差异,经济发展与人口增长的速度不同,加上历史的原因,土地利用变化还存在着区域间的差异,为此,我们引入单一土地利用类型相对变化率来反映土地利用数量变化的区域差异。相对变化率是一种反映土地利用变化区域差异的很好方法,区域内某一特定土地利用类型相对变化率可表示为:

$$R = \frac{|K_b - K_a|}{|C_b - C_a|} \times \frac{C_a}{K_a} \tag{3-3}$$

式中K_a,K_b分别为研究区某一区域特定土地类型研究期初及研究期末的面积;C_a,C_b分别代表研究区特定土地利用类型研究期初及研究期末的面积。如果某区域某种土地利用类型的相对变化率$R>1$,表示该区域该种土地利用类型的变化程度高于全区的平均水平;反之,则低于全区的平均水平。根据上述公式分别计算了浦口区各镇街2003—2008年以来耕地、建设用地相对变化率(见表3-5)。

表3-5　2003—2008年浦口区各镇街土地利用相对变化率

行政区域	耕地	建设用地	行政区域	耕地	建设用地
江浦街道	2.21	1.20	乌江镇	1.07	1.59
永宁镇	−0.07	0.48	老山林场	7.64	1.24
汤泉镇	−0.92	2.16	泰山街道	9.03	1.42

续　表

行政区域	耕地	建设用地	行政区域	耕地	建设用地
星甸镇	0.48	0.63	顶山街道	5.54	1.58
石桥镇	0.07	0.63	沿江街道	5.33	1.20
桥林镇	0.06	0.54	盘城镇	1.89	1.23

从图 3-3 耕地相对变化率区域差异图中可以看出,历史年份内浦口区沿江各镇街耕地减少速率要大于非沿江各乡镇,泰山街道耕地减少最快,相对变化率高达 9.03,远高于全区平均水平;紧邻泰山街道两侧的为顶山街道和沿江街道,相对变化率分别为 5.54、5.33;顶山、泰山街道两侧外围的江浦街道、盘城镇、乌江镇耕地相对变化率为 2.21、1.89、1.07,都大于全区平均水平,其他非沿江各乡镇耕地相对变化率都小于 1。

建设用地增加速率与耕地减少速率相对应,总体而言,沿江各镇街建设用地增长速率要大于非沿江各乡镇,研究期内泰山街道、顶山街道、乌江镇建设用地相对变化率分别为 1.42、1.58、1.59,高于全区平均水平(见图 3-4)。江浦街道、沿江街道、盘城镇增长速率略高于全区平均水平,这都与南京长江大桥、三桥通车带动相关。

老山林场耕地减少速率较快,为 7.64,其耕地大幅下降主要原因有两个方面:一是建设占用耕地,其建设用地变化率高于全区水平,为 1.24;二是退耕还林,大量耕地转变为林地。汤泉镇建设用地增加最快,相对变化率为 2.16,这是因为该镇为浦口区西部重点镇,近期得到政府重点培育,充分利用其镇内优越的旅游资源,大力发展现代旅游和休闲服务业,并逐步完善镇内基础设施配套,建设用地增加较快。

总体上看,跨江通道建设与浦口区耕地减少及建设用地增加速率具有很大的相关性,跨江通道有利于加强浦口与主城经济联系,增加两岸人口、资金、技术流动,促进城市建设,从而大量占用耕地。长江大桥北端所在的泰山街道耕地减少最快,两侧区域减少速率逐渐下降,与之相对应,沿江区域建设用地增加速率要高于非沿江区域。长江三桥对江浦街道以及乌江镇耕地减少及建设用地增加速率也有一定程度的影响。另外,长江二桥也给紧邻六合区的沿江街道与盘城镇带来一定程度的影响。

第三节　建设用地增长驱动力分析

影响土地利用变化的驱动力因子主要包括自然驱动力和人文驱动力,其中自然驱动力包括环境变化、气候、自然灾害和地形、坡度等驱动因子,然而在浦口区这样一个面积相对较小的范围内,其相对人文驱动因子而言,对土地利用变化影响较小;人文驱动力包括经济增长、人口增长、交通牵引、政策措施等驱动因子。因此,这里仅就人文驱动因素分析建设用地的增长机制。

一、社会经济因素

1. 地区生产总值

进入新世纪以来,浦口区社会经济发展迅速,经济总量增长较快,2000 年浦口区 GDP 总量仅为 38.85 亿元,至 2008 年增加至 196.50 亿元,在 2000 年的基础上翻了五番,平均每年增长 17.52 亿元,GDP 平均年增长率达 23.21%。与此同时,人均 GDP 也在不断增加,2000 年该值为 8292 元,到 2008 年增加至 36864 元,增加了 4.45 倍,区内居民生活水平与生活质量得到明显提高。

经济建设的飞速发展引起了国民经济中的各种生产要素组合而成的生产函数向更高层次变革。城镇化引起的这种变革突出表现在产值结构和就业结构向第二产业、第三产业迅速发展,城市第一经济效益即城市人均国民生产总值的不断增长等方面。浦口区第一产业在全区 GDP 中的比重逐渐减小,2000 年第一产业产值为 7.33 亿元,占该年 GDP 总量的 18.87%,至 2008 年第一产业比重下降为 7.69%。浦口区第二、第三产业比重较大,2000—2005 年期间,区内第三产业产值略高于二产产值。2005 年后,二产产值超过三产,且所占 GDP 比重呈上升趋势,至 2008 年,区内第二产业增加值为 100.81 亿元,占 GDP 比例达 51.3%,工业成为推动浦口经济增长的中坚力量(见图 3-5)。第二、第三产业的快速发展,将会带动浦口城市建设和建设用地的增长。

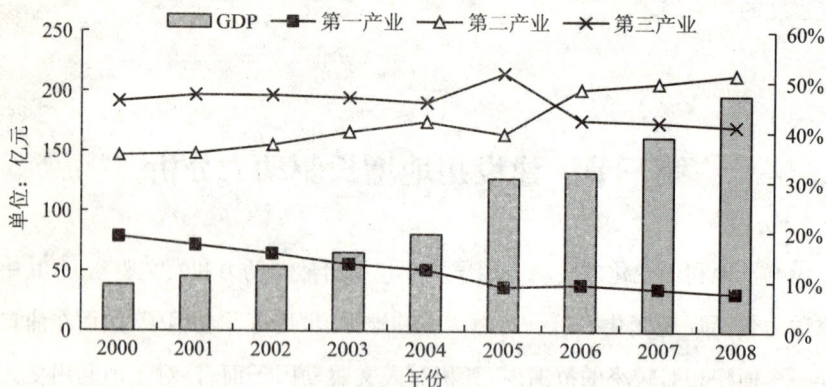

图3-5 2000—2008年浦口区GDP及三大产业所占比重变化图

2. 工业总产值

经济的快速增长,外来资本与民营投资的增加,促进了区内开发区与工业园的建设和发展。浦口区现拥有国家级的南京市高新技术产业开发区,南北片区总面积为653公顷,以及省级的南京浦口经济开发区,包括浦口经济开发区和珠江工业园两片,总面积为1020公顷。另外,还包括各镇众多小型工业园与集中区。如图3-6,浦口区工业总产值逐年增长,曲线于2004年出现拐点,近年来增速加快,对GDP的贡献越来越大。工业园、开发区的建设与发展导致了城市的扩张,

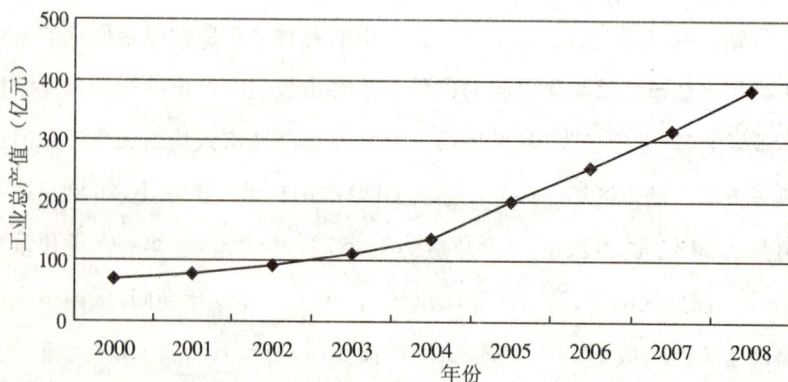

图3-6 2000—2008年浦口区工业总产值变化曲线图

使城市向开发区发展并与其连接,这样城市的面积得到了增加。其实开发区的建立不只是区内的土地得以开发,成为城市的一部分,而且它的连锁反应带动了基础设施建设、房地产业、商业、餐饮、娱乐等服务业快速发展,使得开发区的周边地区也得到了迅速开发。

3. 全社会固定资产投资

随着南京市"一城三区"空间规划以及跨江战略的提出,近年来,大量外资以及民营资本涌入浦口区,基础设施的投入力度不断加大,社会固定资产投资增长迅速。2000年,浦口区固定资产投资总值为 12.37 亿元,至 2004 年增长至 48.77 亿元,是 2000 年的 3.94 倍。随着南京长江三桥的通车,随后年份固定资产增长更为迅速,至 2008 年,全区固定资产投资总值为 186.42 亿元,为 2004 年的 3.82 倍(见图 3-7)。固定资产投资极大地促进了浦口区第二、第三产业的发展,带动区内工业、房地产业以及旅游业发展,更新和完善城市基础设施,大量城市建设促使建设用地总量快速增长。

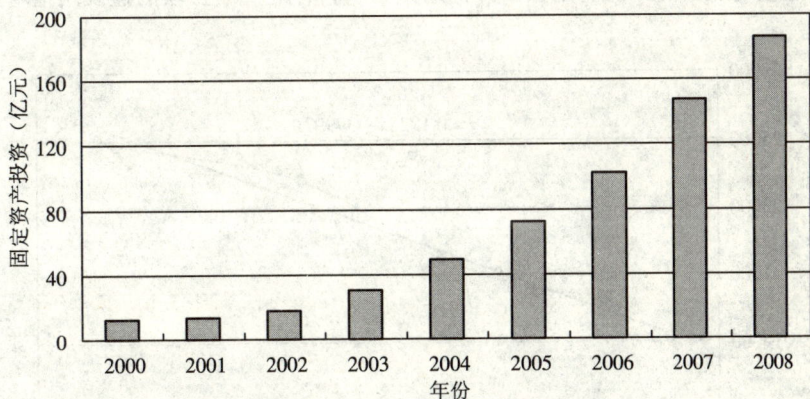

图 3-7　2000—2008 年浦口区全社会固定资产投资变化曲线图

二、人口增加因素

人口作为一个独特的因素,其对土地利用的影响,在所有人文因素中是最主要的因素,也是最具活力的土地利用变化驱动力之一。人类通过改变土地利用的类型与结构,增强对土地这个自然经济综合体的干预程度,来满足人类自身的生存需求。人口的增加必然导致居住地和土地利用系统输出产品需求量的增加,随着居民生活水平的提高,一方面,人均居住面积的增加,住宅需求总量的增加与居住质量的提高加速研究区房地产开发进程;另一方面,对土地利用系统输出产品需求不断增加,特别是对第二、第三产业输出产品与服务的需求,必然要求对现有土地利用结构进行调整,促进第二、第三产业用地增加与土地利用效益提升。跨江发展战略的提出显示南京市打造浦口新市区的决心,近年来浦口人口增长较快,2003 年浦口区户籍人口为 48.38 万人,至 2008 年增加至 53.30 万人,五年间户籍人口增加 4.92 万人,年均增长 2.03%。全区常住人口较多,2007 年常住人口总量达 58.74 万人。

从图 3 - 8 建设用地与总人口变化关系图可以看出,浦口区人口增长与建设用地面积增加呈显著正相关性,皮尔逊相关系数为 0.985,双尾显著概率为 0.001,回归方程为:$y = 0.1223x - 39997$(y 为建设用地面积,x 为总人口)。由此可见,随着人口的不断增加,人们对生产与生活用地需求的增加,将直接导致建设用地总量增加。浦口区每增加 1 万户籍人口,将带来 1223 公顷的建设用地增长。

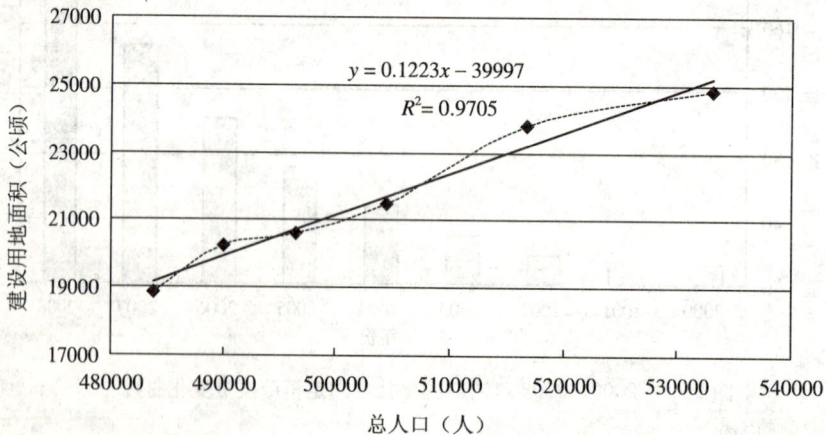

图 3 - 8　2003—2008 年浦口区建设用地与总人口变化关系图

三、政策因素

政策因素在城市发展中一直起着十分重要的作用,指引着社会经济发展的方向。同样,政策对土地利用的影响也非常显著,是土地利用的直接决策因素,通过地权制度、价格制度、经营机制等直接影响土地利用及其结构的形式。

2002 年,原浦口区与原江浦县合并,打破了浦口区经济发展的行政障碍,统一城市规划,合理布局各类用地,有力地克服了产业重复现象,提升区内产业竞争力。2004 年,南京市"一城三区"的空间规划与功能布局的提出,规划浦口区未来形成现代化的科学城、人与自然和谐发展的生态型滨江新市区、南京市重要的旅游度假中心,显示了南京市政府打造浦口新市区的愿望与决心。2006 年"以江为轴,跨江发展"的战略部署,多条跨江通道的建设与规划,更加凸显了浦口区毗邻主城的区位优势,浦口区委、区政府再次出台多项优惠政策与措施予以辅助,大力招商引资,加速行政区域内开发区与工业园的建设、发展,已形成以机电制造、生物医药、交通装备产品、纺织服装、电子信息为主导的五大特色优势产业。这些政策与措施加速了浦口第二、第三产业的发展,带动城市基础设施的完善更新,引起区内大量城市建设,从而改变全区土地利用整体格局:建设用地面积逐渐增加,未利用地、农用地特别是耕地面积日趋减少。

四、交通牵引因素

城市沿着公路、铁路等主要交通干线发展是城市发展的一大特点,浦口区也不例外。近年来,随着区域经济和社会事业的发展,浦口区的交通建设取得了很大发展,境内有宁合、宁连多条高速公路,4 条国道(312 国道、328 国道、104 国道、205 国道),以及京沪、宁启铁路,路网密集,交通便捷。浦口与主城隔江相望,其特殊的地理位置决定跨江交通的重要性。跨江快速通道的建设对浦口区影响极为深远,可提高对外交通便捷度,加强与主城的紧密联系,促进内部道路交通系统等级的提升,带动区内城市建设与基础设施的完善,并有力地推进城市的扩张与建设用地的增长。

由第五章第四节对南京长江大桥交通流量的预测,得出大桥 2007 年、2008 年的交通流量分别为 73779pcu、79871pcu,利用 SPSS 软件的 correlate 分析模块分析 2003—2008 年浦口区建设用地与南京长江大桥跨江交通流量之间的关系可知:二者的皮尔逊相关系数为 0.966,双尾显著性概率为 0.002,回归方程为

$y = 0.2062x + 8188.5(x$ 为大桥交通流量，y 为建设用地面积)，呈显著正相关性，交通流量每增加 1 万 PCU，将引起浦口区 2062 公顷建设用地增长(见图 3-9)。

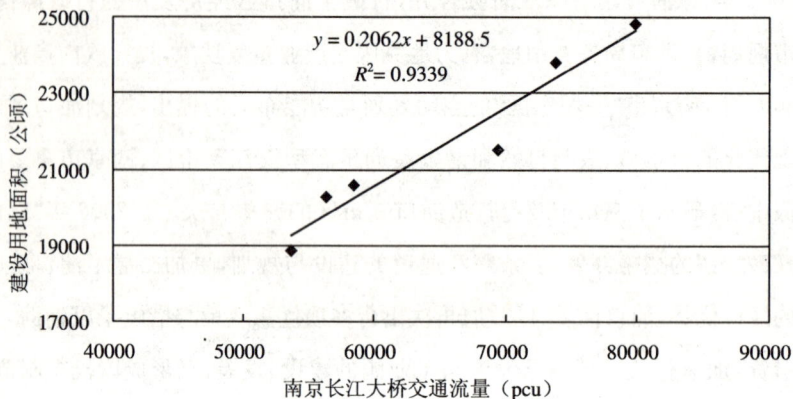

图 3-9　2003—2008 年浦口区建设用地与南京长江大桥交通流量变化关系图

　　跨江交通流量不仅能够直接作为土地利用变化驱动因子引起建设用地增长，而且还可以通过影响其他驱动因子间接地引起浦口区土地利用变化。跨江通道的建设有利于缓解主城与浦口长期以来的交通瓶颈，增加两岸物质、资金、技术流动，吸引外来资金投入与产业进驻，带动区内商业繁华度的提高与城市基础设施的完善，促进全区 GDP、工业总产值以及固定资产投资的增加。对外交通更为通畅，还有利于加速浦口房地产业、旅游业的发展，在城市增长的过程中注重生态建设与保护，将会吸引更多外来人口前来定居，缓解主城日趋增长的人口压力。由表 3-6 可知，2003—2008 年间，大桥交通流量数据与 GDP、固定资产投资额、工业总产值、户籍人口在 0.01 概率水平下相关性显著，由理性经验判断，交通流量与其他土地利用变化驱动因子呈正相关关系，交通流量的增加可通过影响其他人文驱动因子，进一步引起浦口区建设用地增长。综上所述，跨江交通因素是浦口区土地利用变化的关键因素，跨江通道的建设有利于促进浦口区土地利用变化，对全区城市增长以及社会经济发展具有重要意义。

表 3-6　2003—2008 年大桥交通流量与其他土地利用变化驱动因子相关性表

		GDP	固定资产投资额	工业总产值	户籍人口
大桥交通流量	Pearson Correlation	0.945**	0.985**	0.985**	0.975**
	Sig.（2-tailed）	0.004	0.000	0.000	0.001
	N	6	6	6	6

**. Correlation is significant at the 0.01 level (2-tailed).

第四章 跨江通道建设下浦口区
城市用地增长

第一节 模型介绍

一、元胞自动机模型

（一）概念

元胞自动机（Cellular Automata，简称 CA）又称为细胞自动机，最早由 Ulam 在 20 世纪 40 年代提出，很快被 Von Neumann 用于解决自复制系统的演化特征。元胞自动机模型是许多学科相结合的边缘产物，是物理学、数学、生物学及计算机科学等学科交叉应用的结晶，对于元胞自动机的概念，不同的学科有不同的解释与定义。

物理学上将元胞自动机视为一个离散的、无穷维数的动力学系统，并按照一定的规则，在离散的时间维上转化的动力学模型；数学家将其视为描述联系连续现象的偏微分方程的对立体，是一个时空离散的数学模型；计算机科学家将其视为新兴的人工智能、人工生命的分支；而生物学家将其视为人工生命的抽象，用来模拟实验生命中的现象与规律。近十几年来，CA 广泛应用于生物医学、地震学、神经系统及流体力学等领域，这些研究使元胞自动机成为研究复杂系统演化的一种重要方法。

综合各学科领域的研究,可以简要阐述元胞自动模型概念:其基本组成单元是元胞,这些元胞规则地排列在元胞空间所确定的空间格网上,每个元胞具有一个状态,元胞状态取决于上一时刻该元胞的状态以及该元胞所有邻居的状态,元胞空间内的元胞按照这样的局部规则进行同步的状态更新,整个元胞空间则表现为离散的时间维上的变化。其转换规则为:

元胞当前状态=F(元胞上一状态,邻居元胞状态)。

(二) 模型构成

元胞自动机可以视为由一个元胞空间和定义该空间的变换函数组成,具体而言,元胞自动机是一个由元胞(Cells)、状态(States)、邻居(Neighborhoods)和转换规则(rules)构成的四元组合。

1. 元胞,元胞状态,元胞空间

元胞又可称单元,是元胞自动机基础组成部分,分布在一维、二维或多维的欧几里得空间里面。状态可以是$\{0,1\}$的二进制形式,或是$\{S_0,S_1,S_2,\cdots,S_k\}$整数形式的离散集;严格意义上的标准元胞自动机的元胞只能有一个状态变量,但在实际应用中,往往将其进行了扩展,每个元胞可以拥有多个状态变量。

元胞空间是由元胞组成的空间集合,目前研究多集中在一维和二维元胞自动机,二维空间通常可按三角、四方或六边形三种网格排列(见图4-1),在城市 CA 模型中以四方网格的二维元胞自动机应用最广泛。这三种元胞空间划分规则在建模时各有优缺点,三角网格的优点是拥有相对较少的邻居数目,这在某些时候

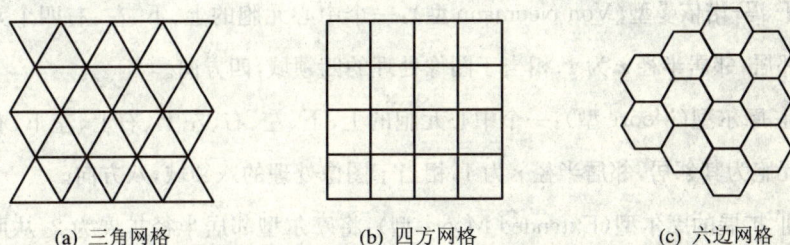

(a) 三角网格　　　　　(b) 四方网格　　　　　(c) 六边网格

图 4-1　二维元胞空间排列网格类型

很有用,其缺点是在计算机上的表达与显示不方便,需要将其转换为四方网格。四方网格的优点是直观而简单,而且特别适合于在现有计算机环境下进行表达显示,其缺点是不能较好地模拟各向同性的现象。六边形网格的优点是能较好地模拟各向同性的现象,因此,模型能更加自然而真实,其缺点同三角网格一样,在表达显示上极为困难、复杂。

2. 邻居

元胞自动机模型基本思想就是认为空间事物特性受邻近事物性质影响较大,因此其在模型构造规则中定义了邻居概念来描述这个邻近空间或空间局部范围。邻居概念即邻居规则,它用来界定一个局部空间范围,在该空间范围内的元胞的上一个状态都会影响中心元胞的下一个状态,明确定义了中心元胞邻居范畴。在一维元胞自动机中,通常以半径来确定邻居,距离元胞中心半径 r 区域内的所有元胞均被认为是该元胞的邻居;二维元胞自动机模型的邻居定义较为复杂,但通常有以下几种形式(以最为常用的四方网格为例),见图 4 - 2,黑色元胞表示中心元胞,灰色元胞则为其邻居。

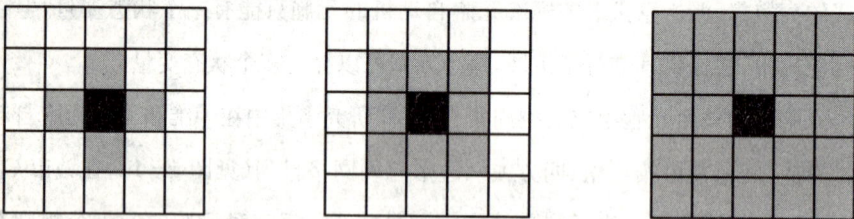

图 4 - 2　二维元胞自动机(四方网格型)邻居类型

Ⅰ 冯-诺依曼型(Von Neumann 型):一个中心元胞的上、下、左、右四个元胞为其邻居,邻居半径 r 为 1,相当于图像处理的四领域,四方向。

Ⅱ 摩尔型(Moore 型):一个中心元胞的上、下、左、右、左上、右上、左下、右下八个元胞为其邻居,邻居半径 r 为 1,相当于图像处理的八领域,八方向。

Ⅲ 扩展的摩尔型(Extended Moore 型):将摩尔型邻居半径扩展为 2,从而有更多的邻居元胞。

3. 转换规则

元胞状态转换规则是元胞自动机的核心,用来描述被模拟过程的逻辑关系,决定空间变化的结果。元胞自动机只有在引入转换规则之后才能模拟复杂的动态空间现象。一般而言,元胞状态的转换规则比较简单,这也是元胞自动机模型的一个特点和优点。

(三) 模型特征

从元胞自动机的构成及其规则上分析,标准的元胞自动机应具有以下特征:

1. 开放灵活性

没有一个既定的数学方程,只是采用"自下而上"建模原则的模型框架,可以根据不同应用领域,构筑相应的专业模型,更符合人们认识复杂事物的思维方式。

2. 同质性、齐性

同质性是指元胞自动机的每一个元胞的变化都服从相同规律,也即是遵循元胞转换规则;而齐性指的是元胞的大小、形状、分布方式相同。

3. 离散性

元胞自动机的离散性包括空间离散性、时间离散性、状态离散性。空间离散是就元胞分布在按一定规则划分的离散元胞空间上;时间离散是指系统的演化按照等时间间隔分布进行的,时间变量只能取等步长的,形似整数形式 t, $t+1$, $t+2$,… 而且 t 时刻的状态构型只对下一时刻有影响;状态离散是指元胞自动机的状态只能取有限个(K 个)离散值(S_1, S_2, S_3, …, S_k),相对于连续状态,不需要经过粗粒化处理就能转化为符号序列(如分类,分级),便于建立元胞自动机模型。元胞自动机离散性特点适合于建立计算机模型和并行计算特征,将其状态变化看成是对数据或信息的计算或处理,而且这种处理具有同步性。

4. 空间性

以栅格单元空间来定义元胞自动机,能很好地和许多空间数据集相互兼容,在空间数据结构上易于与遥感、地理信息系统等技术相结合。

5. 局部性

即时间、空间的局部性,每一个元胞的状态,只对其邻居元胞下一时刻的状态有影响,下一时刻元胞状态也只取决于上一时刻元胞空间状态和元胞转换规则。

二、SLEUTH 模型

(一)概念

根据元胞自动机各自不同的模型转变规则、标准计算方法及空间数据要求,已建立的 CA 模型可以总结为八类:宏观与微观结合的 CA 模型、SLEUTH 模型、模糊 CA 模型、人工神经网络 CA 模型、多准则 CA 模型、多元胞自动机模型、基于 CA 的统计学模型、随机性 CA 模型。而在城市扩张模拟中,最为经典和著名的是由加利福尼亚大学圣巴巴拉分校 Keith Clarke 教授等提出的 SLEUTH 模型,并据此先后对旧金山和华盛顿都市区进行了成功模拟、长期预测。SLEUTH 模型的研究区域可从单个小城镇到整体都市圈,空间分辨率从数十米至上千米不等,可利用历史数据建立的大型空间数据库,在宏观和微观尺度上确保模型输入、校准的精确性,在城市模拟中具有很大的适用性。

SLEUTH 模型是一种应用于自适应元胞自动机模拟城市增长及其土地利用变化的模拟模型。该模型包括两个子模型,即城市增长子模型(Urban Growth Model,简称 UGM)和土地利用/覆盖 Deltatron 子模型(Land Cover Deltatron Model,简称 LCD),两者紧密结合,其中 UGM 子模型可以单独运行,LCD 子模型由 UGM 子模型调用和驱动。模型基于两个假设:未来现象可以由过去真实数据模拟预测获得;历史增长趋势是连续的。SLEUTH 模型是根据输入数据层首个英文字母组合命名的:坡度层(Slop),土地利用层(Land use),排除层(Exclude),城市区域层(Urban),交通层(Transport),阴影层(Hill shade)。当只进行城市扩张模拟时,可以不用输入土地利用层,只需输入其他五个图层;当调用土地利用/覆盖 Deltatron 子模型,进行土地利用模拟时,六个图层需全部输入。

(二)模型增长规则与增长系数

在 SLEUTH 模型中,城市扩张模拟中第一增长规则有四个:自发增长(Spontaneous Growth)、新扩展中心增长(New Spreading Center Growth)、边缘增长(Edge Growth)和道路引力增长(Road-Influenced Growth)。

自发增长表示地面上随机城市化点的出现,意味着在元胞自动机框架里,栅格上的任何一个非城市化元胞在任何时间序列上都有可能性被城市化的概率;新扩展中心增长决定新建立的自发增长城市元胞是否会变成新的城市扩展中心,如果该元胞属于此类增长,在其邻居中的两个元胞也必须城市化;边缘增长指沿已存在的城市扩展中心边界向外扩展,这种增长沿新扩展中心增长中生成的新中心和前期建立的更多中心蔓延;道路引力增长由存在的交通道路网和最近城市化元胞决定,控制路边产生的扩展中心沿着交通线模拟增长的趋势。

这四个增长规则是由五个增长参数控制的,分别是:散布系数(Diffusion coefficient),繁殖系数(Breed coefficient),扩展系数(Spread coefficient),坡度系数(Slope coefficient),道路重力系数(Road-gravity coefficient)。通过对模拟结果与历史年份数据的比较进行校准获得这五个增长系数值,各系数值的取值范围都在0—100之间。

散布系数控制着自发增长和道路引力增长过程,在自发增长过程中,散布系数决定一个像元被随机选择成为可能的城市化元胞的次数,同时散布系数控制沿着道路随机移动的像元数,散布系数应用于道路引力增长过程中。繁殖系数决定一个自发增长形成的城市化像元成为一个新的扩展中心的概率,用于新扩展中心增长和道路引力增长。扩展系数用于边界增长,决定一个扩展中心周围任一像元在其邻域产生另外一个城市像元的可能性。坡度系数以同样的方式影响所有增长规则,百分比坡度和城市的发展不是简单的线性关系,坡度系数相当于一个乘法器,如果坡度系数高,逐渐增大坡度的区域城市化概率就比较低;当坡度系数接近零时,局部坡度的增加对城市化概率的影响较小。坡度系数控制城市地形地势对城市扩展的影响。道路重力系数吸引新的居民点向着和沿着道路分布,控制着道路引力增长,道路重力系数决定一个选定元胞的最大搜索距离,根据搜索范围内道路分布状况得出选定元胞城市化概率。

自修改规则是其第二增长规则,自修改过程就是不断地适应或改进的过程,受非正常高或低增长率的影响,当模拟的增长率超过其临界值时自修改规则会改变控制参数值以对应或鼓励系统范围的快速或慢速增长率。如增长率超过其最大临界值(critical-high),各系数值通过一个大于1的乘法器得到提高,模拟一个扩展系统向更快的方向增长的趋势,于是出现"繁荣(boom)"状态。当增长率低于最小临界值(critical-low),各系数值通过一个小于1的乘法器得到降低,使其增长逐渐停止,呈现出"萧条(bust)"状态。自修改规则对模拟城市沿典型的S曲线增长是很重要的,没有自修改规则,模型会产生线性或指数增长。

(三)模型运行原理

运用SLEUTH模型模拟城市扩张及地类变化,一般分为三个阶段进行,分别为:建立输入数据集阶段,模型校准阶段,模型预测阶段,见图4-3。建立输入数据集是图件数据资料准备工作,成功运行SLEUTH模型至少要求五种栅格图像〔如果要分析土地利用/覆盖(Land use/cover)情况,需激活LCD Deltatron模型,则加上土地利用层是六种栅格图像〕。包括:① 城市范围层;② 交通道路层;③ 排除层;④ 坡度层;⑤ 阴影层。SLEUTH模型对输入数据文件的大小、格式、命名等有严格的规定,在输入数据层前,需要对数据的格式和命名按模型要求标准化。如需先栅格化所输入SLEUTH的五个图层,再转换为8-bit灰度Gif图像,按模型要求对这些图像文件命名。

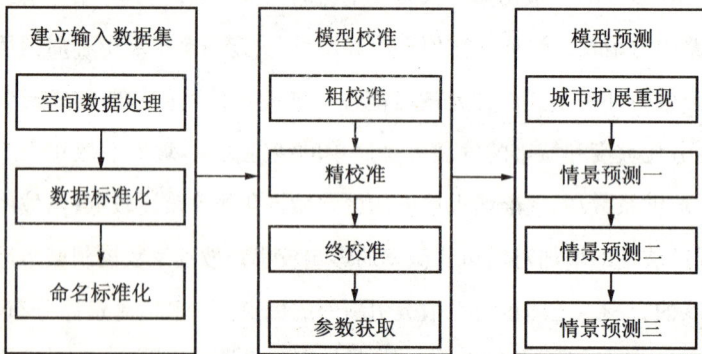

图4-3 SLEUTH模型运行阶段与过程

SLEUTH模型传统校准方法为蒙特卡洛迭代方法,该方法将校准分为粗校准(Coarse Calibration)、精校准(Fine Calibration)、终校准(Final Calibration)和预测参数获取(Deriving forecasting coefficients)四个阶段。校准阶段是整个SLEUTH模型模拟的关键,决定了城市扩张模拟的精度与科学性;为更准确地重现城市历史扩张,得到适合的城市扩张局部转换规则,用户可根据一定的规则提取模拟结果与真实城市增长之间最匹配的五个系数值,逐步缩小系数范围,提高数据空间分辨率。模型校准步骤原理见图4-4。SLEUTH模型的一次模拟必须满足一些初始化条件:一个初始化随机数字生成器的整数值或种子,五个增长系数,图层空间数据的输入,满足这些初始条件就可以产生增长环。增长环是模型运行的基本单位,见图4-5。

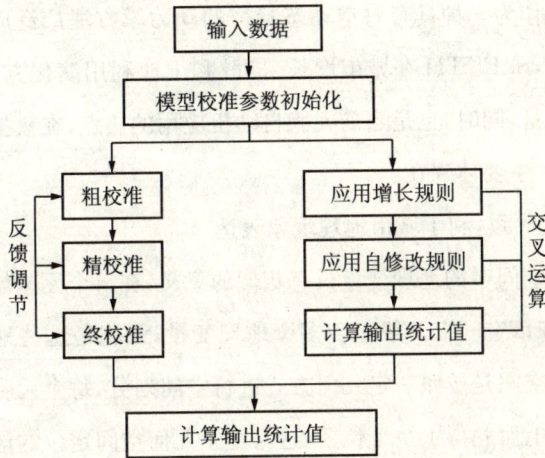

图4-4　SLEUTH模型校准步骤图

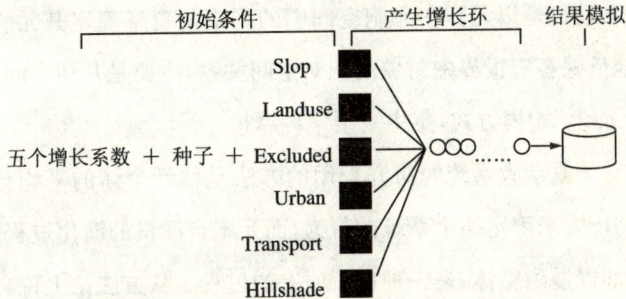

图4-5　SLEUTH模型城市扩张模拟原理图

在模型预测阶段,需运用过去城市扩张的时间与空间数据对城市扩展情况进行历史重现,将模拟结果与现实城市扩展对比,根据模拟输出的校准指数值,确定SLEUTH模型最佳的增长系数。在城市扩展历史重现的基础上,用最近时期的坡度、土地利用、排除层、城市范围、交通和阴影层作为预测的初始化输入数据,采用城市扩张历史重现模拟结束年份的系数值,运行多次蒙特卡罗迭代对未来城市扩展进行预测。在城市扩张预测时,可以设置不同的情景模拟不同方式的城市扩张,考虑城市规划、土地利用总体规划、土地利用方式改变、生态环境保护、未来年份城市扩展方向等因素,设定特殊的未来发展趋势,适当修改校准过程中获得的系数最佳值,或调整排除层,基于特定情景预测未来城市扩展情况。

三、SLEUTH 模拟城市空间演化的优点

元胞自动机作为一种具有时空动态特征的动力学方法广泛应用于地理学的诸多领域。其中,SLEUTH 在城市增长、扩散和土地利用演化方面研究最早,理论和实践最为丰富,同时,也是当前元胞自动机应用的热点,在模拟城市的扩展方面有着许多优点,主要体现在:

1. 功能形式一致,利于城市地理现象表达

元胞与地理空间中的地理变量具有相似的意义,在每个元胞位置存在一个真实的地理空间,在该空间上一般包含多个地理变量,元胞是这些地理变量所进行的抽象物。元胞空间是按照一定几何方式进行空间划分,每个元胞因分布在元胞空间相应的网格上而获得了一个位置,这与基于几何空间定位的地理空间概念中的位置有类似的意义;地理绝对坐标是以经纬度(大地坐标系)来确定地理空间位置的,而元胞自动机是以元胞在元胞空间中的网格位置来确定其元胞位置的,二者都能真实地反映客观世界中对象的相对空间关系,主要是几何空间关系。

2. "自下而上"构模方式,集中复杂学科思想

传统上,对于复杂大系统的研究采用的方法是估计个体的平均行为,然后统计所有个体的行为来确定整个系统的行为,而元胞自动机的演化过程是从个体逐渐到总体、局部慢慢到整体,是一种自下而上的过程。从方法论上说,元胞自动机不是用很繁琐的方程从整体上去描述一个复杂系统,而是由元胞单元的相互作用来模拟复杂系统的整体行为,这种机理与城市的发展有着相似之处,很适合用于模拟复杂系统。

3. 天然空间动力学模型,适合模拟城市系统扩张

一切地理过程和现象都包括时空特性,只有同时将时间和空间这两大范畴纳

入考虑范围,才能真正认识地理学的基础规律,才能完整地认识地理学的"复杂性"。SLEUTH 元胞自动机模型将地理空间因素纳入考虑范围,根据地理空间位置和属性特点,遵循局部转换规则,可对现实中一些复杂的系统进行模拟,而且可以在时间上持续模拟,特别适合模拟城市系统的扩张。

4. 强大复杂性计算能力,提升城市模型运行速度

SLEUTH 模型在模拟过程中的复杂运算是借助计算机硬件来实现的,其对计算机硬件的要求较多,并需在特定的 Unix 环境中才能运行,这两个条件决定了模拟计算速度和模拟结果取得。另外,输入图像分辨率也是模拟过程中需考虑的重要因素。在城市模拟过程中,初始输入图像的分辨率决定 SLEUTH 模拟的运行时间,分辨率越高,所需要的模拟时间就越长,同时对硬件功能的要求也就越高;采用不同的分辨率对已有城市年份的图斑进行城市扩展历史重现,根据模拟结果选取最适合的分辨率对城市未来扩展进行预测,提高城市模拟精度。

5. 元胞离散结构,利于与 GIS、RS 数据集成

元胞自动机的离散性包括空间离散性、时间离散性、状态离散性,这些离散特性与 GIS、RS 等空间数据有着"天然"的结合点,它们都是采用离散的结构来处理空间数据,都是通过用元胞或栅格来模拟空间单元,因而利于和空间数据集进行集成。元胞自动机能处理复杂系统,但其本身并不是复杂的"黑箱"的操作。在元胞自动机中,演化规则是简单的,元胞个体的数量是有限的,其操作过程具有透明性,规则也具有离散特点。

第二节　基础数据收集与处理

本次研究是基于跨江通道建设背景进行的,确定的城市扩张模拟区范围为南京市沿江区域,包括浦口区全部行政区域、主城以及江北六合沿江区域部分城市范围。城市扩张模拟区域的确定是基于以下两点考虑的:

第一,本章的研究目的是现状及规划跨江通道对浦口区城市建设用地扩张的

影响,为了在 SLEUTH 模型校准过程中更精准地获得各类增长系数,较为准确地反映跨江通道建设对沿江城市建设用地增长的促进作用以及增长模式,需根据历史年份跨江通道建设对南京市沿江两岸城市扩张的影响来确定未来趋势。

第二,选择沿江两岸城市区域作为 SLEUTH 模型研究范围,在不同情景模式下对浦口区未来城市扩张模拟预测时,可以更为直观方便地观测到各情景下城市扩张的模拟结果,以便科学地选择适合浦口区的情景模式,从而深入进行分析。

一、空间数据库建立

本次研究收集到的基础数据包括:1988 年、1995 年、2000 年、2004 年、2008 年五个时相的 LandsatTM/ETM+遥感影像(30 m×30 m),浦口 DEM 地形图(30 m×30 m),南京市 2007—2020 年城市规划图以及浦口 2009—2020 年交通规划图,其他相关经济统计数据等。具体处理过程如下:① 在 ERDAS IMAGINE 9.1 中对五个时相的遥感影像图进行预处理,经几何校正、辐射校正、边界裁剪、目视解译、精度检验工作后,提取各年城市范围,得到这五年的模拟区域的城市化图层(Urban)。② 运用 Arcgis9.2 操作平台,根据 1988 年、2005 年 TM 遥感图以及浦口交通规划图,并结合浦口区电子地图,在几何校准的基础上进行手动矢量化工作,得到模拟区域 1988 年、2005 年及规划年份 2020 年交通道路图层(Transportation)。③ 利用 Arcgis9.2 软件,将浦口 DEM 地形图重采样得到浦口区坡度图层(Slope)和阴影图层(Hillshade);阴影层不参与模型运算,为增强输出图像的视觉效果,将河流、水体赋值嵌入阴影图层,得到模拟区域的水体阴影图(Water Hillshade)。所有栅格、矢量数据均按照统一的横轴墨卡托(UTM)投影设定,统一投影至 WGS_1984_UTM_Zone_50N 坐标系中。具体处理流程见图 4-6。

二、SLEUTH 模型数据层输入

SLEUTH 模型对输入数据文件的大小、格式、命名等有严格的规定,需将所输入 SLEUTH 的五个图层先栅格化,再转换为 8-bit 灰度 Gif 图像。由于本次研究重点关注跨江通道建设对浦口城市扩张的影响,主要模拟行政区域内城市建设用地扩张的基本情况与规律,所以,只激活 SLEUTH 模型城市增长子模型(Urban Growth Model,简称 UGM)。在城市增长模型中,只需要输入城市范围

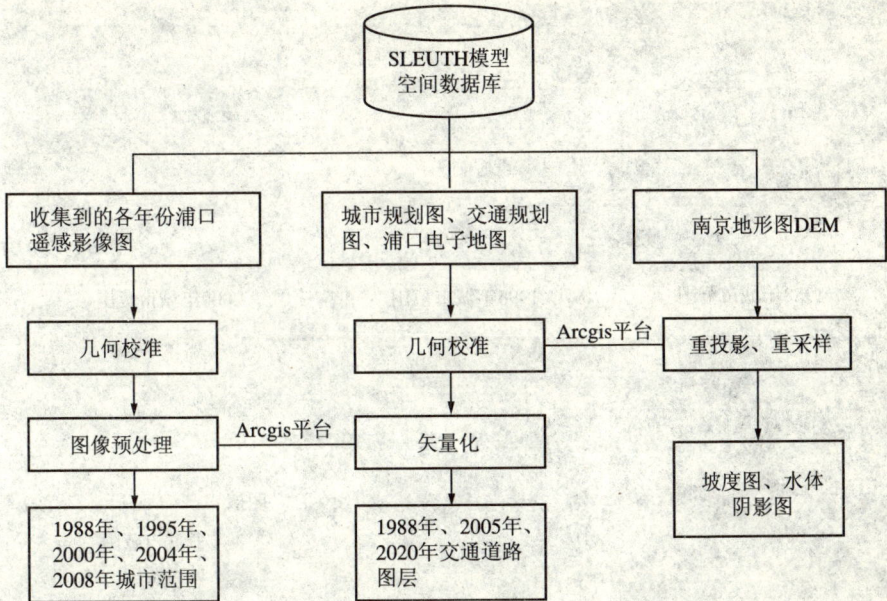

图4-6　SLEUTH元胞自动机模型空间数据处理流程图

层、道路交通层、排除层、坡度层和阴影层五个图层数据。

1. 城市范围图层

起始年份1988年的城市范围图作为SLEUTH模型初始化运行的种子,模型测试、校准和预测运行都以起始年份城市范围为基础;其他年份的城市范围图层是作为控制图层以调整校正模型,量度众多指数最佳值,得到模拟特定区域城市增长的优选系数。为使模型能更好地模拟区域城市增长,达到较好的模拟结果,控制年份的城市范围图层在数量上一般不少于三个。

本次对浦口区城市扩张模拟中,选取了1995年、2000年、2004年、2008年共四年的城市范围图层作为控制年份图层,见图4-7。城市范围用一个二进制分类表示,0表示非城市区域,1表示城市化区域,这四期的城市范围图层是通过各年份的浦口TM遥感图数字化解译得到。

2. 道路交通图层

SLEUTH模型要求输入的图层还包括交通道路图层,这是基于交通对城市

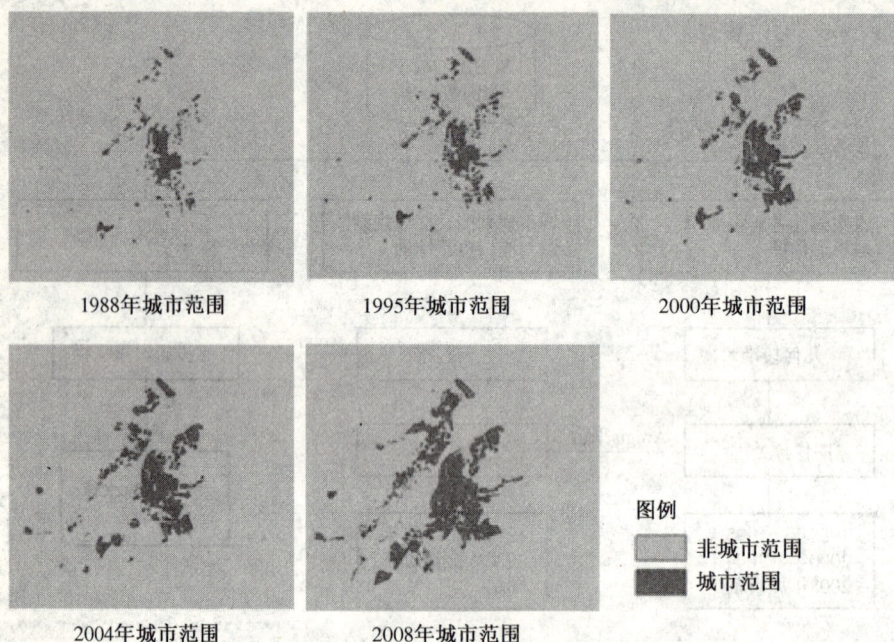

1988年城市范围　　　　1995年城市范围　　　　2000年城市范围

2004年城市范围　　　　2008年城市范围

图例
非城市范围
城市范围

图 4-7　城市模拟区域各年份城市范围图层

扩展的影响而设定。城市发展历程是分阶段的,由点状、线状到多中心扩展,交通在城市发展中起着举足轻重的作用,城市及配套设施沿着道路轴向扩展。在SLEUTH模型中,交通道路层使用二进制分类编码表示,0 表示非道路,大于 0 小于 255 表示道路,或用相对值来表示,如相对权重值(0,1,2,4),(0,25,50,100)或道路的相对可达性(high, medium, low, none)。模型要求至少输入两个年份的交通道路数据层,从早期道路层数据初始化,随着时间递进及循环模拟,达到一个更近年份的道路层。

本次对浦口区城市扩张的模拟选取了 1988 年、2005 年两个年份的道路层数据,见图 4-8,红色区域为历史年份道路数据,根据道路等级与性质对道路权重设置了不同值。

3. 排除层

设置排除层,是限定未来城市发展方向和扩展位置可能性的需要,通过调整排除层,SLEUTH模型可以整合一些区域宏观因素如城市规划、城市未来发展方

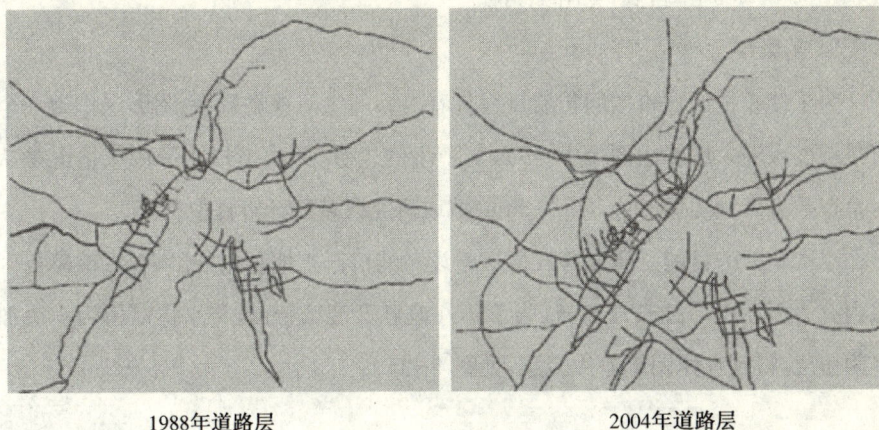

1988年道路层　　　　　　　　　　　2004年道路层

图 4 - 8　城市模拟区域 1988 年、2004 年道路图层

向等政策因素预测未来城市扩张,是设置不同情景、不同条件下对城市扩张模拟的关键。在排除层中,像元取值范围在 0—255 之间,0 表示已经城市化的区域或是规划近期确定建设的未城市化区域;100 或大于 100 表示不可能实现城市化的区域,如城市模拟区域范围内的大面积水体、绿地、森林及大于一定坡度比例的地区,可赋值 100 或更大,但不大于 255;而赋值 0—100 范围内的区域则表示了未来这些地块城市化的可能性,值越小、越接近于 0,城市化可能性就越大;而值越大、越接近于 100,未来城市化可能性就越低。

在模型校准阶段排除层以初始年份(即 1988 年)土地利用现状图为基础进行设置,见图 4 - 9。

4. 坡度层

地形也是决定城市发展的基本要素之一,平坦、宽阔的区域适宜城市发展,反之,地势较高、坡度较大的区域则会制约城市发展。在模型中,坡度是用百分比坡度来表示,取值范围在 0—100 之间。在城市建设中,当坡度增加时,建设成本就会大幅上升,存在一个临界坡度,当超过该坡度,城市发展受到限制。在我国城市规划中,平原地区临界坡度为 20%,山区或丘陵地区临界坡度为 25%。所以在模型预测中,需要考虑坡度因素的影响,排除高坡度区域如山体等城市化的可能性,本次浦口区城市扩张模拟坡度层数据是通过选定特定区域截取南京市数字高程图

(DEM,30 m×30 m)得到,见图 4 - 10。

5. 阴影层

为了使模拟的城市空间扩展过程具有更好的空间视觉效果,阴影层作为一个背景层嵌入输入层输出图像中,不参与模型的运算,此次模拟阴影层数据也是从南京市数字高程图(DEM,30m×30m)截取研究区域后计算提取得到。

本次模拟的目的是研究跨江通道建设对浦口区土地利用的影响,城市模拟区域内有大面积水体如长江流域,为了更好地显示区域特征,将水体赋值为 0 叠加进阴影层,得到水体阴影输入图层,见图 4 - 11。

第三节　城市扩展动态模拟最佳分辨率选择

一、设置不同分辨率方案

根据国内外已有研究,应用 SLEUTH 模型模拟城市扩张时,不同的分辨率对模型模拟结果的精度会造成一定程度的影响。分辨率的高低还会影响模型校准与预测阶段运行时间,输入图像分辨率越高,模型运行时间就越长。有的研究人员为了缩短模型运行时间,减少计算机运算量,而采用较低的分辨率模拟城市扩张,得出的结果往往不太理想。基于减少模型运算量的考虑,模型的创建者 Clarke 教授提出保持模型绝对尺度,对图像重新采样,在粗较准、精校准阶段粗化数据来降低运算耗时。如需要在 50 m×50 m 分辨率下模拟预测城市扩张,则可在粗校准阶段对输入图像重采样,分辨率为 200 m×200 m,精校准阶段分辨率在粗校准基础上提高一倍,分辨率为 100 m×100 m。

为了能提高模拟精度,验证 Keith Clarke 教授观点是否适用于其他不同城市模拟区域,以便确定运行效率最高、最适宜本次研究的输入数据空间分辨率,更好地预测未来城市扩张情况,有必要设置不同的输入图像分辨率。本次对浦口区城市建设用地扩张研究,确定了四种不同分辨率的图像重采样方案,见下表 4 - 1。

表 4-1　SLEUTH模拟不同方案分辨率设置

	粗校准	精校准	终校准
方案Ⅰ	50 m×50 m	50 m×50 m	50 m×50 m
方案Ⅱ	100 m×100 m	100 m×100 m	100 m×100 m
方案Ⅲ	200 m×200 m	200 m×200 m	200 m×200 m
方案Ⅳ	200 m×200 m	100 m×100 m	50 m×50 m

二、模型校准系数行为

模型校准包括三个阶段：粗校准、精校准和终校准，经过这三个阶段的校准过程，五种系数的变化范围逐步缩小，计算步长也在相应地减少，最终在系数获取阶段通过多次蒙特卡罗迭代运算得到历史年份城市扩张五种系数最佳值。如表二方案Ⅰ所示，在粗校准阶段时，散布系数的变化范围为0—100，采用的步长为25，计算过程按(0,25,50,75,100)顺序进行；在精校准阶段采用由粗校准阶段计算得到的系数范围再次运算，系数范围为0—20，采用的计算步长为5，按照(0,10,15,20)顺序运算；终校准采用由精校准阶段计算获取的系数范围，为1—5，采用的步长为1，按照(1,2,3,4,5)顺序运算；再将终校准阶段获取的系数进行系数获取阶段运算，最终确定城市扩张的最佳系数。

不同分辨率方案设置下，经过三个阶段校准所获取的最终系数值有所差别。总体而言，浦口区近二十余年来城市扩张的主要方式是边缘增长和道路引力增长，受已城市化地区和交通道路的影响较大，在这四种不同采样尺度方案下，扩展系数和道路影响系数都偏大。扩展系数值在85—100之间，道路引力系数变化范围比较大，其值在50—70之间，方案Ⅲ的扩展系数达到最大值95.4，紧随其后的是方案Ⅰ的扩展系数，值为93.65，扩展系数值最小的为方案Ⅳ，值为85.12；道路引力系数最大的是方案Ⅲ，其值达到65.62，次之为方案Ⅱ，值为59.16，方案Ⅳ道路引力系数最小，为50.82。这四种方案下的散布系数值和繁殖系数值都偏小，取值范围在1—7之间，方案Ⅱ中这两个系数值偏大，分别为6.12和6.89，其余三种方案两系数值相差不大；另外，四种方案中坡度系数值基本一致，除方案Ⅲ坡度系数值为3.79外，其余三种方案系数值都为1，见表4-2。

表 4-2　四种方案下输入数据系数校准结果

方案设置	系数	粗校准			精校准			终校准			系数获取
		start	stop	step	start	stop	step	start	stop	step	
方案Ⅰ	散布系数	0	100	25	0	20	5	1	5	1	2.55
	繁殖系数	0	100	25	0	20	5	1	5	1	3.3
	扩展系数	0	100	25	70	100	10	90	100	1	93.65
	坡度系数	0	100	25	0	25	5	1	5	1	1
	道路引力系数	0	100	25	25	75	5	50	60	2	55.6
方案Ⅱ	散布系数	0	100	25	0	20	5	5	10	1	6.12
	繁殖系数	0	100	25	0	25	5	5	12	1	6.89
	扩展系数	0	100	25	75	100	5	90	95	1	91.16
	坡度系数	0	100	25	0	25	5	1	5	1	1
	道路引力系数	0	100	25	25	75	5	50	60	1	59.16
方案Ⅲ	散布系数	0	100	25	0	20	5	1	5	1	2.15
	繁殖系数	0	100	25	0	25	5	1	5	1	2.51
	扩展系数	0	100	25	75	100	5	90	100	1	95.4
	坡度系数	0	100	25	0	25	5	0	10	1	3.79
	道路引力系数	0	100	25	50	100	10	50	70	5	65.62
方案Ⅳ	散布系数	0	100	25	0	20	5	1	6	1	3.15
	繁殖系数	0	100	25	0	25	5	1	6	1	4.11
	扩展系数	0	100	25	80	100	5	80	87		85.12
	坡度系数	0	100	25	0	20	5	1	5	1	1
	道路引力系数	0	100	25	30	75	5	45	55	2	50.82

三、模型校准指数行为

为了量度不同分辨率方案对浦口区历史年份城市扩张模拟效果,有必要将模拟的结果与真实历史年份的数据进行比较,其中最常用、最有效的方式是通过校准指数来量度模拟结果与真实年份统计值的差异,从而选择优选方案对城市扩张进行历史重现并预测未来城市发展情况。在 SLEUTH 模型中,为了确保计算的智能化,模型创始人 Clarke 教授设计了 13 个对比指数,见表 4-3,其中,F-Match 是针对土地利用类型的比例量度,只有激活土地利用变化模型(Deltatron)才有效。这些指数参与模型三个阶段的校准行为,逐步缩小模型系数的变化范围,最后获取最佳模拟和预测增长系数值。

表 4-3　SLEUTH 模型校准指数

参数名称	参　数　说　明
Product	其他十二个参数的乘积
Compare	最后年份的模拟城市范围与实际范围的比值
Pop	各控制年份模拟的城市化范围
Edges	各控制年份模拟的城市边界数
Clusters	各控制年份模拟的城市聚类数
Cluster Size	各控制年份模拟的平均城市聚类大小
Lee-Salle	形状指数,用来量度控制年份模拟的城市边界与实际城市边界的空间匹配度
Slope	控制年份模拟城市化单元与实际城市化单元比较的平均坡度最小平方回归值
%Urban	各控制年份模拟的可城市化像元百分比
X-Mean	各控制年份模拟的城市化单元的平均 X 坐标值
Y-Mean	各控制年份模拟的城市化单元的平均 Y 坐标值
Rad	包围城市像元的圆环平均半径的最小平方回归值
F-Match	各类土地利用类型匹配精度值

本次多分辨率方案模拟结果比较,选取了面积指数 Area(即为 Pop 指数)、城市边界指数 Edges 和形状指数 Lee-Salle 这三个指数,对不同分辨率方案进行比较选择,从而确定最佳分辨率方案模拟预测浦口区城市扩张。对比各方案 Area 指数发现,方案Ⅱ与方案Ⅳ模拟的效果较好,与控制年份实际像元值相差不大,其中方案Ⅳ在控制末年(2008 年)模拟的城市面积比实际年份稍小,而方案Ⅱ模拟

城市面积与实际城市面积相差不大;方案Ⅰ与方案Ⅲ模拟效果稍差,特别是后者,控制年份模拟城市面积(像元数)大于实际值,见图4-12。边界指数Edges值除方案Ⅲ偏大外其余三个方案相差不大,都在控制年份真实值上下波动,校准效果较好,见图4-13。

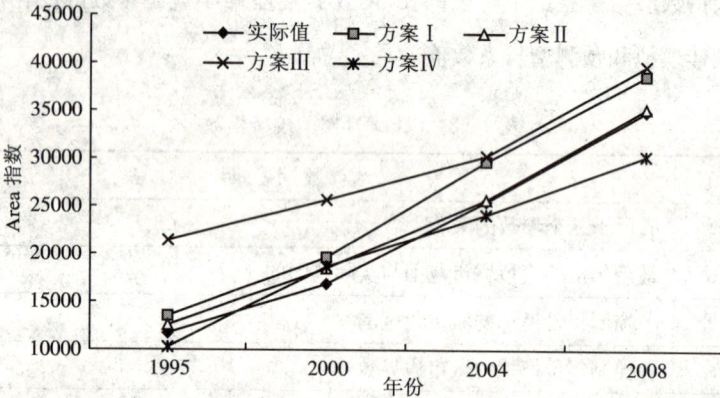

图4-12 Area城市面积指数

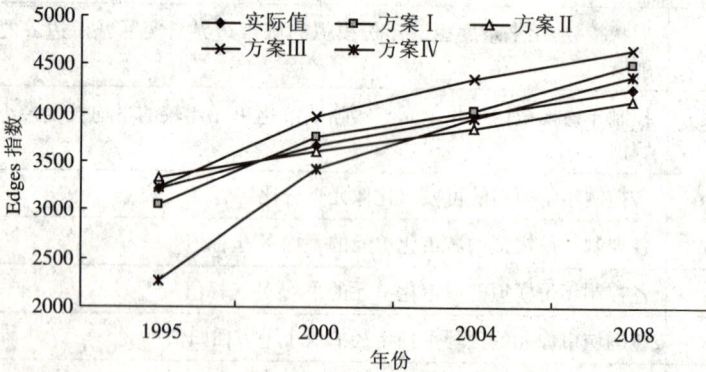

图4-13 Edges城市边界指数

Lee-Sallee指数是SLEUTH模型校准最为重要的参数,其值是指模拟年份城市范围和控制年份城市范围的交集与它们的并集之比,若设某控制年份模拟的城市范围为A,而其实际范围为B,则Lee-Sallee=(A∩B)/(A∪B);在城市增长模拟中,该指数值如能达到0.8,模拟精度则已经很高。图4-14是四种不同分辨率方案模拟浦口区城市增长的Lee-Sallee变化趋势图,四条曲线变化趋势一致,Lee-

Sallee 值先减后增；这四种方案中，方案Ⅱ模拟效果较好，Lee-Sallee 值从 1995 年的 0.63 下降到 2000 年的 0.58，至 2004 年又增加至 0.62，至控制末年 2008 年上升为 0.69，校准效果较好；而其他三种方案校准精度相对较差，方案Ⅰ控制末年 Lee-Sallee 指数值为 0.63，方案Ⅲ为 0.56，方案Ⅳ为 0.65。

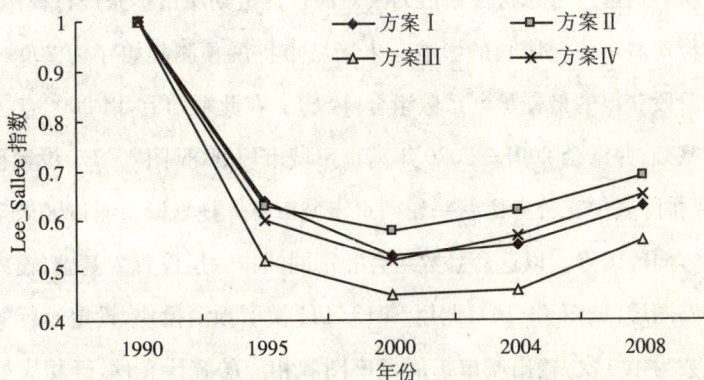

图 4-14　Lee-Sallee 城市形状指数

模型校准指数行为可知：面积指数 Area 校准效果较好的为方案Ⅱ与方案Ⅳ，城市边界指数 Edges 除方案Ⅲ较差外其余都不相上下，而城市形状指数 Lee-Sallee 校准结果方案排序依次为方案Ⅱ、方案Ⅳ、方案Ⅰ、方案Ⅲ。综上所述，这四种方案中，方案Ⅱ校准精度最高，模拟效果最为显著，在对研究区域城市扩张模拟与预测中决定采用方案Ⅱ，输入空间数据分辨率为 100 m×100 m。

第四节　跨江通道建设下浦口区城市增长多情景预测

通过上节对不同重采样尺度方案的校准与模拟，发现当输入图像的重采样分辨率为 100 m×100 m 时，模拟的城市扩张与现实城市增长最为吻合，能够得到优选的模型控制参数组合（Best Solution Set，简称 BSS），更符合浦口区实际扩展形态和面积。SLEUTH 模型是根据研究区长期年份城市历史扩展数据来模拟未来城市扩张的，适用于模拟长期以来城市扩张规律与趋势，所以，运用其研究未来城市扩张时,预测年份需长些,有利于模拟精度的提高。本次基于跨江通道建设预测浦口区未来城市扩张基期年为 2008 年,预测结束年为 2040 年,模拟 2008 年至 2040 年未来三十余年城市扩张情况。

此次模拟以浦口区跨江通道建设为背景(包括已建设投入使用、正在建设、规划建设的所有通道),考虑跨江通道因素对浦口区近期城市扩张进行模拟,分析跨江通道建设对城市用地增长的影响。未来城市扩展预测起始年为 2008 年,选取模型校准阶段获得的最佳预测系数组合(BSS)。在此基础上,以 2008 年土地利用现状图为基础,并结合 2007—2020 年南京市城市规划(见图 4 - 15)设置预测阶段排除层,在排除层中充分考虑新一轮南京市城市总体规划以及浦口区未来重点建设与发展方向等因素。以这套系数组合和不同的排除层设置为基础,输入未来年份交通道路图层(见图 4 - 16),调用 SLEUTH 模型预测模块,设定运行的蒙特卡罗迭代次数为 100 次,输出城市扩展概率图和相应的统计文件,经相应处理后进行分析。

一、预测情景设置

为了分析不同土地利用管理方式、城市规划因素对浦口区未来城市发展方向和生态环境的影响,使模型预测结果能够与不同土地利用模式对接、比较,需要设置不同情景模式预测城市模拟区域未来城市扩张。根据土地利用管理方式以及生态环境保护强度,共设计三类情景方案,对城市模拟区域未来建设用地增长进行预测并分析。

1. 情景一:城市柔性扩张方式

对比五个年份(1988 年、1995 年、2000 年、2004 年、2008 年)的城市范围图层输入数据,可以发现,近二十年来浦口区城市扩张十分迅速,建设用地趋向于沿江柔性增长。2003 年浦口区建设用地总面积为 18861.39 公顷,根据全国土地利用第二次更新调查,2008 年浦口区建设用地面积达到 24961.49 公顷,建设用地面积增加 6100.1 公顷,增加了 32.34%。

按照现有用地水平和浦口区城市总体规划的人口规模,可以预见,为满足这些新增人口对住房、交通和基础设施的需求,城市将会迅速扩展,沿城市边缘迅速增长,也就是在柔性土地管理方式下城市扩张采取"摊大饼"模式,维持建设用地增长速度。

以预测基期年2008年土地利用现状图为基础设置排除层,先将矢量图栅格化,再对栅格化城市图层重分类,结合土地利用方式及规划因素对不同用地类型赋值,见表4-4。城市建成区以及规划近期可以发展为建设用地的区域在排除层中赋值为0,表示这些区域在未来城市扩张中可以完全城市化;而长江水域,城市模拟区域内河流、湖泊、湿地等赋值为100或大于100,表示这些区域在未来不可城市化;其他用地类型根据城市化可能性分别赋予0—100范围内不同值,值越趋于0,城市化可能性越大,见图4-17。

表4-4 城市柔性扩张方式排除层设置

用地类型	赋值	用地类型	赋值
城市建成区、近期规划区	0	农用地	50
远景发展用地	30	公园、林地	60
外围城镇用地	50	河流、水体	100
荒地	50	湿地	100

2. 情景二:城市刚性管理方式

城市严格按照南京市2008—2030年城市总体规划、浦口区控制规划发展,禁止占用基本农田、绿化隔离带、楔形绿地等限制建设地区;严格控制城市远景发展需要预留的耕地、林地、湿地等重要土地资源;控制建设用地总量与结构,提高集约水平,加大农村土地整理复垦挂钩工作开展力度,促进城市增长方式由外延扩张向内涵挖潜转变。城市建成区以及规划近期可以发展为建设用地的区域在排除层中赋值为0,公园林地、河流水体、湿地按照严格的土地管理方式,依据城市规划在未来城市扩张中禁止占用建设,赋值100或更大;农用地赋值90,减少其转变为建设用地可能性。另外,由于规划建设用地总量的控制以及严格的土地管理方式,需减小规划建设区及外围用地城市化的概率,将城镇远景发展用地赋值为50,外围用地及荒地赋值70,见图4-18和表4-5。

表 4-5　城市刚性管理方式排除层设置

土地利用类型	赋值	土地利用类型	赋值
城市建成区、近期规划区	0	农用地	90
远景发展用地	50	公园,林地	100
外围城镇用地	70	河流,水体	100
荒地	90	湿地	100

3. 情景三:城市适度增长方式

按照浦口区生态环境规划,在城市增长的过程中,一方面需辨识和避开那些不宜建设的生态敏感用地或生态脆弱结构,将可能发生的生态风险减缓到最低程度;另一方面,在城市建设过程中要充分利用、有意营建和积极保育生态系统为人类活动可能提供的支持、孕育、供给、支持、调节和流通等服务功能。为此,情景三基于生态保护设置了浦口区未来城市扩张方案:城市适度增长方式。

城市适度增长方式排除层设置见表 4-6 和图 4-19,建成区、近期规划区以及城镇远景发展用地在编制规划时已考虑建设用地的适宜性,所以在方案中建成区、近期规划区赋值为 0,城镇远景发展用地赋值 40,介于情景一、二之间。外围城镇用地、荒地、农用地、公园绿地根据不同生态保护程度,并参照情景一、二分别赋不同值。河流水体城市化难度较大,赋值 100。

表 4-6　城市适度增长方式排除层设置

土地利用类型	赋值	土地利用类型	赋值
建成区、近期规划区	0	农用地	75
远景发展用地	40	公园、林地	85
外围城镇用地	60	河流、水体	100
荒地	75	湿地	100

二、多情景预测结果

模拟区城市扩张多情景预测结果见图 4-20、图 4-21、图 4-22。

三、结合指数与系数行为选择优选方案

(一)不同情景预测指数行为

不同情景下模拟区未来城市扩张模拟结果有所差异,从不同预测情景下面积指数变化趋势图(图4-23)可以发现:随着预测年份的推进,面积曲线斜率逐渐减小,城市增长速率减慢。城市近期具有很大的增长潜力,至远期由于各种原因如可用建设地减少、坡度增加等导致城市增长率不断减小。

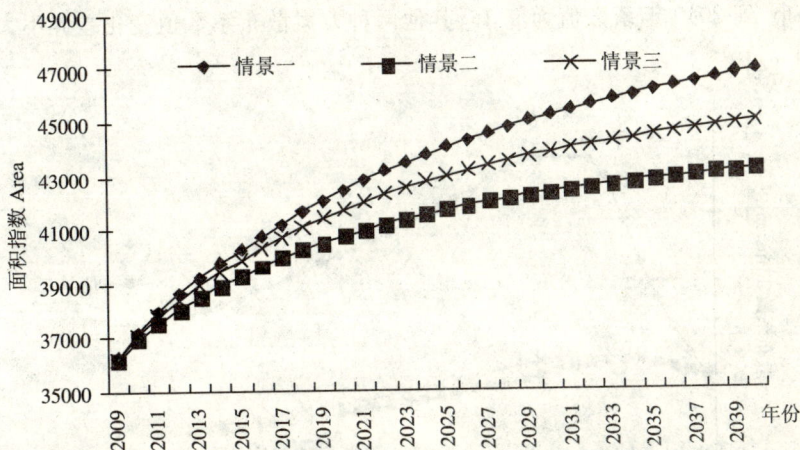

图 4-23　不同预测情景下面积指数曲线图

情景一城市扩张迅速,可城市化像元个数远多于其他方案;情景二城市化速率偏低,可城市化像元个数偏少;情景三城市增长速度居中。如在预测年份 2020 年,情景三模式下可城市化像元数为 41738 个,情景一方案像元数偏大,分别为 42460 个、42336 个,情景二方案像元数偏小,分别为 40734 个、40963 个(表4-7)。

表 4-7　预测年份各情景设置下可城市化像元数

(单位:个)

预测年份	情景一	情景二	情景三
2020	42460	40734	41738
2030	45216	42345	43851
2040	46897	43185	44979

(二)不同情景预测系数行为

在模型校准阶段获取的五个增长系数值作为模型预测阶段的输入系数,其中散布系数输入值为6,扩展系数输入值为91,繁殖系数输入值为7,坡度系数输入值为1,道路引力系数输入值为60。这五种系数在预测阶段不断变化,并且在不同情景下呈现差异。

1. 散布系数

主要控制城市自发增长及道路引力增长过程,其值先增大后逐渐减小,情景一在预测开始年增长迅速,在 2020 年前后达到最大值 16.73,随后年份系数值持续减小,到 2040 年系数值为 9.16;其他两种方案散布系数值变化差异不大,见图 4 - 24。

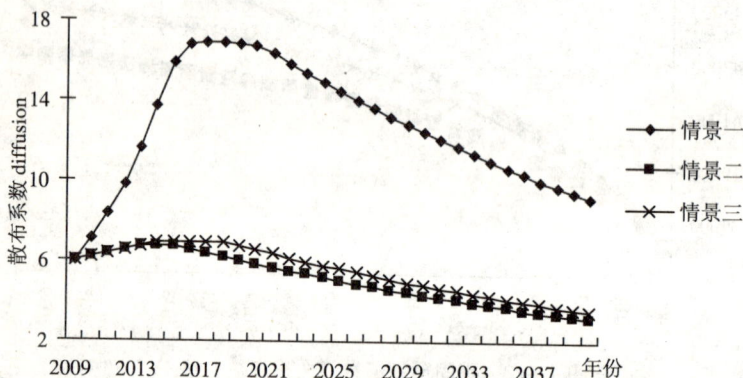

图 4 - 24　预测阶段不同情景方案下散布系数变化曲线图

2. 扩展系数

用来控制城市边界增长,决定一个扩展中心周围任一像元在其邻域产生另外一个城市像元的可能性。在校准阶段获取的扩展系数值较大,值为 91,说明边界增长对模拟区城市增长的贡献最大,城市沿已城市化区域边缘扩展速度快。不同情景设置下扩展系数变化趋势相同,预测开始时一段时期维持稳定后,系数值逐年直线下降,至 2040 年该值维持在 40 左右,这表明未来时期沿城市边缘蔓延速率将大为降低,主要是由于城市周边可城市化用地不断减少及坡度因素造成的。不同情景设置下,情景二系数值最先下降,情景三次之,最后下降的是情景一。至 2040 年,情景一的扩展系数值减少为 45,情景二的系数值为 38,情景三的系数值为 42,见图 4 - 25。

3. 繁殖系数

决定一个城市化像元成为新扩展中心的概率,控制扩展中心增长,部分影响道路引力增长。不同情景设置下该系数值偏小,其变化趋势与散布系数值相同,

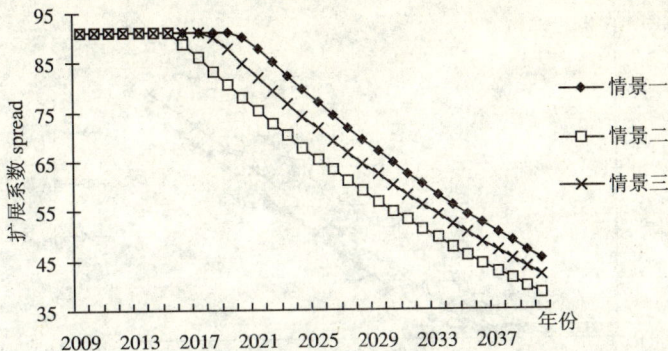

图 4-25　预测阶段不同情景方案下扩展系数变化曲线图

先增大后减小,情景一在预测开始年增长迅速,2020 年前后达到最大值 10.62,随后年份系数值持续减小,2040 年系数值为 8.05;其他方案散布系数值变化差异不大,见图 4-26。

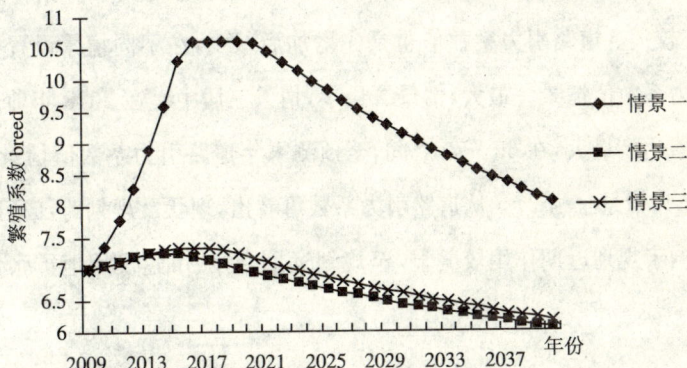

图 4-26　预测阶段不同情景方案下繁殖系数变化曲线图

4. 坡度系数

在校准阶段获取的坡度系数输入值为 1,维持较短年份稳定后,于 2020 年后逐年直线增加,表明当城市扩张到一定程度,已城市化地段周边平坦地势适宜建设的土地已经很少,新增建设用地越来越受坡度值影响。不同方案下各年份坡度系数值情景二最大,情景三次之,情景一城市扩张受坡度影响最小,在预测结束年份即 2040 年,情景二坡度系数值为 35,情景三坡度系数值为 29,情景一系数值为 27,见图 4-27。

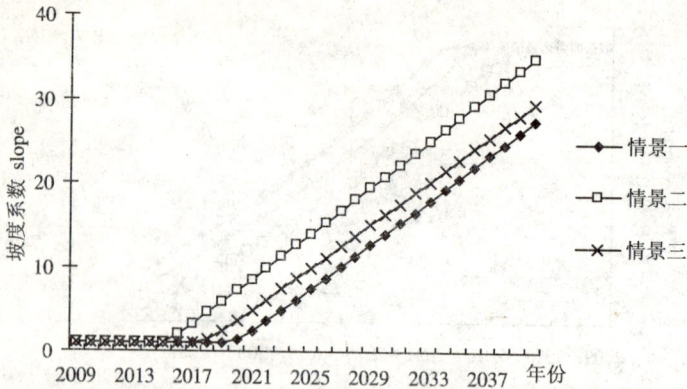

图 4-27　预测阶段不同情景方案下坡度系数变化曲线图

5. 道路引力系数

道路引力增长主要由道路引力系数控制,模型校准阶段获取的道路引力系数值为60,这表明浦口区在城市扩张的过程中,交通因素对城市扩张作用十分明显,贡献率较大。道路引力系数值也是先增加后减少,在不同情景设置下各年份的道路引力系数值情景一最大,情景二最小,情景三居中。在2018年前后各方案道路系数值达到最大,在65—70之间,至预测末年道路引力系数值情景一为41、情景二为31、情景三为37。从道路引力系数可看出,现状及规划跨江通道对城市扩张的影响于规划近期作用较明显,至规划远期,对城市建设用地扩张作用将大减,见图4-28。

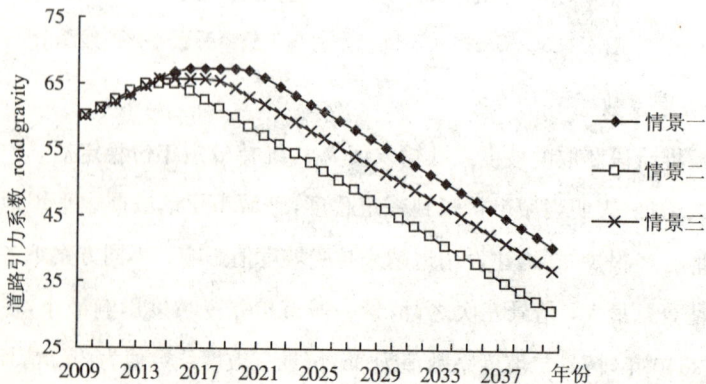

图 4-28　预测阶段不同情景方案下道路引力系数变化曲线图

（三）优选预测方案比选

从上述不同情景方案下的城市扩展预测结果比较可以发现：

1. 情景一城市柔性扩张模式不利于城市可持续发展，城市面积增长过大，建设用地区域分布较广泛且零散，地类破碎度大，不利于城市集聚发展；未来年份的城市增长将占用大量的生态用地，包括公园绿地、林地、水体以及其他具有重要生态功能的湿地，以生态环境为代价发展城市。

2. 情景二城市刚性管理模式下，城市严格按照规划发展，城市增长缓慢，其预测城市面积与情景一方案相比大为减小，2020 年其可城市化像元数为 40734 个，而情景一可城市化像元数为 42337 个。另外，该情景方案预测年份模型增长系数在一定程度上受到限制，散布系数、扩展系数、繁殖系数及道路引力系数值较小，且下降较快。而坡度系数随着预测年份的推进增加最快，未来年份城市建设受坡度制约较大。这种城市增长模式完全依靠城市规划的绝对指引作用，而没有考虑城市实际发展过程中经济、人口、投资、政策变动引起建设用地需求量变化，以及各镇街城市扩张的潜力。随着规划的跨江通道建设及投入使用，南京主城与浦口交通屏障的打开，两岸的交流将会更加密切，城市增长潜力很大，如果按照情景二管理模式发展，将会抑制浦口区城市增长潜力。

3. 情景三适度增长的城市扩展概率图，预测城市面积以及系数变化行为，与其他情景相比较，较为理想，更为符合浦口区未来城市可持续发展要求，利于实现城市理性增长模式。不注重环境保护或绝对保护都不利于城市理性增长，在城市发展过程中，不能割裂经济增长与环境保护的关系。一味追求城市发展，忽视环境保护，将会导致城市无序发展局面，中心城市集聚效应减弱，生态环境质量降低，城市吸引力下降；而绝对生态环境保护，把环境放在城市发展中的第一位，禁止城市扩张破坏生态环境，将导致极大地抑制城市增长潜力。只有将两者放在同等重要的位置，在城市发展过程中兼顾生态保护，正确处理两者间的矛盾，调整优化城市内部土地利用结构，注重城市土地的生态利用和城市的理性增长，才能实现预测年份城市可持续增长的目标，综合以上分析，选择情景三适度增长模式为城市扩张模拟的优选方案。

四、优选方案浦口区城市增长分析

（一）浦口区建设用地增长面积计算

由此确定优选方案为情景三城市适度增长模式,结合浦口区行政区划图,在优选方案预测结果中提取浦口辖区范围计算预测年份城市增长面积,见图4-29、图4-30、图4-31。

在2020年、2030年、2040年预测的城市范围中,黄色像元表示2008年浦口区现状建设用地,红色像元表示其对应地块单元于预测年份城市化概率为90%—100%,橙色像元表示所在地块于预测年份城市化概率为70%—90%,而绿色像元则表示其所在地块于预测年份可城市化概率为50%—70%。在2008年,已有建设用地的像元个数为7265个,根据2008年全国土地利用第二次更新调查,居民点与工矿用地面积为21100.65公顷,则可求得每个像元实际表示的建设用地面积为2.904公顷。

预测年份内某概率范围内可城市化像元个数详见表4-8。2020年,概率50%—70%范围内的可城市化像元个数为1272个,概率70%—90%范围内的像元个数为647个,概率90%—100%范围内的像元个数为2327个;至2030年,概率50%—70%范围内可城市化的像元个数为1320个,概率70%—90%范围内的像元个数为561个,概率90%—100%范围内的像元个数增加至3461个;至2040年,概率50%—70%范围内可城市化的像元个数为1446个,概率70%—90%范围内的像元个数增加至564个,概率90%—100%范围内可城市化像元增加更快,达到4017个,是2020年的1.73倍,可城市化像元的概率随着预测年份的推移不断提高,由低概率范围向高概率范围转变。

预测年份新增城市化像元数可通过各概率范围内像元数与所处概率范围中间值相乘得到,概率50%—70%范围的中间值取60%,概率70%—90%范围的中间值取80%,概率90%—100%范围的中间值取95%,用公式可以表示为:

$$A = A_1 \times 60\% + A_2 \times 80\% + A_3 \times 95\% \tag{4-1}$$

其中,A表示预测年份新增城市化像元数,A_1表示概率50%—70%范围内可城市化像元数,A_2表示概率70%—90%范围内可城市化像元数,A_3表示概率

90%—100%范围内可城市化像元数。

根据以上公式,求出预测年份新增城市化像元数个数,再根据每个像元所代表的地块的实际面积,求出浦口区各预测年份新增建设用地面积,见表4-8。2020年新增城市化像元数为3491个,新增居民点及工矿用地面积为10139.17公顷,与基期相比增加48.05%;2030年新增城市化像元数为4529个,新增居民点及工矿用地面积为13151.49公顷,增加62.33%;2040年新增城市化像元数为5135个,新增居民点及工矿用地面积为14911.89公顷,增加70.67%。

表4-8　预测年份内城市模拟区新增城市化像元数与新增建设用地面积

年份	可城市化像元数(个)			新增城市化像元数(个)	新增居民点及工矿用地面积(公顷)
	概率50%—70%	概率70%—90%	概率90%—100%		
2020	1272	647	2327	3491	10139.17
2030	1320	561	3461	4529	13151.49
2040	1446	564	4017	5135	14911.89

(二)沿江各街道建设用地增长面积计算

预测年份内沿江区域建设用地面积有较大的增幅,从浦口区城市扩张模拟结果图中提取沿江各街道行政区计算未来年份新增建设用地面积,计算结果见表4-9、表4-10、表4-11、表4-12。

1. 江浦街道新增建设用地面积最大,2020年新增建设用地面积为3601.98公顷,2030年为4897.16公顷,2040年为5777.07公顷,与基期年相比,增长比例分别为92.5%、125.76%、148.36%。

2. 泰山街道建设用地增长以"内部填充"为主,沿已有城市用地边缘及道路两侧扩张。2020年新增建设用地面积为1837.80公顷,增长比例为65.15%,随后年份城市增长不明显。

3. 顶山街道新增建设用地面积稍小于泰山街道,但其城市扩张的速率较快。2020年新增建设用地面积为1514.15公顷,2030年为1822.70公顷,2040年为新增面积为1935.52公顷,与基期年相比,增长比例分别为119%、143.25%、152.11%。

表4-9　泰山街道预测年份新增建设用地面积

年份	可城市化像元数(单位:个)			新增居民点与工矿用地面积(公顷)	新增用地比例(%)	占新增总面积比例(%)
	概率50%—70%	概率70%—90%	概率90%—100%			
2020	60	49	587	1837.8	65.15	18.13
2030	30	20	668	1941.61	68.83	14.76
2040	11	36	683	1987.06	70.44	13.33

表4-10　江浦街道预测年份新增建设用地面积

年份	可城市化像元数(单位:个)			新增居民点与工矿用地面积(公顷)	新增用地比例(%)	占新增总面积比例(%)
	概率50%—70%	概率70%—90%	概率90%—100%			
2020	542	245	757	3601.98	92.50	35.53
2030	550	236	1229	4897.16	125.76	37.24
2040	624	222	1513	5777.07	148.36	38.74

表4-11　顶山街道预测年份新增建设用地面积

年份	可城市化像元数(单位:个)			新增居民点与工矿用地面积(公顷)	新增用地比例(%)	占新增总面积比例(%)
	概率50%—70%	概率70%—90%	概率90%—100%			
2020	154	104	364	1514.15	119.00	14.93
2030	66	57	571	1822.7	143.25	13.86
2040	72	31	630	1935.52	152.11	12.98

表4-12　沿江街道预测年份新增建设用地面积

年份	可城市化像元数(单位:个)			新增居民点与工矿用地面积(公顷)	新增用地比例(%)	占新增总面积比例(%)
	概率50%—70%	概率70%—90%	概率90%—100%			
2020	151	93	291	1281.97	78.45	12.64
2030	134	62	408	1503.11	91.98	11.43
2040	119	62	454	1603.88	98.15	10.76

　　4. 沿江街道预测年份内新增建设用地面积要小于其他三个街道,2020年新增面积为1281.97公顷,2030年为1503.11公顷,2040年新增面积达到1603.88

公顷,与基期年相比,增长比例分别为78.45％、91.98％、98.15％。

（三）建设用地增长区域分析

1. 沿江各街道

将预测年份城市范围与浦口区行政区划图、跨江通道建设规划图叠置进行分析,可以发现:未来三十余年内,城市新增建设用地主要沿江扩展,沿江区域建设用地面积增长迅速,其他乡镇建设用地增长缓慢。至2040年,泰山、江浦、顶山、沿江四个街道新增居民点与工矿用地面积之和占浦口区新增总量的比例高达75.8％。

（1）预测年份内泰山街道将采取内部填充式增长方式,土地利用集约度得到提高。北面大多为农业用地且坡度较大,建设用地增长不明显。在2008—2020年期间建设用地增长较快,至2020年新增建设用地为1837.8公顷,随后年份城市扩张较慢,至2040年新增用地面积为1987.06公顷,占新增建设用地比例为13.33％,二十年间建设用地仅增加149.26公顷。

（2）沿江街道位于泰山街道东北面,与江北六合区相接,在其行政区域内将规划有上元门通道,与南京长江二桥相连的浦四路及地铁三号线。另外,长江大桥及二桥对该镇城市增长的作用也不容忽视,在预测年份,城市用地保持较快增长,主要分布在该镇东北部及沿江区域。预测年份内新增建设用地面积占总新增面积的比例约为10％—12％,2020年新增居民点工矿用地比例为78.45％,至2040年新增用地比例高达98.15％。

（3）江浦街道、顶山街道将会是未来建设用地面积增长最快的沿江城镇,特别是江浦街道,城镇增长潜力最大,受南京长江三桥、已建成的纬七路隧道、规划的长江五桥、地铁二号线影响,城市用地沿江增长,扩展迅速。至2040年,城市新增居民点与工矿用地面积为5777.07公顷,新增用地比例达148.36％,占浦口区新增总面积比例为38.74％。顶山街道位于江浦街道与泰山街道之间,其城市化率相比泰山街道偏小,在预测年份受纬三路隧道以及地铁四号线带动,建设用地面积增长迅速,增长区域分布在地铁沿线区域及纬三路隧道两侧沿江区域,建设用地增长速率较快,至2040年新增居民点与工矿用地为1935.52公顷,新增用地比例达152.11％,城市面积将扩大一倍半。

沿江各街道在北面扩展不是很大,这主要有两个原因:一是北面存在大量农业用地,按照城市规划及新一轮土地利用总体规划的要求,这些农业用地城市化概率将会下降;二是北面为国家老山森林公园,坡度由南向北逐渐增大,建设成本不断增加,城市化可能性大为降低。按城市规划的要求,在丘陵地区,坡度大于22°的地块,不能城市化。但这也不能排除一些消费者的偏好,愿意花费较高居住成本追求森林公园附近舒适的生活环境,这就会促使追求利润的房地产开发商加大对地势较高环境较好地段的开发力度。

2. 其他乡镇

(1) 地处长江上游的两个乡镇为桥林镇和乌江镇,位于江浦街道西南面,其现状基础设施配套不完善,城镇基础较弱,城市化率偏低,将一定程度上影响城市化速度,与泰山街道、沿江街道、江浦街道、顶山街道相比,城市扩张相对较慢。长江三桥及规划地铁二号线对这两个乡镇城市增长拉动较大,其未来城市化区域主要分布于沿江地带及地铁二号线附近区域。

(2) 非沿江乡镇除永宁镇、汤泉镇外建设用地增长较缓慢,扩张不明显,跨江通道建设对其城市增长拉动效应不大。永宁镇东临南京高新技术产业开发区,西北部与安徽滁州接壤,南临老山森林公园,城市扩展主要是其境内外交通便捷以及镇内众多工业企业、重点项目带动所致;汤泉镇作为浦口区西部重点镇,近年来城市发展得到区委、区政府大力支持,大力发展生态旅游业、无污染绿色工业,未来年份建设用地增长较快。

第五节 跨江通道建设对浦口区城市用地增长的贡献值估算

一、估算方法

在确定模拟区城市增长的优选方案后,可进一步定量分析跨江通道建设对浦口区城市扩张的贡献,具体思路为:以 SLEUTH 模型校准阶段所获取的优选控制参数组合(BSS)和优选方案(情景三)的排除层情景设计为基础,输入预测所需的城市范围图层、道路图层、坡度层和阴影层,其中道路图层只输入1988年、2004年的图层,在预测年份内排除规划跨江通道建设对城市增长的影响。调用SLEUTH模型预测模块,生成2009—2020年连续年份的城市用地增长图集,并与优选方案(情景三)进行对比分析,从而计算出规划的跨江通道对浦口区城市扩张的贡献。

二、估算结果及分析

图4-32为剔除规划跨江通道因素后城市模拟区的用地扩张图,与确定的优选方案相比,城市用地扩张较慢,增长面积较小,这在规划跨江通道两端节点处周边区域体现更为明显,表明跨江通道建设对研究区域城市用地扩张的巨大拉动作用。建设用地主要沿已有城市用地边缘以及交通道路两侧增长,主要集中于沿江区域尤其是江浦、顶山、泰山、沿江四街道,呈"内部填充,外部连接"城市增长特征。

利用Arcgis空间分析工具从图4-32中提取浦口区以及其沿江各街道的行政区范围进行栅格分析,计算其在预测年份内的新增建设用地面积,见表4-13、表4-14。再与优选方案(情景三)浦口区城市增长结果进行对比分析,计算出跨江通道建设对浦口区及其沿江各街道城市扩张的贡献值,见表4-15。

表4-13　剔除规划跨江通道因素后浦口区新增建设用地面积计算

年份	可城市化像元数(个)			新增城市化像元数(个)	新增居民点及工矿用地面积(公顷)
	概率50%—70%	概率70%—90%	概率90%—100%		
2020	1397	562	1560	2769.8	8043.50
2030	1335	584	2598	3736.3	10850.22
2040	1320	605	3098	4219.1	12252.27

表4-14　剔除规划跨江通道因素后沿江各街道新增建设用地面积计算

(单位:公顷)

年　份	新增建设用地面积			
	泰山街道	江浦街道	顶山街道	沿江街道
2020	1690.42	2717.85	1059.86	973.81
2030	1858.41	3991.69	1482.53	1195.39
2040	1934.50	4624.47	1613.51	1295.72

表4-15　规划跨江通道建设对浦口区及其沿江各街道城市扩张的贡献值计算

(单位:公顷)

年份	规划跨江通道建设对城市用地扩张的贡献									
	泰山街道	占新增比例	江浦街道	占新增比例	顶山街道	占新增比例	沿江街道	占新增比例	浦口区	占新增比例
2020	147.38	8.72%	884.13	32.53%	454.29	39.17%	308.16	35.27%	2095.67	20.67%
2030	83.2	4.48%	905.47	22.68%	340.17	21.50%	307.72	28.09%	2301.27	17.5%
2040	52.56	2.72%	1152.6	24.92%	322.01	18.79%	308.16	25.77%	2158.05	14.47%

上述计算表明:除已有的南京长江大桥、长江三桥外,规划跨江通道的建设对浦口区城市用地增长的拉动作用较大,2020年、2030年、2040年跨江通道的建设对浦口区城市用地扩张的贡献依次为2095.67公顷、2301.27公顷、2158.05公顷,占新增建设用地的比例分别为20.67%、17.5%、14.47%。

江浦街道、顶山街道、沿江街道在预测年份内受其行政范围内规划的跨江通道建设影响较大,2020年,贡献值分别达到884.13公顷、454.29公顷、308.16公顷。相比之下,预测年份规划的跨江通道建设对泰山街道城市用地扩张的贡献则较小,2020年,贡献值为147.38公顷,占新增用地比例仅为8.72%,至2040年比例继续下降至2.72%,这主要是由于其作为浦口区主城,行政区范围内特别是沿江区域已受南京长江大桥长期的拉动作用,城市化率较高,未来城市主要为"内部填充式"增长,受已城市化用地板块影响较大。

随着预测年份的推移,跨江通道建设对城市扩张的贡献将出现一定程度的下降,这主要是由于研究区可城市化用地不断减少,受坡度大小、农地转用制约以及生态保护压力等综合因素影响所致。这在沿江区域各街道表现更为明显，2020年，跨江通道建设对泰山街道、江浦街道、顶山街道、沿江街道城市扩张的贡献值占各街道新增建设用地的比例分别为 8.72％、32.53％、39.17％、35.27％，至2040 年该比例依次减少为 2.72％、24.92％、18.79％、25.77％。

第六节　本章小结

1. 建立 SLEUTH 元胞自动机模型城市扩展模拟区空间数据库

利用历史年份城市扩张数据，建立南京市沿江区域城市增长空间数据库。通过收集的各年份 TM 遥感影像图及相关土地利用图件资料，提取城市模拟区域1988 年、1995 年、2000 年、2004 年、2008 年城市建设用地（Urban）范围图层，1988年、2005 年、2020 年交通道路图层，以及 DEM 高程图和水体阴影图等，为应用SLEUTH 元胞自动机模型模拟及预测浦口区未来城市增长提供基础图件、数据资料。

2. 设置不同图像重采样方案，选择最佳分辨率模拟城市扩张

设置四种不同的图像重采样方案，比较模型校准参数行为，选择优选方案动态模拟城市扩张。不同分辨率方案下，经过三个校准阶段所获取的最终系数值有所差别，总体上扩展系数和道路影响系数都较大，散布系数、繁殖系数、坡度系数值偏小，这表明浦口区近二十余年来城市扩张的主要方式是边界增长和道路引力增长，受已城市化地区和交通道路的影响较大，建设用地主要沿城市边缘与道路两侧增长。

本研究选取了面积指数 Area、城市边界指数 Edges 和形状指数 Lee-Salle 这三个指数对不同分辨率方案进行比选。对比各方案 Area 指数发现，方案Ⅱ与方案Ⅳ校准效果较好，与控制年份实际像元数相差不大；边界指数 Edges 值除方案Ⅲ偏大外，其余方案相差不大，在控制年份真实值上下波动，校准效果较好；各方案的 Lee-Sallee 指数变化趋势一致，其值先减后增，方案Ⅱ模拟效果较好，控制末

年(2008年)指数值为0.69,校准效果较好,其他方案校准精度相对较差,方案 I 控制末年 Lee-Sallee 指数值为0.63,方案 III 为0.56,方案 IV 为0.65。

通过各方案校准系数指数行为比较,最终确定城市增长模拟最佳分辨率方案为方案 II,输入图像分辨率为 100 m×100 m,并得到了该方案下 SLEUTH 元胞自动机模型预测模块输入系数值,散布系数输入值为6,繁殖系数值为7,扩展系数值为91,坡度系数值为1,道路引力系数值为60。

3. 设置不同情景模拟预案,确定浦口城市增长最佳方案

以浦口新市区城市规划为基础,基于土地利用管理方式与生态保护强弱程度,设置了三种情景方案预测模拟区域未来三十余年(至2040年)城市扩张情况,并基于模型预测的指数与系数行为,确定情景三城市适度增长模式为未来城市增长最佳模式。

各方案下城市增长趋势相同,近期年份城市增长潜力较大,速率较快,随着预测年份增长,城市增长率逐年减小,至远期城市面积趋于稳定。不同方案城市扩张预测结果存在差异,情景一城市扩张迅速,建设用地面积增长较快;情景二城市扩张相对较慢,城市年增长率偏小;情景三城市增长速率处于适中水平。模型预测阶段各方案的系数行为一致,保持同步的变化趋势。散布系数、繁殖系数、道路引力系数先增加,至2020年左右,其值开始减少;扩展系数输入值较大,在维持一段时期稳定后,其值逐渐下降;坡度系数输入值为1,预测年份其值上升较快,预测年份城市增长受坡度因素影响越来越大。尽管各方案系数值变化趋势一致,但变化幅度存在较大差异,情景三各系数仍处于中间水平。

现状及规划跨江通道的建设与使用,将使两岸的沟通联系更加密切,未来年份浦口区城市增长潜力巨大。在城市增长进程中,需正确处理发展与保护的关系,促进未来城市土地节约集约利用与生态环境保护,在城市增长过程中兼顾生态保护,调整优化土地利用结构,注重土地的生态利用和城市的理性增长。为实现预测年份城市可持续增长,根据 SLEUTH 模型预测阶段指数与系数行为的变化,确定预测年份内城市增长宜采用情景三城市适度增长模式。

4. 浦口区城市扩展优选方案建设用地增长分析

从确定的优选方案中提取浦口行政区划范围,利用 Arcgis 栅格分析工具,计算预测年份内浦口区城市建设用地增长情况。根据第二次土地利用调查,2008年浦口区居民点与工矿用地面积为 21100.65 公顷,2020 年、2030 年、2040 年新增建设用地面积分别达 10139 公顷、13151 公顷、14912 公顷,新增比例依次为48.05%、62.33%、70.67%。建设用地增长区域主要集中于沿江各镇街特别是江浦、泰山、顶山、沿江四个街道,非沿江各乡镇总体扩展不大。

江浦街道新增建设用地面积最大,2020 年、2030 年、2040 年新增建设用地面积分别为 3602 公顷、4897 公顷、5777 公顷,与基期年相比,增长比例分别为92.5%、125.76%、148.36%。

泰山街道建设用地增长以"内部填充"为主,沿已有城市用地边缘及道路两侧扩张。2020 年新增建设用地面积为 1838 公顷,增长比例为 65.15%,随后年份城市增长不明显。

顶山街道新增建设用地面积稍小于泰山街道,但其城市扩张的速率较快。2020 年新增建设用地面积为 1514 公顷,2030 年为 1823 公顷,2040 年新增面积为1936 公顷,与基期年相比,增长比例分别为 119%、143.25%、152.11%。

沿江街道预测年份内新增建设用地面积要小于其他三个街道,2020 年、2030年、2040 年新增面积分别为 1282 公顷、1503 公顷、1604 公顷,与基期年相比,增长比例分别为 78.45%、91.98%、98.15%。

沿江各镇街中,建设用地主要朝南沿江扩展,分布于道路交通两侧,跨江通道与轨道交通的建设对城市增长拉动较大,预测年份内土地利用集约程度将得到较大的提高。北面建设用地扩张不明显,主要受坡度因素影响,以及农用地转用的制约。

5. 跨江通道建设对浦口区城市用地扩张的贡献分析

跨江通道的建设对浦口区城市用地增长的拉动作用较大。仅就规划跨江通道而言(除现状南京长江大桥、三桥),2020 年、2030 年、2040 年其对全区城市用地扩张的贡献值依次为 2096 公顷、2301 公顷、2158 公顷,占新增建设用地的比例分别为 20.67％、17.5％、14.47％。受坡度大小、农用地转用制约以及生态保护压力等综合因素影响,随着预测年份的推移,跨江通道建设对城市扩张的贡献将出现一定程度的下降。2020 年,跨江通道建设对泰山街道、江浦街道、顶山街道、沿江街道城市扩张的贡献值占各街道新增建设用地的比例分别为 8.72％、32.53％、39.17％、35.27％,至 2040 年,该比例依次减少为 2.72％、24.92％、18.79％、25.77％。

第五章　跨江通道建设对浦口区
地价的影响

　　跨江通道的建设不仅会促进浦口区城市建设用地扩张,提高城市化水平,而且会对区内房地产价格起巨大的拉动效应。房地产按用途可划分为商业、住宅和工业性质房地产,现状及规划跨江通道的建设使用将会不断加强浦口与主城之间的联系,促进两岸人口、资金、技术流动,带动全区商业繁华度、交通便捷度的提升及城市基础设施的完善,不断促进区域内各类用途房地产价格增值。

　　房地产是建筑物和土地合一状态下的物质实体及其权益的总称,其许多特点是土地赋予的,如位置的固定性和不可移动性、影响因素多样性、保值增值性等。同时,房地产价格是由房屋价格和土地价格加和得到,地价占房价的绝大比重是影响房地产价格的关键因素。跨江通道建设对房地产价格的提升主要表现为区位提升带来的地价增值,对房屋建安成本方面影响则相对较小。

　　此次研究以住宅地价为对象,分析跨江通道建设对浦口区住宅地价增值的影响。选取住宅地价作为研究对象是基于以下方面考虑:在浦口行政区域内,工业地价市场交易资料较少;商业地价分布范围过小,主要分布于江浦街道及泰山街道的中心地带,且分布于主干道两旁,样点密度较低且分布不均匀;而住宅地价分布范围广,样本空间分布密度较为均匀,并且案例个数多,因此选择住宅地价作为研究对象。

第一节　浦口区地价时间变化及空间分布

一、住宅地价时间变化

（一）基于基准地价的住宅地价时间变化分析

能够反映城市平均地价水平的一项重要指标是城市基准地价，是指在城镇规划区范围内，对不同级别的土地或者土地条件相当的匀质地域，按照商业、居住、工业等用途分别评估的，并由市、县以上人民政府公布的国有土地使用权的平均价格。级别基准地价是城市基准地价的细分类，指各级别地块内商业、住宅、工业等用途土地使用权单位面积的平均价格，可分为商业用地级别基准地价、住宅用地级别基准地价和工业用地级别基准地价，它主要反映各城镇地价总体水平和区域变化状况，是政府宏观控制地价，调控土地市场，土地价格评估，合理引导投资方向和优化土地利用结构的主要依据。

浦口区开展基准地价评估工作较晚，原江浦县于 2003 年开展基准地价评估工作，估计基准日为 2003 年 1 月 1 日，建立了较为完善的基准地价及其修正体系。以住宅基准地价为例，主要根据影响土地质量的公用设施、基础设施、交通条件、环境条件和繁华程度等诸多地价影响因素综合分析，划分了三个住宅用地级别，对应的基准地价分别为 800 元/m²、560 元/m²、340 元/m²，平均容积率分别为1.5、1.3、1.2。原浦口区则于 2004 年开展评估工作，设定估价基准日为 2004 年 1月 1 日，同样划分了三个级别，对应的基准地价分别为 1820 元/m²、1260 元/m²、850 元/m²，平均容积率分别为1.5、1.2、1，见表 5-1。

表5-1　浦口区住宅用地新旧基准地价对比表

原浦口土地级别	一	二	三	估价基准日
原浦口基准地价（元/m²）	1820	1260	850	2004 年 1 月 1 日
平均容积率	1.5	1.2	1.0	

原浦口土地级别	一	二	三	估价基准日
原江浦基准地价(元/m²)	800	560	340	2003年1月1日
平均容积率	1.5	1.3	1.2	
原浦口土地级别	一	二	三	估价基准日
新基准地价(元/m²)	2855	2160	1315	2008年1月1日
平均容积率	1.6	1.4	1.3	

随着南京长江二桥与长江三桥的建成通车,主城与江北地区的联系更为紧密,浦口区近年来经济发展十分迅速,城市建设不断加快,上一轮的土地定级估价成果已经不能满足现阶段土地管理实践工作的需要,迫切需要根据现实情况对基准地价成果进行更新。为此,浦口区于2008年开展了基准地价更新工作,探索"以价定级,建立地价区段基准地价为核心的地价体系",充分利用计算机网络、GIS空间数据库等先进手段,重新划分地块土地级别,并更新级别基准地价。新的基准地价以2008年1月1日为估价基准日,重新划分后的土地级别依旧为三个,对应的基准地价分别为2855元/m²、2160元/m²、1315元/m²;与原基准地价相对比,地价相差较大,基准地价总体水平上升幅度较大,特别是原江浦县,为原基准地价水平的4倍左右,这与近年来商品房价格不断上扬、城市公共设施的完善、城市人口数量的增加、居民收入水平的提高,特别是跨江交通瓶颈的缓解等诸多因素密切相关。

(二)基于地价指数的住宅地价时间变化分析

浦口区自2004年开展基准地价评估及地价动态监测工作,各年份住宅地价定基指数与环比指数见表5-2、表5-3,其变化趋势见图5-1、图5-2。

地价定基指数是指以某一年份为固定基期,设定该年份的地价指数为100,其后根据各年份地价值与基期年地价值对比,求得对应年份的地价定基指数。而地价环比指数则是指以上一年为基期,由各年份地价与上一年份地价比较,求得对应的环比指数。住宅地价定基指数反映研究区住宅地价增量变化情况,以2004年1月1日为基期,定基指数设为100,至2008年1月1日,原江浦县住宅各

表5-2 浦口区住宅地价定基指数表

区域	级别	2004年1月1日	2005年1月1日	2006年1月1日	2007年1月1日	2008年1月1日
原江浦	一	100	106.19	110.50	117.93	131.23
	二	100	106.86	110.23	115.54	126.03
	三	100	106.23	110.14	113.74	122.29
原浦口	一	100	108.08	115.81	124.18	138.40
	二	100	108.89	115.59	122.31	134.59
	三	100	108.08	114.48	119.24	129.54

表5-3 浦口区住宅地价环比指数表

区域	级别	2004年1月1日	2005年1月1日	2006年1月1日	2007年1月1日	2008年1月1日
原江浦	一	100	106.19	104.06	106.72	111.28
	二	100	106.86	103.15	104.82	109.08
	三	100	106.23	103.68	103.27	107.52
原浦口	一	100	108.08	107.15	107.23	111.45
	二	100	108.89	106.15	105.82	110.04
	三	100	108.08	105.92	104.16	108.64

数据来源：南京市浦口区基准地价更新技术报告。

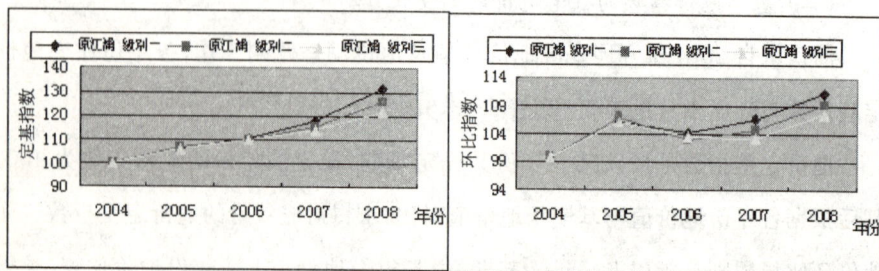

图5-1 原江浦各级别住宅用地地价定基指数与环比指数变化曲线图

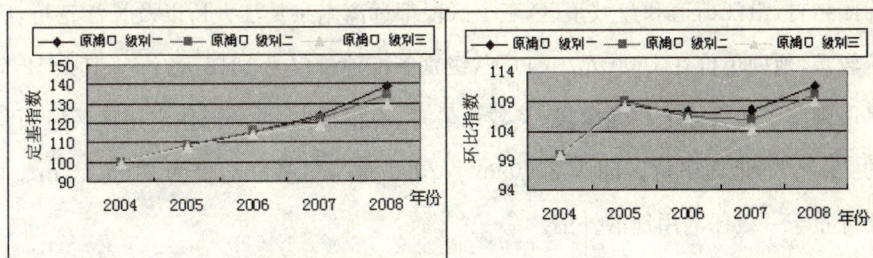

图 5-2　原浦口各级别住宅用地地价定基指数与环比指数变化曲线图

级别用地定基指数分别为 131.23、126.03、122.29,原浦口区住宅各级别用地定基指数分别为 138.4、134.59、129.54,可以看出原浦口区的地价增幅要大于原江浦县,平均地价是基期年地价的 1.34 倍,而原江浦住宅平均地价为基期年地价的1.27 倍。不同土地级别间地价涨幅也存在区别,一级地住宅地价上涨最快,其次分别为二级地、三级地,可见,好的住宅用地区段地价涨幅大。

住宅地价环比指数则反应各年份住宅地价增减变化率的情况。若某年份环比指数值高,则表明住宅地价与上一年份相比,地价涨速快。比较 2004 年至 2008年期间的地价环比指数,可以发现:各年份各级别用地内原浦口环比指数值要大于原江浦,表明原浦口住宅地价涨速要大于原江浦,间接表明长江大桥对住宅地价的促进作用。不同级别土地住宅地价增减变化情况也不相同,一级地环比指数值要大于二级地,二级地指数值大于三级地,这也验证地段好地价升值快的常识。

二、住宅地价空间分布

(一) 住宅区段及用地级别

根据 2008 年南京市浦口区基准地价更新成果,浦口区住宅用地共划分为 17个地价区段,编号从 001J 至 017J,见表 5-4,分布于图 5-3 中的住宅用地区段范围内。图 5-4 则为住宅用地土地级别图。对比图 5-3 可知,一级住宅用地包括001J、011J 两个地价区段,分别为江浦街道中心和明发滨江,其地面单价在 2800元/m² 以上,级别基准地价为 2855 元/m²,明发滨江濒临长江并紧挨长江大桥,其地价也稍高于江浦街道中心。三级住宅用地包括 005J、014J、016J 三个区段,分别为团结村、沿江街道和盘城镇区,三个区段都远离南京长江大桥以及长江三桥,区位较差,地面单价在 1500 元/m² 以下,级别基准地价仅为 1316 元/m²。其余 12 个区段则属于二级住宅用地区段,其数量最多、面积最大,占全部住宅用地区段面积的 72.76%,地面单价区间为 2000/m²—2600 元/m²,基准地价为 2165 元/m²,主要分布于一级住宅用地的外围。

表 5-4　浦口区住宅用地地价区段基本概况

区段编号	区段名称	容积率	区段基准地价（元/m²）	开发程度	用地级别
001J	江浦街道中心	1.4	2805	五通一平	一级
002J	浦珠花园	1.4	2455	五通一平	二级
003J	金盛田领域	1.4	2145	五通一平	二级
004J	康华小区	1.3	1960	五通一平	二级
005J	团结村	1.2	1295	五通一平	三级
006J	钱塘望景	1.3	1875	五通一平	二级
007J	浦口服装城	1.4	2065	五通一平	二级
008J	万江共和新城	1.5	2090	五通一平	二级
009J	老浦口	1.3	2050	五通一平	二级
010J	大华锦绣华城	1.5	2080	五通一平	二级
011J	明发滨江	1.7	2865	五通一平	一级
012J	旭日华庭	1.6	2575	五通一平	二级
013J	金泉泰莱苑	1.5	2215	五通一平	二级
014J	沿江街道	1.3	1400	五通一平	三级
015J	苏宁天润城	1.5	2270	五通一平	二级
016J	盘城镇区	1.3	1255	五通一平	三级
017J	七里河	1.4	2065	五通一平	二级

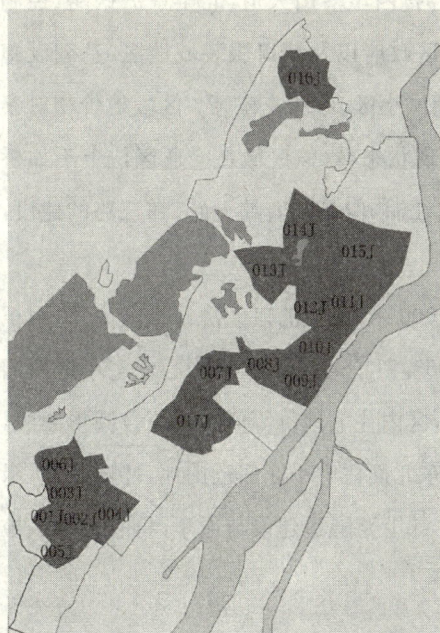

图5-3 住宅用地基准地价区段示意图 图5-4 住宅用地土地级别示意图

（二）住宅地价空间分布

根据2008年南京市浦口区地价动态监测成果，将浦口区住宅用地区段范围划分为泰山街道控制区段、顶山街道控制区段、江浦街道控制区段三大控制区，各控制区地价等值线图见图5-5。住宅控制区的划分充分根据各住宅用地区段特点，将对住宅地价有明显阻隔作用的京沪铁路、七里河等作为控制区段划分的分界线。

泰山街道控制区东至长江，南至京沪铁路，西至宁启铁路，北至浦口区界，区段总面积为6037.16公顷。该区域位于大桥北路两侧，沿路两侧为商住混合区，其余多为纯住宅区，以多层、小高层为主，档次较高。控制区内典型的住宅小区有明发滨江新城、威尼斯水城、华侨城、大华锦绣华城等。控制区紧靠南京长江大桥，地价受南京主城影响十分明显，由图5-5可以看出：随着与长江大桥距离的增加，住宅地价逐渐降低。

顶山街道控制区东至长江,南至七里河,西至沿山大道,北至京沪铁路,控制区面积为 3353.84 公顷,主要包括原浦口区政府以及浦口服装城地区,基础设施配套较差,典型的住宅小区有浦铁一村、商城小区、珍珠花苑等。区段地价相对泰山街道较低,受大桥拉动作用不明显。从现状来看,该区域在交通区位上不如桥北社区(即泰山街道),生活便捷度也难比江浦,但是随着纬七路、纬三路的建设,该区域住宅地价会逐渐上升。

江浦街道控制区东至宁合公路东侧 1000 米,南至浦口经济开发区南片,西至南京审计学院江浦校区,控制区面积为 2955.71 公顷。该区域中心住宅小区新旧交错,基础设施与公用配套设施较为完善,区内住宅地价等值线成闭合圆形曲线,中心城区地价最高,周围地价逐渐减小。东北面住宅小区邻近山地,环境优美,绿化率高,多发展别墅用地,地价相对较高。纬七路隧道建设与通车,将有利于该控制区住宅地价的整体提升。

第二节　跨江通道建设对浦口区住宅地价影响机制分析

一、跨江通道建设对浦口区住宅用地作用机制

根据城镇土地分等定级可知,商业繁华度、道路通达度、公用设施完备程度、对外交通便利度决定地段的区位优劣。区位因素是影响房价和地价的最重要因素,是其他众多影响因素的综合反映。浦口区与主城仅一江之隔,长江作为两岸沟通联系的天然屏障,是影响其整体区位的最不利因素。

跨江通道对于浦口为对外交通,对南京市而言则起着内部交通的作用,同时跨江通道与浦口区内部交通系统衔接协调,在很大程度上提高了浦口内部交通系统输入输出功能。交通是经济发展的先行官,对城市经济与社会发展发挥先导作用,现状及规划跨江通道的建设有利于克服长江天然屏障,拉近与主城对接时间距离,带动区域内部交通系统和基础设施的不断完善,从而促进浦口土地价格的增值。跨江通道建设对研究区住宅用地的影响包括以下方面:

1. 提高交通便利程度,改善房地产的通达性

根据区位理论和地租理论,土地相对位置不同会产生不同的地租,另外,到达不同区位的时间成本和经济成本不同(即可达性不同)也会产生不同的地租。城市交通与土地利用之间的联系在于运输成本与土地价值间的互补,地价(以地租表示)与交通设施(以交通费用表示)具有某种替代性。交通改善表示交通速度的提高和交通费用的减少,降低阻力成本,提高地价。跨江通道以其大容量、快捷性的特点,有利于改善浦口房地产的通达性,提高其交通便利程度,促进区内住宅用地价格提升。

2. 改变土地利用性质,增加住宅用地面积

跨江通道作为浦口与主城联系的主要交通工具,将会带动居住用地以通道节点为中心向外辐射,并不断拉动附近其他城市设施用地需求量。随着城市基础设施与内部交通系统不断完善,人流持续增加与集中,将促进跨江通道浦口端节点处一定区域范围内新城市功能区的形成。因此,跨江通道的修建与通车,不仅可以强化市中心的金融、贸易、服务业等功能,而且也将促进浦口区新城的形成与发展,促使土地利用结构调整,增加住宅用地面积,提高土地开发利用价值。

3. 加大土地利用强度,提高住宅用地容积率

城市交通方式与土地利用形态有密切联系,城市道路交通级别越高,交通流量越大,附近城市区段内聚力就越强,提高土地利用强度,促进土地节约集约利用,城市呈紧凑发展的形态。现状及未来跨江通道的建设,将提高浦口区对外交通的便捷程度,并带动城市内部交通系统与基础设施的完善,与此同时,促进浦口区城市土地的高密度开发与旧城改造,提高土地利用强度。城市人口持续增加,城市化率的提高,也会进一步促进土地利用强度与住宅用地容积率的提高。

4. 提升区域经济实力,促进房地产市场繁荣

城市交通的便捷和区域经济活力是相辅相成的,一方面,城市交通系统的完善能带来地区经济活力的提升;另一方面,地区经济活力提升,能增加城市道路交通的客流量。随着跨江通道的建设与通车,江北地区通达性大大提高,对居民产生巨大的吸引力,促进浦口城市用地密度的提高,同时,在通道节点处形成的居住

用地、职业场所以及社会资本的环状分布区域。这种环状区域具有潜在开发机能,可将中心地带和其他地域连接起来,将人口聚集地区和边缘地区连接起来,极大地促进浦口区域经济发展。区域经济的发展、城市通达性的改善、交通便捷度的提高以及城市人口的持续增加,都将促进浦口区房地产市场的繁荣与房地产价格的上涨。

二、跨江交通流量与住宅地价相关性分析

利用 spss 统计软件 correlate 分析模块,对 2000—2006 年跨江交通流量和浦口区住宅地价定基指数进行相关分析,其中 2004 年以前的住宅地价指数据南京市域地价指数修正得到,分析结果见表 5-5。二者的 Pearson 相关系数为 0.934,双尾显著性概率为 0.002,二者高度相关。需要指出的是,相关性分析结果只能说明跨江交通流量与浦口住宅地价关系密切,跨江交通设施的建设对提升浦口地价作用不可忽略,但是并不能精确地得到跨江通道的建设对浦口地价影响多大,即对住宅地价增值贡献的大小。

表 5-5　跨江交通流量与浦口地价指数相关性分析

		x(交通流量)	y(住宅地价指数)
x(交通流量)	Pearson Correlation	1	.934**
	Sig. (2-tailed)		.002
	N	7	7
y(住宅地价指数)	Pearson Correlation	.934**	1
	Sig. (2-tailed)	.002	
	N	7	7

图 5-6 为交通流量(x)与住宅地价指数(y)样本数据拟合图,采用的拟合曲线为二次曲线,曲线方程为 $y=-0.019x^2+0.4382x-0.7498$,$R^2=0.9874$,拟合效果较好,二者呈显著正相关。相关性分析采用的地价指数为定基指数,能够反映地价涨幅大小,由拟合曲线图可知:住宅地价随跨江交通流量的增加,地价也在不停地上涨,前期年份,拟合曲线斜率较大,跨江交通流量对地价指数增长的贡献较大,也即表明跨江通道的建设对住宅地价具有强烈的带动作用;至后期年份,

也即当跨江交通流量逐渐增加时,曲线上升较为平缓,斜率逐渐减小,跨江交通流量对住宅地价的贡献趋于稳定。由此可作出推断:对于某一特定跨江通道,当跨江交通流量趋于饱和时,其对住宅地价的贡献也趋于稳定。

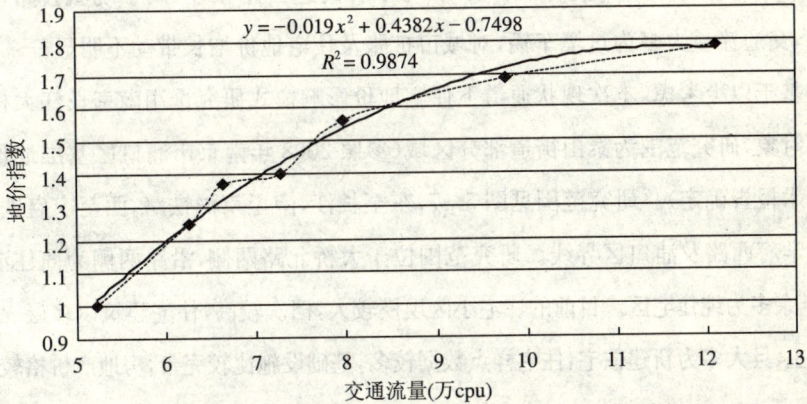

$$y = -0.019x^2 + 0.4382x - 0.7498$$
$$R^2 = 0.9874$$

图 5-6　2000—2006 年交通流量与住宅地价指数拟合曲线

据相关统计资料,目前南京长江大桥日交通流量已至 7 万—8 万 pcu,是最初设计负荷量的 4 倍多,其交通流量已趋于饱和。因此,在本次研究中可认为南京长江大桥对泰山街道住宅地价的贡献值已趋于稳定。

第三节　跨江通道建设对浦口区住宅地价的空间作用模式研究

一、研究对象选择及范围确定

在江北地区,与主城相连的通道有南京长江大桥、长江二桥及长江三桥,分别于 1968 年、2001 年、2005 年建成通车,这三座大桥打通南京主城与江北地区的交通屏障,对拉动江北固定资产投资,带动江北社会经济发展,以及在更大范围内促进苏南经济向苏北辐射具有重要作用。已有三座桥梁中,南京长江大桥及长江三桥为浦口行政区内跨江通道,其中长江大桥建成投入使用已久,日交通流量趋于饱和,且进城交通流量占绝对比例,已逐渐演变为城市道路性质通道。南京长江大桥对浦口主城泰山街道住宅地价影响甚深,已形成特有的影响模式:沿着大桥北路往北,逐渐远离大桥,住宅地价不断降低,至一定范围后,地价不再下降。而长江三桥由于建成投入使用年限较短,与宁合高速公路相连,属于绕城公路性质通道,交通流量大多为过境车辆,对城市扩张及住宅地价增长带动不明显。

基于以上考虑,本次现状通道下住宅地价影响模式研究选用南京长江大桥为研究对象,研究范围为泰山街道部分区域(参照2008年南京市浦口区基准地价更新技术报告确定)。研究范围见图5-7,东至长江,南至京沪铁路,西至宁启铁路,北至学府西路及浦口区界线。研究范围位于大桥北路两侧,沿路两侧为商住混合区,其余多为纯住宅区。目前的住宅小区规模较大,档次较高,住宅建筑以多层、小高层为主,且大多为新建住宅,住宅样点数据较多,基础设施比较完善,房地产价格较高。

图5-7 南京长江大桥对住宅地价影响模式研究范围示意图

二、住宅样点地价收集与录入

公开市场交易是数据选取的一个基本原则,非市场化的数据难以反映或接近土地的真正价值。另外,市场交易的土地必须是"完全产权"的,没有设立抵押、出租等其他权属或附加条件,也不能是非法用地如未经批准或骗取批准的、多占用的、改变用途的等。这三个条件统一土地市场价格内涵,使得研究范围内住宅地价样点值具有可比性。本研究选取的住宅地价样本数据为土地"招拍挂"出让数据及房地产住宅开发市场交易数据。

本次研究共收集了所选研究区范围内住宅样点数据 50 个,其中一级市场土地出让数据 17 个,二级市场房地产开发住宅交易样点 33 个,如图 5-8 所示。空间图形数据库的建立,以 2008 年南京市浦口区基准地价更新技术报告研究成果为基础,采用的坐标系为 WGS_1984_UTM_Zone_50N,其余矢量数据和图像扫描栅格数据统一到该坐标体系中,以方便图层的空间分析和统计,对各个住宅地价样点设置属性,见表 5-6。其中,样点名称、样点编号、房地产交易单价、土地出让单价为不完全属性,对于一级市场土地出让住宅地价样点,具有样点编号和土地出让单价属性值,而二级市场房地产交易住宅地价样点则具有样点名称和房地产交易单价属性值。

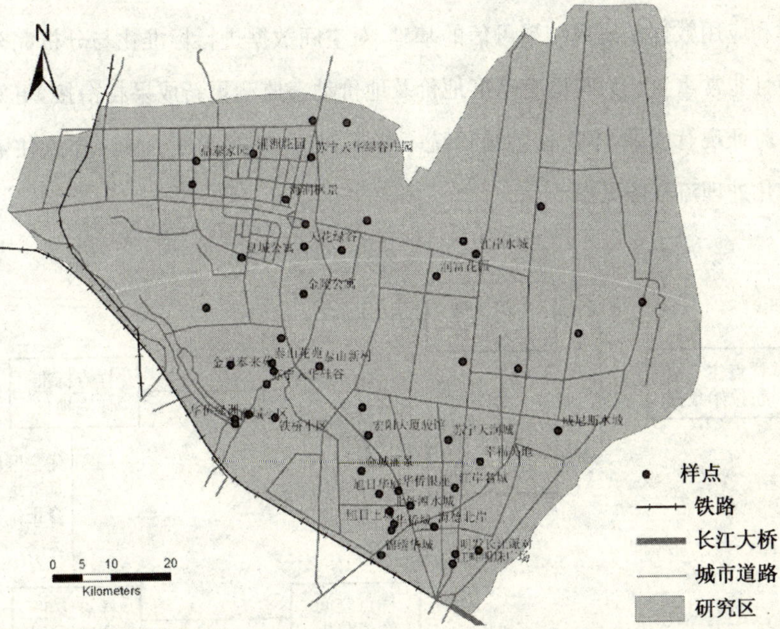

图 5-8 研究范围内住宅地价样点区位示意图

表 5-6 研究区范围住宅地价样点属性数据库

字段名称	类型	说明
ID	整型	样点序号,唯一编码
样点名称	字符型(10)	开发楼盘名称
样点编号	字符型(10)	原始出让地块编号
房地产交易单价	浮点型	房地产开发市场住宅交易价格
土地出让单价	浮点型	土地招拍挂市场土地单价
修正地价	浮点型	经过期日、年限等修正后的土地价格
所处住宅地价区段	整形	基准地价技术报告中划分的不同住宅地价区段
容积率	浮点型	住宅地价样点平均容积率
年份	日期型	土地出让或房地产交易时间
X 坐标	浮点型	经纬度转化的笛卡尔坐标
Y 坐标	浮点型	经纬度转化的笛卡尔坐标

三、样点住宅地价标准化处理及空间插值

所有收集或录入的数据并不一定对研究是有效或有所帮助的,科学、严谨地选择和应用数据是研究结果可信的基础,对空间数据进行标准化与分析完全有必要而且非常重要。为与已有基准地价及地价动态监测更新成果相衔接,更好地应用及验证现有成果,本次住宅地价统一修正到 2008 年 1 月 1 日。样点住宅地价标准化处理流程图见图 5-9。

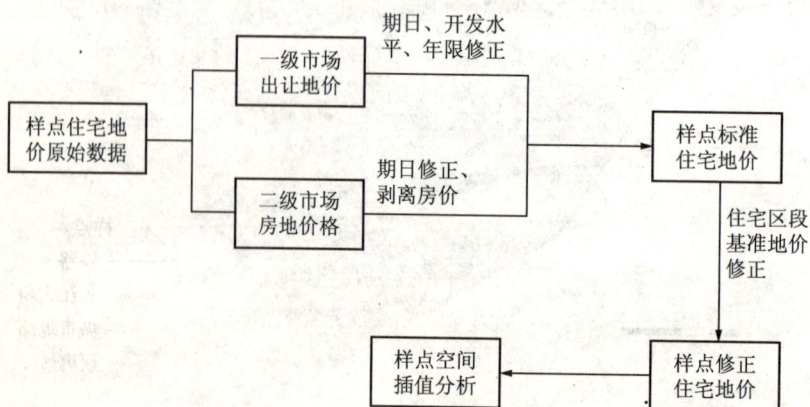

图 5-9 样点住宅地价标准化处理流程图

（一）一级市场出让地价修正

一级市场出让地价修正包括期日修正、开发水平修正及使用年限修正,其中期日修正是按照浦口区城市住宅地价指数进行修正的。城市住宅地价指数是指在正常的市场条件下,城市住宅用途的土地价格在一定时期内的变动趋势和程度相对数,编制地价指数主要是为样点地价测算中期日修正提供参考依据,借用土地估价市场比较法公式修正:

$$修正后地价＝交易案例价格 \times \frac{修正日期地价指数}{交易日期地价指数}$$

由于浦口区地价指数统计以 2004 年为基期,之前年份地价参考南京市域住宅地价指数进行修正,表 5-7 为南京市域各年份住宅地价环比指数值,表 5-8 为 2001 年 1 月至 2009 年 1 月浦口区各年份环比指数修正表。

表 5-7　南京市域住宅地价环比指数表

年份	2000 年 12 月 31 日	2001 年 12 月 31 日	2002 年 12 月 31 日	2003 年 12 月 31 日	2004 年 12 月 31 日	2005 年 12 月 31 日	2006 年 12 月 31 日	2007 年 12 月 31 日	2008 年 12 月 31 日
住宅地价指数	100	125	109.6	102.19	111.43	103.85	104.94	111.76	86.69

数据来源:2008 年江苏省地价动态监测报告。

表 5-8　浦口区各年份住宅地价环比指数修正表

年　份	住宅地价指数（原江浦）			住宅地价指数（原浦口）		
	一级地	二级地	三级地	一级地	二级地	三级地
2001 年 1 月 1 日	100	100	100	100	100	100
2002 年 1 月 1 日	125	125	125	125	125	125
2003 年 1 月 1 日	109.6	109.6	109.6	109.6	109.6	109.6
2004 年 1 月 1 日	102.19	102.19	102.19	102.19	102.19	102.19
2005 年 1 月 1 日	106.19	106.86	106.23	108.08	108.89	108.08
2006 年 1 月 1 日	104.06	103.15	103.68	107.15	106.15	105.92
2007 年 1 月 1 日	106.72	104.82	103.27	107.23	105.82	104.16
2008 年 1 月 1 日	111.28	109.08	107.52	111.45	110.04	108.64
2009 年 1 月 1 日	86.69	86.69	86.69	86.69	86.69	86.69

在进行地价期日修正后,还需进行土地开发水平的修正,在所收集到的一级市场资料中存在毛地出让地块,需要进行开发水平修正。净地的概念是相对于毛地来说的,"毛地"和"净地"都是俗称。从形态上看,毛地指地上存在需要拆除的建筑物、构筑物等设施的土地;净地指国家在土地出让时,已经完成拆除平整,不存在需要拆除的建筑物、构筑物等设施的土地。净地出让是指国家在完成征地拆迁、土地平整后将土地出让给使用人的一种出让方式。根据浦口区基准地价更新技术报告调查,在原浦口泰山街道,毛地开发为净地的费用约为 200 元/m²。

使用年限修正则指以住宅用地出让最高年限 70 年为标准,将出让年限少于 70 年的各出让地块地价修正为最高年限地价。

(二) 二级市场房地交易价格修正

样点住宅地价原始数据包括一级市场土地出让地价和二级市场房地产交易价格,其中,在标准化处理后者时,需在地价修正前剥离出房价得到土地价格。本次搜集到的土地二级市场(即商品房开发市场)的房地产交易时期跨越 2005 年 7 月至 2009 年 7 月,在剥离房屋成本价格前,按照南京市域各时期城市房屋销售价格指数(见表 5-9),修正到统一年限 2008 年 1 月。

在剥离房价时采用的方法是房屋重置价格法。房屋重置价是依据目前人工、材料、建筑设计标准及在正常的管理水平下,利用目前的材料、标准与设计,建造一幢各项设备相同或者相当(即同等效用)的建筑物所需的成本价格,主要由前期工程费、房屋建筑安装费、附属公共设施费、公共基础设施费、管理费用等构成。土地价格等于修正后的房地产价格减去房屋重置价格,修正后的房地产价格是指已有房价修正为统一时点 2008 年 1 月份的价格,根据基准地价更新调查资料,浦口区住宅房屋重置价格见表 5-10。

表 5-9 南京市域 2005 年 7 月至 2009 年 7 月城市房屋销售价格指数

年月	2005.7	2005.8	2005.9	2005.10	2005.11	2005.12
价格指数	107.8	106.5	108.8	105.6	104.5	105
年月	2006.1	2006.2	2006.3	2006.4	2006.5	2006.6
价格指数	105.7	104.1	104.6	105	104.5	102.8
年月	2006.7	2006.8	2006.9	2006.10	2006.11	2006.12
价格指数	104	103.8	104	104.5	104.6	104.9
年月	2007.1	2007.2	2007.3	2007.4	2007.5	2007.6
价格指数	105.1	105.3	106.1	106.3	107.5	107.2
年月	2007.7	2007.8	2007.9	2007.10	2007.11	2007.12
价格指数	106.8	106.6	106.6	107.1	107.5	107.2
年月	2008.1	2008.2	2008.3	2008.4	2008.5	2008.6
价格指数	107.7	107.3	105.8	106.1	104.9	103.9
年月	2008.7	2008.8	2008.9	2008.10	2008.11	2008.12
价格指数	103.1	102.2	100	98.5	97.1	96.4
年月	2009.1	2009.2	2009.3	2009.4	2009.5	2009.6
价格指数	96.4	96.2	97	96.3	97	98.6
年月	2009.7	—	—	—	—	—
价格指数	100.2	—	—	—	—	—

数据来源:中经网产业数据库 http://ceidata.cei.gov.cn/。

表 5-10 浦口区住宅房屋重置价格与耐用年限表

房屋结构	钢混(高层)	钢混(小高层)	钢混(多层)	砖混结构一等	砖混结构二等	砖木结构一等	砖木结构二等	砖木结构三等	简易结构
重置价(元/m²)	2000	1650	1400	1330	1220	1240	940	840	610
耐用年限(年)	60	60	60	50	50	40	40	40	10
残值率(%)	0	0	0	2	2	6	4	3	0

(三)区段基准地价再修正

从收集到的地价资料可了解,自 2002 年以来,浦口区房地产业得到较快的发展,出让地块数量与地价不断增加,但已开发楼盘密度与南京市区相比还是偏低。

为了能够形成泰山街道地价插值曲面,提高插值精度,需根据浦口区目前最新的区段准地价以及等值线图(图5-10),对已有住宅地价样点修正后再进行全局区域插值。

在研究范围内地价空间分布分析中,对住宅区段基准地价有较为详细的阐述,包括不同区段基准地价值、平均容积率、土地开发程度、空间位置等。本次研究范围内的地价区段有五个,分别为011J、012J、013J、014J、015J,这五个区段地价情况见表5-11。

为了能够得到光滑平移的住宅地价梯度曲面,反映浦口区泰山街道住宅地价受长江大桥影响的平均波动趋势,需要利用区段基准地价对已有样点中的地价特异点进行处理。基于研究范围内的住宅样点密度较低的考虑,在特异点处理中不采取删除处理,当样点修正地价超过区段基准地价的最高值时,取区段基准地价最高值;当样点修正地价低于区段基准地价的最低值时,取区段基准地价最低值。

表5-11　研究范围内住宅地价区段信息表

区段编号	区段名称	区段面积(公顷)	地面单价(元\m²)	平均容积率	设定土地开发程度	地价变化最高幅度(%)	地价变化最低幅度(%)
011J	明发滨江	391.71	2865	1.7	五通一平	14.22	13.38
012J	旭日华庭	194.66	2575	1.6	五通一平	12.6	13.97
013J	金泉泰莱苑	295.4	2215	1.5	五通一平	14.05	13.83
014J	沿江街道	278.48	1400	1.3	五通一平	12.57	13.47
015J	苏宁天润城	825.04	2270	1.5	五通一平	12.08	13.52

四、南京长江大桥对住宅地价的空间作用模式

(一)影响范围确定

在地理空间变化分析中,由于样点数据不足、密度较低以及地统计分析的需要,常需要在研究区内进行空间插值,常用的地统计分析插值法包括确定性插值法和地统计插值法。其中,确定性插值法以研究区域内部的相似性,或以平滑度为基础由样点来创建表面,可以分为两大类型:全局性插值方法和局部性插值方

法。全局性插值方法以整个研究区的样点数据集为基础来计算预测值,而局部性插值方法则是使用一个大研究区域内的较小空间范围内的已知点来计算预测值。

为了研究南京长江大桥对泰山街道住宅地价影响模式,需要对全局范围进行空间插值,以更好地反映不同空间范围内住宅地价受长江大桥影响的情况。本次研究以 Arcgis 空间分析软件为工作平台,采取全局二次多项式插值法于整个研究范围插值,插值结果见图 5-11,插值得到的住宅地价曲面方程为:

$$P = -2.469x^2 + 14.95y^2 - 14.804xy + 197.724x - 158.516y + 1834.591$$

$$(5-1)$$

R^2 为 0.74,F 为 72.99,二次曲面方程拟合效果较好,P 为研究范围内住宅地价,x,y 分别为各研究范围内住宅地价样点对应的横坐标与纵坐标,住宅地价 P 是关于 x,y 的二元二次曲面方程。

由住宅地价插值曲面可以发现,长江大桥对浦口区泰山街道住宅地价具有明显的带动作用,沿着大桥北路方向地价呈圆弧形逐级递减,价格降低幅度随着与大桥距离的增加而不断减小,当与大桥达到一定距离(设为 s)后,住宅地价降低趋势得到抑制。超过该距离的其他区域住宅地价受大桥带动作用甚少或可忽略不计,也即 s 为长江大桥对住宅地价影响半径。令 x 为常数,y 为自变量,对 y 求偏导数得:

$$\frac{dp}{dy} = 29.9y - 14.804x - 158.516 \qquad (5-2)$$

当 x 取长江大桥浦口端节点处横坐标,即 $x=11.6954$ m 时,令偏导数 $\frac{dp}{dy}=0$,求得 y 值即为大桥对住宅地价的影响半径 s,计算得到 $s=6546$ m。南京长江大桥对浦口区泰山街道住宅地价影响半径为 6546 m,即以长江大桥浦口端节点处为圆心,该半径值范围内的区域都为大桥对住宅地价的影响范围,大于该半径值时大桥对住宅地价影响很小,可忽略不计。此处求得的半径是从长江大桥浦口端节点至跨江交通地价贡献值减为零处垂直方向的长度,根据价格插值曲面梯度变化,可近似认为此长度为南京长江大桥对住宅地价影响半径。

(二) 价格梯度变化研究

通过对价格曲面方程求偏导数,计算得到南京长江大桥对住宅地价的影响范围,以此为基础,进一步研究在其影响范围内长江大桥对住宅地价贡献值的递减梯度。取大桥浦口端节点处横坐标 $x=11.6954$ m,以 500 m 为距离区段,代入偏导数公式 5-2 求得住宅地价影响范围内南京长江大桥垂直方向上的价格递减梯度。各距离区段内的住宅地价平均递减梯度值,见表 5-12,价格梯度递减曲线见图 5-12。

所求得的价格递减梯度值是指在距离长江大桥各距离区段内的地块,每远离长江大桥 500 m,该区段住宅地价就减少对应的梯度值。如在 2000—2500 m 距离区段内,区段地块每远离大桥 500 m,地价下降 184 元。从住宅地价梯度值曲线可以看出,随着区段距离的增加,地价梯度值逐渐下降,长江大桥对各区段住宅地价贡献值不断减小。当从 0—500 m 最近距离区段过渡到最远区段时,地价梯度值随之由 270 元逐渐减少为 12 元。

表 5-12 南京长江大桥各距离区段住宅地价递减梯度值变化表

(单位:元)

距离区段	0—500 m	500—1000 m	1000—1500 m	1500—2000 m	2000—2500 m	2500—3000 m	3000—3500 m
地价梯度(元)	270	249	227	206	184	163	141
交通贡献值(元/m²)	1838	1568	1319	1091	886	701	538

距离区段	3500—4000 m	4000—4500 m	4500—5000 m	5000—5500 m	5500—6000 m	6000—6546m
地价梯度(元)	120	99	77	56	34	12
交通贡献值(元/m²)	397	277	178	101	46	12

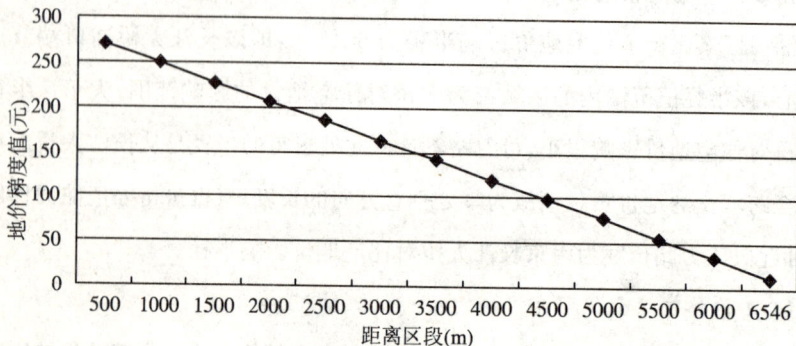

图 5-12 南京长江大桥各距离区段住宅地价梯度值变化曲线

　　跨江通道建设对研究范围内住宅地价的影响包括直接影响与间接影响两方面。直接影响是指交通便捷度的提高及通达性的改善所带来的住宅地价增值；间接影响是指长江大桥修建通车缓解两岸交通瓶颈后，带动的城市基础设施改善以及商业繁华度的提高所引起的住宅地价间接升值。交通是城市社会经济活动的重要支持，是反映区位状况和形成土地级差地租的重要因素，交通发达的地区往往得到优先开发，地价相应较高。交通便捷度是反映土地交通区位的重要指标，一般由交通道路等级、路网密度、公交便捷度、对外交通便捷度等因子综合反映，南京长江大桥的修建，很大地提高了这些因子作用水平与等级。商服繁华度是指商业、服务业以及金融业等聚集程度，南京长江大桥的修建可以提升商服中心区位，提高中心规模等级与功能，带动城市基础设施的修建与改善，这些也是地价增值的重要因素。

　　图 5 - 13 为各个距离区段南京长江大桥对泰山街道住宅地价的贡献值示意图。从图中可以看出：距离越近的区段，大桥对住宅地价的贡献就越大；距离越远的区段，大桥对住宅地价的贡献就越小。如在 0—500 m 距离区段，长江大桥对地价的贡献达到 1838 元/m^2，该贡献值既包括大桥对住宅地价的直接影响，又包括通过提升商业繁华度和改善城市设施所带来地价提升的间接影响。而在远离大桥的 6000—6546m 距离区段，长江大桥对地价的贡献仅为 11. 66 元/m^2。随着与大桥交通距离的增加，大桥对其影响范围内各区段住宅地价的边际作用不断减小，到达最大地价影响范围边界时减少为 0。

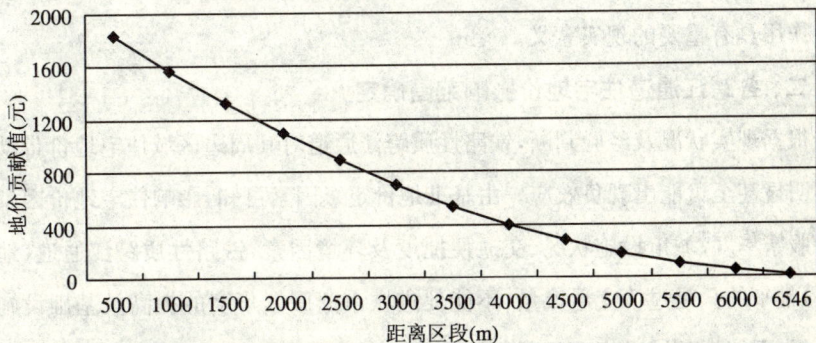

图 5 - 13　各距离区段南京长江大桥对住宅地价贡献值变化曲线

第四节 现状及规划跨江通道建设对浦口区住宅地价增值的影响

一、住宅地价增值研究范围

根据《2009 年南京浦口区综合交通总体规划暨交通发展纲要》及浦口新市区城市用地规划图可知,未来浦口区城市用地主要集中于沿江各城镇,特别是泰山街道、江浦街道、顶山街道及沿江街道。乌江镇以及桥林镇有少部分住宅用地集中区,而盘城镇主要规划为工业用地,居住用地比例较小,见图 5 - 14。另外,在三桥与宁合高速公路连接线左侧,规划为农用地,未来将不进行城市建设,由此可知,未来年份内,三桥对浦口区住宅地价的影响主要集中于三桥与宁合高速公路连接线右侧,对左侧区域影响较小。

现状及规划跨江通道都处于沿江四个街道的行政区域内,为此,本次住宅地价增值研究的范围参照城市用地规划图中各街道城市规划范围确定,见图 5 - 15。该范围东至沿江街道行政界线,西临长江三桥与宁合高速公路连接线,南至滨江大道,北接沿山大道以及沿江街道行政界线。也即是浦口新市区城市范围。

研究范围的选择还基于以下方面考虑:在城市规划范围内的土地才是或者将来会转变为城市用地,规划范围外的土地转变为城市用地的可能性很小。城市化是住宅地价升值的前提条件,在城市规划范围内研究跨江通道建设对住宅地价的增值作用具有重要的现实意义。

二、各跨江通道住宅地价影响范围确定

根据现实状况及经验判断,铁路性质跨江通道对其周边区域住宅地价带动作用不明显甚至可能出现负效应。由基准地价定级因素可知,影响住宅地价因素包括商服繁华度、城市设施状况、交通便捷度及环境因素,铁路性质跨江通道(地铁除外)带来的只是过境交通流量,不能促进城市商服繁华度的提高及基础设施的改善,也不能提高城市内部交通便捷度,反而由于噪声及铁路沿线环境问题会对

住宅地价造成负面影响。基于以上考虑,本次现状及规划跨江通道建设对浦口区住宅地价增值影响研究中,对铁路跨江通道造成住宅地价的变化不予考虑,重点研究各道路跨江通道对住宅地价所带来的增值。

本次跨江通道建设对住宅地价增值研究基于两个重要的前提假设:第一,南京长江大桥已经通车运行 40 年,交通流量趋于饱和,增值空间较小,假设其对泰山街道住宅地价贡献值(包括直接贡献与间接贡献)已趋于最大,未来年份对现状住宅用地不再引起新的增值。第二,各道路跨江通道住宅地价作用模式相同,以通道节点处为圆心,地价沿弧状梯度减小,对影响地价的微观因素,如山水阻隔、生态环境则不予考虑。

由本章第二节跨江交通流量与住宅地价相关性分析可知:浦口区住宅地价与跨江交通流量存在显著的相关性,相关系数为 0.934。由此可根据未来年份各道路跨江通道的交通流量与目前南京长江大桥交通流量进行对比,并结合各通道的功能定位得到各跨江通道的住宅地价修正系数,从而确定未来年份各跨江通道的地价影响范围及各距离区段内跨江交通对住宅地价贡献值。具体方法步骤为:首先,通过 1996—2006 年南京长江大桥的交通流量数据,测算南京长江大桥现状交通流量,并将其设定为饱和交通流量;其次,根据现状及规划的各通道功能、性质、地理位置以及与其他公路相接情况等,将各跨江通道划分为两大级别;最后,根据各通道所处的级别,采用不同方法测算其住宅地价修正系数及地价影响半径。

(一)南京长江大桥现状交通流量测算

南京长江大桥自 1968 年建成通车以来,交通流量逐年增加,至目前为止已趋于饱和,跨江交通流量已超过最初设计负荷量的 4—5 倍。其促进并带动浦口主城泰山街道的形成与发展,形成了跨江通道对住宅地价的影响模式。南京长江大桥历史年份交通流量数据见表 5-13,数据来源于《纬三路过江隧道可行性研究报告》,缺乏现状即 2008 年跨江交通流量数据。据大多新闻、报纸、网络资料报道,目前交通流量在 7 万—8 万 pcu 之间,趋于饱和,但无统一确定的数据,为此,本次研究根据 1996—2006 年长江大桥各年交通流量数据,利用 SPSS 软件曲线方程估计(curve estimation)模块,选取五种函数:线性函数、二次函数、增长函数、三次曲线和指数函数,分别进行拟合,最后选择精度最高的拟合曲线进行预测,最终得到 2007 年、2008 年南京长江大桥交通流量数据分别为 73779pcu、85962pcu,曲线拟合方程为:

$$Y = 31920 + 10740X - 1780X^2 + 97.936X^3 \quad R^2 = 0.974 \qquad (5-3)$$

X 为年份,1996 年 X 取值为 1,1997 年 X 取值为 2,依次累进,Y 为预测年份的交通流量。考虑到大桥目前的日交通流量已趋于饱和,不能维持原来的增长速度,为此,在最终确定 2008 年长江大桥交通流量时,取 2007 年、2008 年流量预测值的平均值,为 79871pcu。

表 5-13　南京长江大桥 1996—2006 年各年份交通流量

(单位:pcu)

年份	1996	1997	1998	1999	2000	2001	2002	2003	2004	2005	2006
交通流量	40583	47271	51976	52654	51237	53508	55076	53654	56349	58432	69386

(二)跨江通道级别划分

根据现状及规划的各通道功能性质,地理位置以及规划年份交通流量等因素,将各跨江通道统一划分为两大级别:级别Ⅰ与级别Ⅱ。

1. 级别Ⅰ中包括南京长江大桥、纬三路隧道、纬七路隧道三条跨江通道。南京长江大桥建成于 20 世纪 60 年代,投入使用至今,跨江交通流量已趋于饱和,且已演变为城市道路性质通道。根据 2007 年 12 月交通调查资料,对南京长江大桥跨江交通流量车种构成比例进行分析,见表 5-14。南京本地车辆占 93.8%,其中小客车占 82.8%,外地车仅占 6.2%;可见,南京长江大桥已经演变为城市桥梁,其交通量也是一种非正常条件下的极端交通。

表 5-14　南京长江大桥车种比例表

(单位:%)

车种	南京大客	南京小客	南京小货	外地大客	外地小客	外地小货	总计
比例	8.60	82.80	2.40	4.30	1.60	0.30	100

　　纬七路隧道于 2005 年开工建设,至目前已经全部建成并全线贯通。选址于纬七路—浦口区黄家村,全长约 5853 m,按六车道城市快速通道规模建设,设计车速 80 公里/小时,处于纬三路隧道上游,为城市道路性质通道。

　　纬三路隧道作为城市快速路跨江通道,是南京主城"井字加外环"快速道路系统的内环北线、放射联络线;是南京主城"经六纬九"主干路系统的一部分;是联系浦口中心区、河西新城区与南京老城区的主要通道。工程位于纬七路隧道与南京长江大桥之间,规划为城市道路性质通道。

　　级别Ⅰ中的这三条跨江通道都为城市道路性质通道,其跨江交通流量主要为通勤交通流量,过境流量相对较小。三条跨江通道处于长江下游位置,在规划年份的交通流量与南京长江三桥、长江五桥相比较大(设定南京长江大桥现状交通流量已饱和,未来年份变动不大),见表 5-15。综上所述,将南京长江大桥、纬七路隧道、纬三路隧道归并为同一级别。

表 5-15　现状及规划跨江通道 2020 年交通流量预测值

跨江通道	南京长江三桥	南京长江五桥	纬七路跨江通道	纬三路跨江通道
2020 年交通流量 (单位:pcu)	49456	43530	63323	82347

　　数据来源:《南京市纬三路过江通道工程可行性研究报告》。

　　2. 级别Ⅱ中包括南京长江三桥、南京长江五桥两条跨江通道。南京长江三桥南岸起点在绕城公路刘村互通,往东接南京市规划的二环线,北岸终点与浦口境内的宁合高速公路张店互通。通道性质为绕城公路跨江大桥,承担大量的过境交通流量。根据南京长江三桥通车后的每月交通调查资料,对三桥交通量构成比例进行分析,得到南京长江三桥车种比例,如表 5-16 所示。南京长江三桥开通仅一年多以来,交通量快速增长,从分车种来看,小客车占 48.9%,大客车占 21.3%,货车占 29.8%,可见南京长江三桥中大客及货车占有比例较长江大桥要高许多,同时重型货车是大货车的三倍,货车大型化也相当明显。

表5-16　南京长江三桥车种比例表

（单位：%）

年/月	小客	大客	小货	中货	大货	重型	合计
2005年10月	50.60	15.64	7.05	13.01	5.35	8.36	100
2005年11月	44.36	15.95	9.11	15.24	4.85	10.49	100
2005年12月	46.08	14.50	9.64	15.17	4.28	10.34	100
2006年1月	49.54	27.24	6.36	9.00	2.30	5.56	100
2006年2月	44.85	35.39	5.83	7.30	1.59	5.04	100
2006年3月	48.03	15.69	8.58	13.86	3.22	10.62	100
2006年4月	50.99	14.5	8.11	13.16	2.97	10.28	100
2006年5月	51.50	15.27	9.75	11.53	2.61	9.33	100
2006年6月	47.74	17.03	7.76	13.26	3.16	11.05	100

长江五桥位于长江三桥以北6 km至7 km处，目前已经进入预可行性设计阶段，已形成工程预可报告，初步设想建设成为双层桥，江南接绕城公路油坊桥互通处，江北与浦口区213国道及宁合高速相接，全长约13 km。通道性质为绕城公路跨江大桥，但由于其所处特殊地理位置（与江浦街道中心城区相接），规划年份将极大地促进江浦街道城市的增长以及地价的提升，承担的通勤交通流量比例与南京长江三桥相比较高。

级别Ⅱ中的两条跨江通道都处于长江上游位置，位于江浦街道行政区域内，且与多条高速公路、国道相接，为绕城公路性质通道，将承担大量过境交通。在规划年份，其跨江交通流量与级别Ⅰ的三条城市道路性质的通道相比偏小，见表5-15。为此，将南京长江三桥与南京长江五桥归并为同一级别。

（三）各通道住宅地价修正系数及地价影响范围估算

1. 级别Ⅰ

纬七路隧道、纬三路隧道都属于城市道路性质通道，主要承担大量的通勤交通流量，其住宅地价修正系数的估算可以根据规划年份的跨江交通总流量与南京长江大桥现状的跨江流量比较得到，见表5-17。南京长江大桥现状跨江交通流量为 79871pcu,对住宅地价的影响半径为 6546 m,估算得到纬七路隧道的修正系数为 0.7928,对住宅地价的影响半径为 5190 m;纬三路隧道的修正系数为1.031,对住宅地价的影响半径为 6749 m。

表 5-17　级别 I 跨江通道住宅地价修正系数与影响半径估算表

级别 I 通道	2020 年交通流量(pcu)	住宅地价修正系数	住宅地价影响半径(m)
纬七路隧道	63323	0.7928	5190
纬三路隧道	82347	1.031	6749

2. 级别 II

　　跨江交通流量对住宅地价的贡献主要体现为通勤流量。通勤车辆通过增加城市人流、物流以及资金技术流,促进城市商服业、房地产业繁荣,同时带动其他相关产业发展和城市设施改善,从而拉动房地产价格。相比之下,过境交通对城市人流、物流增加贡献甚小,无法创造更多的商业机会,其对城市地价的影响则相对较小。南京长江三桥、长江五桥隶属于绕城公路性质通道,其跨江车辆中包括大量的过境流量,因此,在估算住宅地价修正系数时,需区分通勤与过境流量,综合测算住宅地价修正系数。

　　由现实经验及相关统计资料可知:跨江的客车通勤交通量要远大于货车,小型车通勤交通量要远大于大型车,本地车通勤交通量要远大于外地车。参考已有跨江通道交通量统计资料(表 5-14、表 5-16),并结合功能定位及所处地理位置,咨询相关领域专家学者及工作人员,最终确定南京长江大桥、长江三桥、长江五桥的通勤与过境交通流量比例:南京长江大桥通勤过境车辆比例为 8:2;长江三桥通勤过境车辆比例为 6:4;长江五桥与江浦街道中心城区相接,能方便地通过快速路连接至宁合高速公路、213 国道,其通勤过境交通流量比例应该小于南京长江大桥,但要大于长江三桥,设定为 7:3。

　　在测算级别 II 各通道住宅地价修正系数时,引入最大修正系数与最小修正系数两个概念。最大修正系数不区分通勤与过境交通流量,将规划年份各通道的跨江交通流量与南京长江大桥现状流量相比得到;最小修正系数则只考虑通勤交通流量对住宅地价的拉动作用,由各通道的通勤流量与南京长江大桥通勤流量相比得到,过境流量对地价的影响则忽略不计,计算结果见表5-18。

表5-18　级别Ⅱ跨江通道住宅地价修正系数与影响半径估算表

跨江通道	2020年交通流量(pcu)	2020年通勤流量(pcu)	2020年过境流量(pcu)	最大修正系数	最小修正系数	综合修正系数	住宅地价影响半径(m)
南京长江三桥	49456	29673.6	19782.4	0.6192	0.4644	0.5418	3547
南京长江五桥	43530	30471	13059	0.5450	0.4769	0.5109	3345

由于南京长江三桥与长江五桥处于其他各通道的上游,与浦口区两大主城之一的江浦街道相接,是过往江浦主城以及浦口西北区域的车辆的最佳选择(若选择其他通道,通行时间、成本都面临增加),故综合修正系数值取最大、最小修正系数的平均值,适当提升南京长江三桥与长江五桥对江浦地价的拉动作用,充分考虑通勤与过境流量对住宅地价的综合影响。由表5-18估算结果可知,南京长江三桥的综合修正系数值为0.5418,住宅地价影响半径为3547 m;南京长江五桥的综合修正系数值为0.5109,住宅地价影响半径为3345 m。

三、各跨江通道建设对浦口区住宅地价的增值分析

在估算出各跨江通道住宅地价修正系数及地价影响半径后,据南京长江大桥对住宅地价的影响模式,经修正处理得到各跨江通道对住宅地价影响梯度值及各距离区段住宅地价的贡献值。

1. 南京长江三桥住宅地价增值分析

据上节计算,南京长江三桥对住宅地价影响半径为3547 m,在此基础上利用住宅地价修正系数,得到各距离区段住宅地价梯度变化值与长江三桥对住宅地价的贡献值,见表5-19、图5-16。

为与长江大桥地价梯度变化相对应,和长江大桥距离区段数保持一致,设定长江三桥各距离区段长度为270 m。由图5-16可知,住宅地价梯度值以及跨江交通的贡献值在不断地减少。在0—270 m最近距离区段,地价梯度值最大,为146元,也即是在该区段,距离长江三桥每增加270 m,住宅地价减少146元;至最远距离区段,地价梯度值递减至最小,为6元。与此同时,长江三桥对住宅地价的贡献值也从最近距离区段的996元/m² 减少至最远区段的6元/m²。图5-17为南京长江三桥住宅地价影响范围及各距离区段内长江三桥对住宅地价的贡献值示意图。

表5-19　南京长江三桥住宅地价影响梯度及交通贡献值

(单位:元)

距离区段	0— 270 m	270— 540 m	540— 810 m	810— 1080 m	1080— 1350 m	1350— 1620 m	1620— 1890 m
地价梯度(元)	146	135	123	112	100	88	77
交通贡献值(元/m²)	996	850	715	591	480	380	292
距离区段	1890— 2160 m	2160— 2430 m	2430— 2700 m	2700— 2970 m	2970— 3240 m	3240— 3547 m	
地价梯度(元)	65	53	42	30	18	6	
交通贡献值(元/m²)	215	150	97	55	25	6	

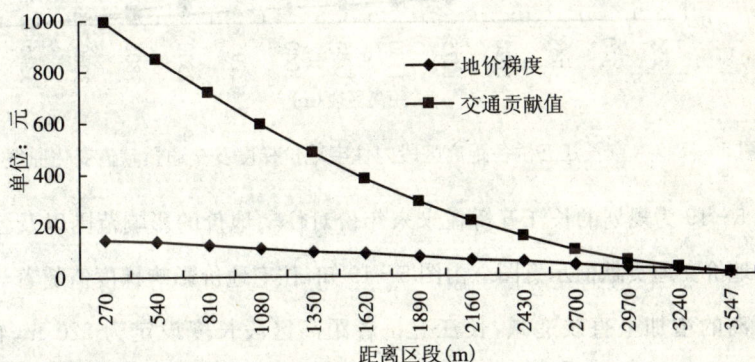

图5-16　南京长江三桥各距离区段住宅地价梯度值及交通贡献值变化曲线

2. 南京长江五桥住宅地价增值分析

据上节计算,南京长江五桥对住宅地价影响半径为3345 m,在此基础上利用其住宅地价修正系数对南京长江大桥的住宅地价影响模式进行修正,得到各距离区段住宅地价梯度与长江五桥对各区段的交通贡献值,见表5-20、图5-18。

表 5-20　南京长江五桥住宅地价影响梯度及交通贡献值

(单位:元)

距离区段	0—255 m	255—510 m	510—765 m	765—1020 m	1020—1275 m	1275—1530 m	1530—1785 m
地价梯度(元)	138	127	116	105	94	83	72
交通贡献值(元/m²)	939	801	674	558	453	358	275
距离区段	1785—2040 m	2040—2295 m	2295—2550 m	2550—2805 m	2805—3060 m	3060—3345 m	
地价梯度(元)	61	50	39	28	17	6	
交通贡献值(元/m²)	203	141	91	52	23	6	

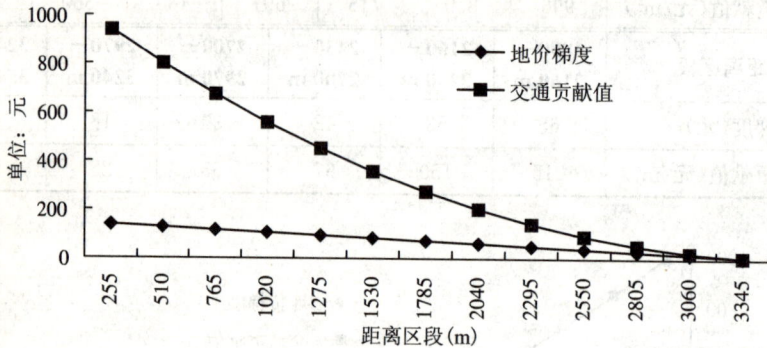

图 5-18　南京长江五桥各距离区段内住宅地价梯度及交通贡献值变化曲线

　　图 5-19 为规划的长江五桥在未来年份对住宅地价的影响范围以及各距离区段的地价交通贡献值示意图。由图 5-19 知,住宅地价影响梯度值随着与长江五桥距离的增加呈直线递减,长江五桥各距离区段长度设定为 220 m,在 0—220 m 距离区段,住宅地价梯度值为 119 元,至最远距离区段,住宅地价梯度值减少为 5 元。不同的距离区段,长江五桥对住宅地价的贡献值不相同,随着距离区段的增加,住宅地价贡献值不断减少,在最近距离区段,跨江通道对住宅地价的贡献值为 809 元/m²,至最远区段,跨江交通对住宅地价贡献仅为 5 元/m²。

　　3. 纬七路隧道住宅地价增值分析

　　据上节计算,纬七路隧道对住宅地价影响半径为 5190 m,在此基础上利用住宅地价修正系数,得到各距离区段住宅地价梯度变化值与各区段交通贡献值,见

表5-21、图5-20。

表5-21　纬七路隧道住宅地价影响梯度及交通贡献值

（单位：元）

距离区段	0—395 m	395—790 m	790—1185 m	1185—1580 m	1580—1975 m	1975—2370 m	2370—2765 m
地价梯度（元）	214	197	180	163	146	129	112
交通贡献值（元/m²）	1452	1239	1042	862	700	554	425

距离区段	2765—3160 m	3160—3555 m	3555—3950 m	3950—4345 m	4345—4740 m	4740—5190 m
地价梯度（元）	94	78	61	44	27	9
交通贡献值（元/m²）	314	219	141	80	36.	9

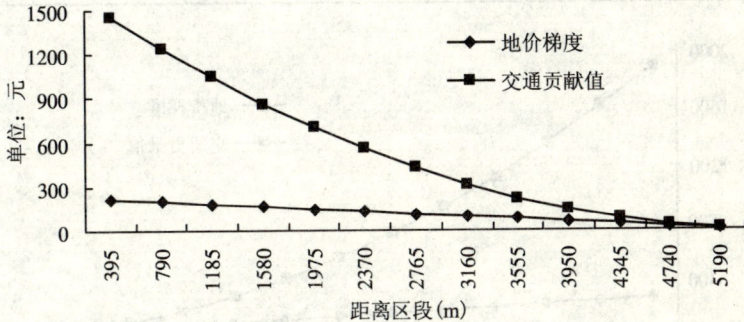

图5-20　纬七路隧道各距离区段内住宅地价梯度值及交通贡献值变化曲线

图5-21为纬七路隧道住宅地价影响范围及各距离区段住宅地价交通贡献值示意图。表5-21是根据住宅地价修正系数对南京长江大桥住宅地价影响模式修正后得到的结果，设定纬七路隧道住宅地价距离区段为395 m，随着距离区段的增加，其对应的住宅地价梯度值及交通贡献值逐渐减小。最近距离区段0—395 m内，住宅地价梯度值为214元，住宅地价交通贡献值达到1452元/m²，在该区段，每远离纬七路隧道395 m，住宅地价要减少214元；至最远距离区段，地价梯度值及交通贡献值都减至最小。

4. 纬三路隧道住宅地价增值分析

由上节测算结果可知，纬三路隧道住宅地价修正系数为1.031，住宅地价影响范围为 6749 m,再利用住宅地价修正系数,计算出纬三路隧道各距离区段住宅地价梯度变化值及跨江交通贡献值,见表 5-22、图 5-22。

表 5-22　纬三路隧道住宅地价影响梯度及交通贡献值

(单位:元)

距离区段	0—515 m	515—1030 m	1030—1545 m	1545—2060 m	2060—2575 m	2575—3090 m	3090—3605 m
地价梯度(m)	278	256	234.	212	190	168	146
交通贡献值(元/m²)	1893	1615	1359	1124	912	722	555

距离区段	3605—4120 m	4120—4635 m	4635—5150 m	5150—5665 m	5665—6180 m	6180—6749m
地价梯度(m)	124	101	79	57	35	12
交通贡献值(元/m²)	409	285	184	104	47	12

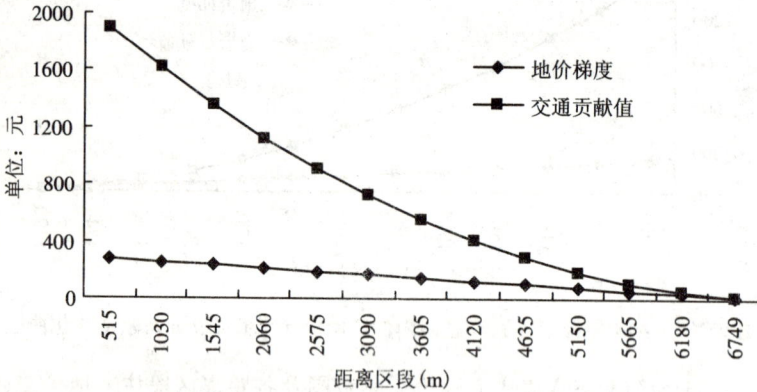

图 5-22　纬三路隧道各距离区段内住宅地价梯度及交通贡献值变化曲线

纬三路各距离区段长度设定为 515 m,由图表可知,住宅地价梯度及地价交通贡献值随着距离区段的增加而减少。在最近距离区段 0—515 m,住宅地价梯度及地价交通贡献值都为最大值,分别为 278 元、1893 元/m²,该区段内地块每远离隧道 515 m,住宅地价减少 278 元;至最远距离区段,住宅地价梯度及地价交通贡献值减至最低。与其他通道作用一样,近距离区段交通贡献值曲线斜率大,交通贡献值减少快;远距离区段交通贡献值曲线斜率小,交通贡献值减少慢。图 5-23 为纬三路隧道住宅地价影响范围及各距离区段对住宅地价的交通贡献值示意图。

四、跨江通道建设对浦口区住宅地价空间叠加分析

（一）因素综合作用叠加方法

在基准地价定级评估中，某待评估的地块单元往往是受到多类评估因素综合影响得到的，这些因素影响范围可能出现重合，如待评估土地处于各因素综合影响范围内，就需考虑土地单元影响因素作用分值叠加情况。如图 5-24 所示，设有 A、B、C 三个点状影响因子，地块单元 L 处在三个因子公共影响范围内，设因素 A、B、C 对地块单元的影响作用分值分别为 S_A、S_B、S_C，三个因素对地块单元的综合作用分值为 S_L，那么就涉及由三个单独作用分值求得综合作用分值 S_L 的问题。

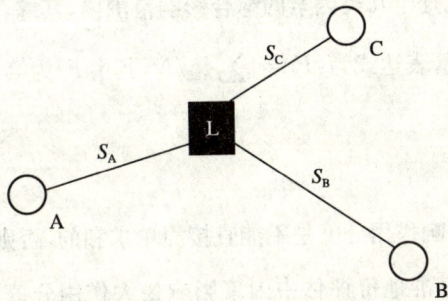

图 5-24　影响因素叠加示意图

求叠加影响作用分值时，一般需根据具体情况，分析影响因素综合作用方式，采用不同的叠加方式计算各因素综合作用分值。在图 5-24 中，假设 A、B、C 为三所学校，考虑两种情况分别计算综合影响分值：

第一种情况，土地单元 L 被用作住宅小区。学校本身是一种文化设施，住宅小区内人们到学校主要是为了求学，学校并不是越多越好，人们主要关注的是学校的教学质量、综合实力等；在这种情况下，学校 A、B、C 三者中只有综合实力最强的那个对土地单元才会产生影响，由此可见，取其中最大者为综合影响分值将会更符合现实情况。

第二种情况，土地单元 L 被用作商业用地。一般来讲，商场总是希望来购买东西的顾客越多越好，几个学校所带来的商场人流量及商机要多于单独一个学校，因此，土地单元的作用分值应该是共同作用的结果。

从以上可看出,因素叠加作用分值的计算要视不同情况而定。一般情况下,计算综合影响值可以借鉴基准地价评估中因素作用分值叠加计算方法,可分为以下三种情况:

1. 取最大值

待评估地块单元处于几类因素的综合影响范围内,其综合影响分值取这些因素作用中的最大值,表达式为:$F_L = \text{Max}(F_i)$,其中 F_i 为第 i 个影响因素的作用分值。上例第一种情况即是采用取最大值法。

2. 求平均值

待评估地块单元处于几类因素的综合影响范围内,其综合影响分值取这些因素作用分值的平均值,表达式为:$F_L = \sum_{i=1}^{N} F_i / N$,其中 F_i 为第 i 个影响因素的作用分值。

3. 增量累加

多个因素综合影响作用分值是不能直接简单求和的,否则作用分值可能会超出最大作用分值,在基准地价评估中因素影响最大作用分值取 100,如上面举例中的第二种情况,综合影响分值并不是由 F_A、F_B、F_C 简单相加。多个因素综合影响值计算时,先考虑两个作用分值的叠加情况,设 x, y 为需要叠加的两个作用分值,$f(x, y)$ 为叠加关系表达式,三者之间需要满足以下关系式:

(1) $x <= f(x, y) <= 100, y <= f(x, y) <= 100$ (6-4)

(2) $f(x, 0) = x, f(0, y) = y$ (6-5)

(3) $f(x, y) <= x + y$ (6-6)

经验证,表达式 $f(x, y) = x + y - xy/100$ 符合以上各要求。另外,$f(x, y)$ 所表示的曲面是连续、光滑的,该表达式的计算也比较简单,可以选用公式 $f(x, y)$ 作为两个作用分值的叠加关系式。对于多个因子作用分值叠加,可以采用下列递归表达式

$$F_{xy} = x + y - xy/100 \quad\quad (6-7)$$

$$F_{xyz} = F_{xy} + z - F_{xy} \times z/100 \quad\quad (6-8)$$

（二）跨江通道对住宅地价综合作用的空间叠加

本次研究跨江通道建设对浦口区沿江城镇带的住宅地价增值影响中，也涉及跨江通道对住宅地价综合影响值，即综合交通贡献值计算的问题。在跨江通道对住宅地价增值影响分析中，可以得知跨江通道建设对住宅地价的影响范围是确定的。在影响范围内，随着与跨江通道距离的增加，对住宅地价的贡献值呈递减趋势，符合基准地价评估中影响因素作用分值的衰减模式。因此，在计算跨江通道对住宅地价综合贡献值时，可以借鉴基准地价因素综合作用分值确定方法，按下列三个步骤进行：

1. 跨江通道对住宅地价贡献值（简称交通贡献值）标准化

在所有跨江通道对住宅地价的交通贡献值中，取最大值，设为 100，其他交通贡献值按比例分别标准化，标准化后值域为 0—100。交通贡献值最大为 1893 元，是纬三路隧道 0—515 m 距离区段内其对住宅地价的贡献值，设为 100。

2. 综合交通贡献标准值计算

基准地价影响因素综合作用分值计算中，根据作用方式不同，可选用不同运算方法：取最大值，求平均值及增量累加方式。跨江通道对住宅地价影响示意图如图 5-25，有两条跨江通道 1、2，其最大影响半径分别为 R_1、R_2，两条跨江通道的影响范围可分为三个不同区域 A、B、C，其中 A、B 区域为两条通道的单独影响区域，在 A 区域内，住宅地价只受跨江通道 1 影响；在 B 区域内，住宅地价只受跨江通道 2 影响，这两区域内综合交通贡献值可单独计算。而 C 区域属于两条跨江通道的综合影响范围，从长江对岸到达 C 区域地块可以选择两条通道的任意

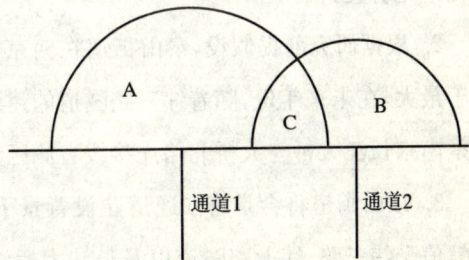

图 5-25　跨江通道对住宅地价影响示意图

一条，两条通道对地价都会有不同程度的促进作用，需采用增量累加公式计算综合交通贡献值。地价增值研究区综合交通贡献标准值计算结果见图 5-26。

3. 综合交通贡献实际值计算

由上一步计算得到的综合交通贡献标准值,其值域为(0,100),需要对标准值还原处理,得到各地块区段跨江通道建设对住宅地价的实际贡献值。跨江通道对住宅地价贡献高值区域集中于各跨江通道较近距离区段,随着距离的增加,综合交通贡献值呈明显的逐级递减趋势。现状及规划的五条跨江通道对城市规划范围内住宅地块的地价都有一定程度的带动作用,其中,纬三路隧道、长江大桥、纬七路隧道对住宅用地地价促进作用最为明显,在近距离区段,跨江通道对住宅地价的贡献值达到 1500 元/m² 左右;南京长江三桥与长江五桥属于绕城公路性质跨江通道,对住宅地价的促进作用明显小于其他三条城市道路性质通道,跨江通道对住宅地价的贡献值可达到 900 元/m² 左右。

(三)跨江通道引起住宅地价增值的区域分析

综合交通贡献值是各跨江通道住宅地价综合影响值,既包括地块交通便捷程度与通达性提高所直接带来的地价升值,又包括商业繁华度提高、城市基础设施修建与完善所引起的间接地价升值。结合浦口行政区划进行分析,见图 5 - 27。

1. 沿江街道住宅地价交通贡献值主要受长江大桥跨江交通流量影响,交通贡献高值区域位于沿江街道与泰山街道接壤处,且越靠近长江,交通贡献值越大。未来年份内,地铁三号线于上元门通道跨江,将会在地铁沿线特别是站点周围促进住宅地价提升。

2. 根据研究前提假设,泰山街道在南京长江大桥带动作用下的交通贡献值趋于最大,在未来年份,随着纬三路隧道的建成通车,将拉动泰山街道行政区域特别是南京长江大桥与大桥北路连接线右侧区域住宅地价新一轮上涨。

3. 顶山街道将会是跨江通道建设背景下最为受益的城镇,其住宅地价交通贡献值受纬三路、纬七路隧道以及长江大桥综合影响。尤其是纬三路跨江隧道,采用双管双层八车道 X 型盾构隧道方案,紧靠南京主城,其建设通车,将更方便主城与浦口紧密联系,还将极大地缓解南京长江大桥趋于饱和的交通压力。2020年预测交通流量为82347pcu,大于其他通道流量,靠近纬三路各距离区段住宅地价交通贡献值达到 1700 元/m² 以上。

4.江浦街道行政区域内有南京长江三桥、纬七路隧道及规划的长江五桥,其交通地价贡献值受到长江三桥、长江五桥、纬七路隧道综合影响,由研究结果可知,未来年份跨江交通对地价的增值集中于纬七路、长江五桥附近区域。然而,南京长江三桥与长江五桥对江浦街道住宅地价增值的影响不仅包括其作用半径范围内交通贡献值,还应包括地价作用范围以外,由于提高江浦街道整体通达性所带来主城中心地段商业繁华度的提高、城市设施的改善引起的住宅地价升值,本次研究未予以考虑,这也是未来研究的重点方向。

五、跨江通道建设对浦口区住宅地价增值计算

(一)住宅地价增值总量估算

为使地价增值总量计算满足 Arcgis 空间运算要求,计算结果更为符合浦口区住宅地价实际增值情况,将地价贡献标准值叠加图(图 5 - 26)重分类,划分为25 个地价区段,每个区段标准地价值范围为 4,取各个区段标准地价的平均值作为对应区段跨江通道对住宅地价贡献值,再由公式把标准值转换为实际交通贡献值,详见图 5 - 28、表 5 - 23。

表 5 - 23　跨江通道建设对浦口区住宅地价贡献值总量测算表

标准地价值区段	区段平均值	交通贡献值(元/m²)	栅格数(个)	栅格单元面积(hm²)	地价区段面积(hm²)	区段地价增值(万元)
0	0	0	3971	0.874	3470.65	0
0—4	2	37.87	2132	0.874	1863.37	70565.75
4—8	6	113.61	1177	0.874	1028.70	116870.38
8—12	10	189.34	988	0.874	863.51	163497.36
12—16	14	265.08	972	0.874	849.53	225192.88
16—20	18	340.82	644	0.874	562.86	191832.58
20—24	22	416.55	1002	0.874	875.75	364792.83
24—28	26	492.29	470	0.874	410.78	202222.89
28—32	30	568.03	886	0.874	774.36	439861.98
32—36	34	643.76	427	0.874	373.20	240249.94

续　表

标准地价 值区段	区段 平均值	交通贡献值 （元/m²）	栅格数 （个）	栅格单元 面积（hm²）	地价区段 面积（hm²）	区段地 价增值 （万元）
36—40	38	719.5	735	0.874	642.39	462199.61
40—44	42	795.24	310	0.874	270.94	215462.33
44—48	46	870.97	456	0.874	398.54	347119.87
48—52	50	946.71	408	0.874	356.59	337589.21
52—56	54	1022.45	298	0.874	260.45	266299.15
56—60	58	1098.18	435	0.874	380.19	417517.05
60—64	62	1173.92	388	0.874	339.11	398090.36
64—68	66	1249.66	378	0.874	330.37	412852.67
68—72	70	1325.39	353	0.874	308.52	408911.97
72—76	74	1401.13	361	0.874	315.51	442076.13
76—80	78	1476.87	245	0.874	214.13	316242.17
80—84	82	1552.6	84	0.874	73.42	113985.68
84—88	86	1628.34	263	0.874	229.86	374293.49
88—92	90	1704.08	30	0.874	26.22	44680.98
92—96	94	1779.81	0	0.874	0.00	0.00
96—100	98	1855.55	107	0.874	93.52	173527.32
总计	—	—	17520	—	15312.47	6745935

　　住宅地价的交通贡献值叠加图矢量转栅格采用的分辨率为 93.5 m，也即每个栅格所代表实际地块面积为 0.874hm²。由各地价区段的栅格数可计算对应区段的总面积，再与各地价区段的交通贡献值相乘，即得到每个区段内跨江通道对住宅地价的贡献值。如在标准地价区段 20—24，取区段平均值 22 作为跨江通道建设对住宅地价标准贡献值，再把地价标准值还原为交通贡献值416.55 元/m²；这个地价区段内共有栅格数 1002 个，由栅格单元的面积可得知区段面积为 875.75 hm²，与交通贡献值 416.55 元/m² 相乘则计算出该区段跨江通道对住宅地价贡献值总量。

　　住宅地价增值研究区内共有栅格总数为 17520 个，每个栅格单元面积为

0.874公顷,总面积为153.12公顷,由此可测算,至2020年,现状及规划跨江通道建设对浦口区住宅地价增值总量为6745935万元(674.59亿元)。

此跨江交通贡献值总量是把地价增值研究区内所有用地都当作住宅用地计算得出,实际情况与此不同。城市规划范围内土地用途多样,包括商业用地、住宅用地、工业用地、绿地、林地、水体等,因此,需对计算得到的跨江通道住宅地价贡献值总量采取经验值处理。依据浦口新市区城市用地规划图,取城市规划范围内住宅用地比例经验值为60%,假设城市规划范围内,各类用地交错分配均衡,可粗略估算到,至2020年,现状及规划跨江通道建设对浦口新市区住宅地价贡献值总量为4047561万元(404.76亿元)。

(二)现状城市用地住宅地价增值计算

以步骤(1)住宅地价增值总量计算为基础,利用 Arcgis 9.2 栅格掩码工具(mask),以浦口区2008年城市用地范围图层,截取住宅地价标准贡献值区位图(图5-28),得到未来现状及规划跨江通道建设对浦口区现状城市用地住宅地价增值区位图,见图5-29。

据现状城市用地的住宅地价增值区位图,可以发现,现状及规划的跨江通道对浦口区住宅地价增值贡献最大的区域主要在泰山街道、顶山街道沿江区域,其中,泰山街道的城市用地受其他跨江通道,尤其是纬三路隧道的影响,还会有一定的升值空间。而江浦街道现状城市用地与其行政区域内现状及规划通道(长江三桥、长江五桥、纬三路)距离较远,规划年份跨江通道对现状城市用地的住宅地价贡献总量较低。与此同时,也可预计其沿江区域新增城市用地的地价收益的巨大。

若把研究范围内的城市用地都当作住宅用地,据表5-24浦口区现状城市用地住宅地价增值总量测算,现状及规划跨江通道建设对浦口区现状城市用地住宅地价增值总量为2492868万元(249.29亿元)。依据步骤(1)的假设,取城市规划范围内住宅用地比例经验值为60%,则可估算到,至2020年,跨江通道建设对浦口新市区现状城市用地的住宅地价增值总量为1495721万元(149.57亿元)。

表5-24　浦口区现状城市用地住宅地价增值总量测算表

标准地价值区段	区段平均值	交通贡献值（元/m²）	栅格数（个）	栅格单元面积（hm²）	地价区段面积（hm²）	区段地价增值（万元）
0—4	2	37.87	1331	0.874	1163.29	44053.94
4—8	6	113.61	442	0.874	386.31	43888.45
8—12	10	189.34	421	0.874	367.95	69668.41
12—16	14	265.08	307	0.874	268.32	71125.74
16—20	18	340.82	106	0.874	92.64	31574.93
20—24	22	416.55	454	0.874	396.80	165285.37
24—28	26	492.29	153	0.874	133.72	65830.00
28—32	30	568.03	405	0.874	353.97	201065.58
32—36	34	643.76	182	0.874	159.07	102401.62
36—40	38	719.5	286	0.874	249.96	179849.10
40—44	42	795.24	91	0.874	79.53	63248.62
44—48	46	870.97	192	0.874	167.81	146155.73
48—52	50	946.71	136	0.874	118.86	112529.74
52—56	54	1022.45	67	0.874	58.56	59872.63
56—60	58	1098.18	141	0.874	123.23	135333.11
60—64	62	1173.92	130	0.874	113.62	133380.79
64—68	66	1249.66	167	0.874	145.96	182397.87
68—72	70	1325.39	133	0.874	116.24	154065.98
72—76	74	1401.13	122	0.874	106.63	149399.69
76—80	78	1476.87	77	0.874	67.30	99390.40
80—84	82	1552.6	37	0.874	32.34	50207.98
84—88	86	1628.34	105	0.874	91.77	149432.76
96—100	98	1855.55	51	0.874	44.57	82709.29

（三）新增城市用地住宅地价增值计算

　　若把浦口区城市规划研究范围内的所有用地都当作住宅用地，由步骤（1）、步骤（2）求得现状及规划跨江通道建设对浦口新市区住宅地价的贡献值总量为6745935万元（674.59亿元），对新市区现状城市用地住宅地价的增值总量为

2492868万元(249.29亿元)。提取城市规划范围内住宅用地经验值比例后,测算到跨江通道建设对浦口新市区住宅用地的地价增值总量为4047561万元(404.76亿元),对新市区已有城市住宅用地的地价增值总量为1495721万元(149.57亿元)。

规划年份浦口新市区新增城市用地住宅地价增值总量则可由跨江通道建设引起的住宅地价增值总量与现状城市住宅用地的地价增值相减得到。由此可估算,至2020年,跨江通道建设对浦口区新增城市用地的住宅地价增值总量为2551840万元(255.18亿元)。

第五节　地铁对浦口区地价影响展望

众所周知,城市地铁属于准公共产品,其建设和运营都带有明显的公益性。地铁快捷、安全、舒适、环保、节省城市空间,拥有其他公交方式不可比拟的优势。地铁的高能达性,加强了各个区域的经济联系,节省了运输成本和时间,并且获益的主体对象应该是乘客,即广大的普通市民。但从实践经验来看,获益最大的往往还包括沿线的少数房地产商,这是由于地铁沿线住宅需求量大,因而售价高、销售快、利润多、资金回笼快,从而降低资金成本和融资风险。另外,它的强烈"吸引力"使得大量的商业、娱乐、商务、文化设施集中,同时也促进了沿线商业的发展和房地产的高密度开发。开发商也正是通过这两方面而获得轨道交通系统为其带来的超额利润。

因此,在浦口区的跨江交通规划中,不仅道路跨江通道建设会对地价增值有很大的促进作用,地铁对地价影响也不容忽视,一般来说,地铁对浦口区地价的影响主要表现在以下三方面:

1. 地铁是对城市的非均衡投资,影响地价分布格局

城市空间结构变化主要来自城市规划的推动力,当城市确定地铁为交通导向型的开发模式之后,就会在地铁沿线规划更多的居住区、商业和办公楼,从而最终

改变城市的人口结构分布,并向地铁沿线集中。地铁也会使得城市的地价分布发生变化,地铁建设实际上是政府对土地的一次再投资,这种再投资实际上是非均衡的,不是城市每个角落都能享受到的,因此这种非均衡的投资结果势必就带来整个城市空间地价的变化,也就是说有些区域的地价升得快,有些区域的地价升得慢。

此外,地铁建设将会对房地产业带来很大的影响。以住宅为例,地铁开通前,城市郊区住宅跟市中心住宅替代性很差,城市郊区生活成本与时间成本较大,所以大多数人选择市中心住宅。地铁开通后,地铁沿线,特别是面向工薪阶层的住宅,跟市中心的住宅有了很强的替代性。如市中心的品质较差的、年代久远的住宅小区,可能会被地铁沿线品质更好的住宅所替代。

根据浦口区的交通规划,最近几年,南京市浦口区共有 4 条地铁通道通过,如表 5-25 及图 5-30。城市轨道交通 8 号线走大胜关铁路大桥过江,2 号线通过纬七路通道过江,4 号线于纬三路通道过江,3 号线跨上元门通道过江。由 SLEUTH 模型城市扩张模拟结果得知,未来年份规划的地铁沿线建设用地增长迅速,将会促进沿线房地产的开发与商业的繁荣,各类地价将会得到不同程度的提高,地铁沿线区域特别是地铁站点周边范围内跨江交通对地价的贡献值在原有基础上还会有进一步的提高。由跨江通道对住宅地价的增值影响分析可知:江浦街道行政区域内南京长江三桥、长江五桥对住宅地价的增值作用相比其他通道偏小,而其行政区域内规划有两条轨道交通通过,分别为地铁 8 号线和地铁 2 号线,可以预见,未来年份这两条地铁将对江浦街道地价具有巨大的拉动作用。

表 5-25　浦口区轨道交通规划情况表

名　称	位　置	功　能	备注
大胜关铁路大桥	大胜关	铁路,城市轨道交通 8 号线两用	规划
纬七路跨江通道	应天西路西	城市道路,轨道交通 2 号线两用	规划
纬三路跨江通道	定淮门大街	城市道路,轨道交通 4 号线两用	规划
上元门跨江通道	上元门	铁路,城市轨道交通 3 号线两用	规划

2. 改善交通通达性,提升浦口楼盘竞争力

在国内不同城市轨道交通研究中发现的明显规律是:可达性水平越高、区位优势越强的区域,尤其是市中心,轨道交通站点对住房价格的影响力越小;而可达性水平和开发成熟度较低、远离市中心的郊区,轨道交通对住房价格的影响则较大。这主要是由于市中心区位条件优越,交通设施完善,交通方式的选择余地大,从而抵消了部分"地铁效应"。另外,市中心住房价格的影响因素很多,轨道交通所占的权重相对不高。陈莉对深圳轨道交通的研究,叶鹏程对杭州轨道交通的研究,郑俊等对南京地铁 1 号线的研究,王霞等对北京轻轨 13 号线的研究,谷一桢等对北京八通线的研究,刘贵文等对重庆的研究,王琼对上海轨道 1、2、3 号线的研究,黄慧明对广州的研究都验证了这一结论。这些研究也发现:轨道交通的建设使市中心的高价楼盘受到了严峻挑战,竞争的压力迫使其调整价格。上海地铁 1 号线开通后市中心房价下降了 10% 以上;广州地铁在 3 号线方案爆出后,一些中心区楼盘打出降价广告,以对抗郊区楼盘的挑战;杭州房地产业界也认为,由于轨道开通后郊区楼盘的吸引力增大,使得市中心因需求量大为降低,从而使得房价有望被拉低,甚至可能最终导致杭州楼市整体均价下跌。

根据浦口区实际情况,规划的多条道路跨江通道及地铁线的建设通车,将在很大程度上提高浦口区交通通达性,提升区位优势,促进地价提升与房地产业发展,增加浦口区楼盘竞争力。

随着地铁 2 号线、8 号线的通过,加之江浦街道境内已有长江五桥、长江三桥,境内将有多条跨江通道,所以随着各条线路的通车,江浦街道地价将会在很大程度上受主城地价的影响,其受"地铁效应"影响必然大。

区内泰山街道平均地价水平最高,高地价区段位于行政区南面沿江区域,其地价受南京主城带动较大,在未来的规划中,地铁 3 号线通过泰山街道境内,另外还有南京长江大桥、纬三路跨江通道,故地铁的开通将进一步加强泰山街道与南京主城的紧密联系,提高楼盘竞争力,吸引主城大量的住房需求,地价还有一定的提升空间。沿江街道未来年份地价同样将会受地铁 3 号线的拉动提升。

顶山街道位于江浦街道与泰山街道之间,目前城市化率相比这两街道偏小,

平均地价水平较低。在跨江轨道交通规划中,顶山街道行政区域内有地铁 4 号线,这将对顶山街道的地价升值起较大的促进作用,是顶山街道发展的一大机遇。

3. 轨道交通对沿线住房价格的影响与距离成反比关系

与轨道站点之间的距离是决定轨道交通对沿线住房价格影响幅度的重要因素。国内外众多研究案例都发现,距离轨道站点越远,轨道交通对房价的影响就越小。在国外,沃克曼等发现:在轨道站 1km 范围内,每远离轨道站点 100 英尺,平均住房价格就会下降。本杰明等研究表明:离地铁站口的距离每增加 160 米,每套公寓的租金就降低 2.5%。美国赛德威公司研究表明:独户住房距离旧金山湾区轨道站点每增加 1.6 km,房价将减少 3200—3700 美元/m^2。德温斯发现:多伦多地铁对其站口附近住房价格的影响比对沿线住房的影响要更大。奥·默森德等发现:美国俄勒冈州波特兰市住房距离地铁车站越近,价格越高。国内的研究者在重庆、南京、上海、深圳等地都验证了上述反比关系。根据浦口区地铁站点规划(如图 5-30),未来地铁的站点规划中,地铁站点最多的街道应是江浦街道,顶山街道次之。这两个街道行政区域内地铁线对各类地价特别是住宅地价的促进作用更为明显,同时也显示了政府打造浦口新市区沿江城市带的决心。

以上三方面分析都表明地铁建设将会给浦口区地价带来一定程度升值,特别是地铁沿线与地铁站点区域。由国内外已有地铁建设实践可知,地铁与房地产的综合开发策略是地铁建设的有效经验,通过地铁与沿线土地综合开发的方式,以地铁带动土地开发,以土地开发培育轨道交通的客源。同时,地铁建设还为有效开发地下空间提供前所未有的机遇,结合人防和地下空间、沿线物业的综合利用,为有效进行城市土地集约化利用提供有益的探索。南京市的地铁线建设为南京市实现跨江发展提供了良好的交通条件,为江北地区的繁荣提供了便利的基础设施,为南京市经济的飞跃提供了空前的机遇。因此,地铁线的开通必然会提高浦口区住宅区的地价,浦口区政府应该充分利用这一有利的条件,规范浦口区的房地产市场,避免地价虚高,引导房地产市场的健康发展和良性循环。

第六节　本章小结

1. 浦口区最新基准地价更新成果估价基准日为 2008 年 1 月 1 日,重新划分的住宅用地级别依旧为三个,一级、二级、三级地基准地价分别为 2855 元/m²、2160 元/m²、1315 元/m²。与原基准地价相对比,各级别地价差异显著,上升幅度较大,特别是原江浦县,为原基准地价水平的 4 倍左右,这与近年来商品房价格的不断上扬、城市公共设施的完善、人口数量的增加、居民收入水平的提高,特别是跨江交通瓶颈的缓解等诸多因素密切相关。原浦口区的地价增幅与上涨速率要大于原江浦县,平均地价是基期年地价(2004 年 1 月 1 日)的 1.34 倍,而原江浦住宅平均地价为基期年的 1.27 倍,这间接表明长江大桥对住宅地价的升值的拉动作用。另外,不同土地级别地价的涨幅与涨速也存在差别,一级住宅用地地价上涨最快,涨幅最大,其次分别为二级地、三级地,这也验证区段好地价升值快的常识。

2. 影响住宅地价的因素众多,区位因素是其中最为突出的因素,是其他众多因素的综合反映,对研究区而言,长江天然阻隔是影响其毗邻主城区位优势发挥的最不利因素。跨江通道的建设有利于克服长江天然屏障,拉近与主城对接时间距离,带动区域内部交通系统和基础设施的不断完善,促进地价升值,其对浦口区房地产的贡献包括:提高交通便利程度,改善房地产的通达性;改变土地利用性质,增加住宅用地面积;加大土地利用强度,提高住宅用地容积率;提升区域经济实力,促进房地产市场繁荣。跨江交通流量与住宅地价呈显著正相关,二者的 Pearson 系数为 0.934,显著性概率为 0.002,并随着交通流量的日趋饱和,其对住宅地价的贡献值也将趋于稳定。

3. 基于住宅地价空间分布特征以及交易样点数量的考虑,以南京长江大桥为对象,研究现状跨江通道建设对住宅地价的影响模式。由 2008 年南京市浦口区基准地价更新成果以及住宅地价样点分布情况,确定大桥地价影响模式研究范围。根据所搜集到的一级、二级土地市场住宅地价资料,建立研究范围的住宅地价空间数据库,在对一级市场出让地价、二级市场房地产交易价格标准化处理后,利用 GIS 分析工具进行空间插值,得到研究范围内住宅地价曲面方程为:

$$P = -2.469x^2 + 14.95y^2 - 14.804xy + 197.724x - 158.516y + 1834.591$$

由价格曲面方程可求得南京长江大桥对住宅地价的影响半径为 6546 m,即以长江大桥浦口端节点处为圆心,该半径值范围内的区域都为大桥对住宅地价的影响范围。

跨江通道建设对住宅地价的贡献值包括直接与间接两方面,直接贡献是指交通便捷度的提高以及通达性的改善所带来的住宅地价增值;间接贡献则是指跨江通道建设通车缓解两岸交通瓶颈后,由于带动的城市基础设施改善以及商业繁华度的提高所引起的地价升值。较近距离区段,长江大桥对住宅地价贡献值大;较远距离区段,长江大桥对住宅地价的贡献就小。如在最近距离区段 0—500 m,长江大桥对住宅地价的平均贡献值达到 1838 元/m²;而在最远距离区段 6000—6546 m,长江大桥对住宅地价的平均贡献值仅为 12 元/m²。在大桥的住宅地价影响范围内,随着与大桥交通距离的增加,其对住宅地价的边际贡献不断减小,到地价影响范围边界时贡献值减为 0。

4. 根据 2020 年现状及规划的各道路跨江通道交通流量,与大桥现状交通流量对比分析,并结合各通道功能定位,得到未来年份各通道的住宅地价影响范围以及其对住宅地价的作用模式。南京长江三桥住宅地价影响半径为 3547 m,随着距离区段的增加,其对住宅地价的贡献值逐渐减少。如在最近距离区段 0—270 m,长江三桥对地价的平均贡献值为 996 元/m²;至最远距离区段,贡献值减少为 6 元/m²。南京长江五桥住宅地价影响半径为 3345 m,随着距离区段的增加,其对住宅地价的贡献值逐渐减少。在最近距离区段 0—220 m,长江五桥对住宅地价的平均贡献值为 809 元/m²;至最远距离区段,贡献值减少为 5 元/m²。

纬七路隧道住宅地价影响半径为 5190 m,随距离区段的增加,对住宅地价的贡献值逐渐减少。在最近距离区段 0—395 m,纬七路隧道对住宅地价平均贡献值为 1452 元/m²;最远距离区段,贡献值减少为 9 元/m²。纬三路隧道住宅地价影响半径为 6749 m，随着距离区段的增加，其对住宅地价的贡献值逐渐减少。在最近距离区段 0—515 m，纬三路隧道对住宅地价的平均贡献值为 1893 元/m^2；至最远距离区段，贡献值减为 12 元/m^2。

　　5. 借鉴基准地价评估中因素综合作用分值的确定方法，采用 $F_{xy} = x + y - xy/100$，$F_{xyz} = F_{xy} + z - F_{xy} \times z/100$ 递归表达式，运用 GIS 空间叠置分析工具，计算得出 2020 年现状及规划各跨江通道对城市规划范围内各区段住宅地价的综合交通贡献值。

　　跨江通道对住宅地价的高值贡献区域集中于各通道较近的距离区段，随着距离的增加，综合交通贡献值呈明显的逐级递减趋势。现状及规划的五条道路跨江通道对城市规划范围内住宅地价升值都有一定程度的促进作用，其中，纬三路隧道、长江大桥、纬七路隧道带动作用更为明显，在较近距离区段，交通贡献值达到 1500 元/m^2 左右。南京长江三桥、长江五桥属于绕城公路性质通道，承担大部分过境交通流量，对住宅地价的拉动作用明显小于其他三条城市道路性质通道，在较近距离区段住宅地价的跨江交通贡献值为 900 元/m^2 左右。

　　依据浦口新市区城市用地规划图，取城市规划范围内住宅用地比例经验值为 60%，并假设规划范围内各类用地交错分配均衡，以此为条件，粗略估算到跨江通道建设对浦口新市区住宅地价的贡献总量为 404.76 亿，其中对新市区新增住宅用地的地价增值贡献为 255.18 亿。

　　6. 以道路性质跨江通道建设对研究区住宅地价增值分析为基础，展望未来年份研究区轨道交通建设对地价的影响。结合城市规划范围内各街道行政区划、规划的地铁线路及站点分布，具体分析未来年份地铁建设对各街道地价影响模式，并提出地铁与房地产的综合开发策略，以地铁带动土地开发，以土地开发培育轨道交通之客源。

第六章　跨江通道建设对浦口
生态服务价值的影响

　　跨江通道的建设,势必会引起浦口区生态环境的变化。根据过江通道建设下城市扩张与土地利用变化模拟结果,并利用生态系统服务价值概念及估算方法,研究跨江通道建设对全区尤其是沿江生态环境的影响,提出浦口区生态建设针对性建议。

第一节　生态系统服务价值估算方法

　　生态系统服务是指生态系统与生态过程所形成及所维持的人类赖以生存的自然环境条件与效用,即人类通过生态系统的各种功能直接或间接得到的产品和服务,包括来自自然资本的物流、能流和信息流,与制造业资本、人力资本结合在一起产生人类的福利。自 20 世纪 60 年代中期和 70 年代早期提出生态系统服务的概念以来,许多学者从不同角度对生态系统服务进行了广泛的研究,以试图估算生态系统提供的巨大效益价值。目前对生态系统服务价值的定量评估已成为国际可持续发展研究的热点之一,是当前生态学、生态经济学、环境科学以及土地管理科学的交叉前沿领域。我国对生态系统服务的研究起步较晚,直至 20 世纪 90 年代末,国外有关生态系统服务的概念、生态效益的价值理论及评估方法等开始引入国内。目前,我国生态系统服务价值的研究主要集中在对自然生态系统服务价值的估算上,多为静态评价,且多集中在森林、草地、湿地等生态系统服务价值较高的生态类型,而城市生态系统服务价值区域差异研究相对较少,相关研究成果也十分有限。本书通过测算单位面积生态系统服务价值,对浦口区及其各镇街生态系统服务价值的差异进行定量分析,为确定浦口区生态建设和可持续发展对策提供参考。

Costanza 等(1997)将全球生态系统类型划分为海洋、森林、草原、湿地、水面、荒漠、农田、城市等 16 个大类 26 个小类,生态系统服务划分为气候调节、水调控、水土流失控制、物质循环、污染净化、文化娱乐价值等 17 种功能,并以此为基础对全球生态系统的服务价值进行了估算,但某些数据存在较大偏差,如对耕地的估计过低,对湿地的估计又偏高等。针对以上不足,谢高地等(2003)以 Costanza (1997)全球生态系统服务价值评估的部分成果为参考,同时综合了对我国专业人士进行的生态问卷调查结果,建立了中国陆地生态系统单位面积服务价值表。生态系统服务价值计算公式为:

$$ESV = \sum_{k=1}^{n} A_k \times VC_k \qquad (6-1)$$

式中 ESV 是生态系统服务价值(元);A_k 是研究区第 k 种土地利用类型分布面积(hm^2);VC_k 为该类型土地的生态系统服务价值系数(表6-1);n 为土地利用类型数。

为消除土地面积对生态系统服务价值的影响,本文采用单位面积生态系统服务价值($元/hm^2$)的概念进行比较分析,在计算得到生态系统服务价值(ESV)的基础上,再除以行政区域的土地面积,从而得到各区域的单位面积生态系统服务价值。

表6-1 生态系统服务价值系数

(单位:$元/hm^2$)

生态系统服务	森林	草地	农田	湿地	水体	荒漠
气体调节	3097.00	707.90	442.40	1592.70	0.00	0.00
气候调节	2389.10	796.40	787.50	15130.90	407.00	0.00
水源涵养	2831.50	707.90	530.90	13715.20	18033.20	26.50

续　表

生态系统服务	森林	草地	农田	湿地	水体	荒漠
土壤形成与保护	3450.90	1725.50	1291.90	1513.10	8.80	17.70
废物处理	1159.20	1159.20	1451.20	16086.60	16086.60	8.80
生物多样性保护	2884.60	964.50	628.20	2212.20	2203.30	300.80
食物生产	88.50	265.50	884.90	265.50	88.50	8.80
原材料	2300.60	44.20	88.50	61.90	8.80	0.00
娱乐文化	1132.60	35.40	8.80	4910.90	3840.20	8.80
总计	19334.00	6406.50	6114.30	55489.00	40676.40	371.40

本书以 Costanza 等(1997)的研究理论及谢高地等(2003)制定的价值系数为基础,并参照其他城市生态系统服务价值相关研究,得到不同土地利用类型的生态系统服务价值系数,见表 6-2。其中园地生态系统服务价值大于耕地而小于林地,生态系统服务价值系数取耕地和林地生态系统服务价值系数平均值;交通运输用地、居民点及工矿、未利用地取荒漠的价值系数;其他农用地包括坑塘水面、养殖水面、农田水利用地、设施农用地、农村道路等,依比例取农田、水体生态系统综合值;其他土地参考城市生态系统服务价值相关研究取水体、湿地综合平均值。

表6-2　与土地利用类型相对应的生态系统类型及其生态系统服务价值系数

(单位:元/hm²)

土地利用类型	对应生态系统类型	生态系统服务价值系数
耕地	农田	6114.30
林地	森林	19334.00
园地	农田、森林	12724.15
草地	草地	6406.50
其他农用地	农田、水体	35212.23
交通运输用地	荒漠	371.40
水利设施用地	水体	40676.40
居民点及工矿	荒漠	371.4
其他土地	水体、湿地	48082.70

第二节　估算结果与分析

一、生态系统服务价值时间变化

根据 2003—2008 年南京市浦口区的各类土地利用面积,利用公式 6-1,计算出各年份的浦口区各镇街生态系统服务价值,再除以对应行政区面积,得到浦口区及其各镇街历史年份单位生态系统服务价值,见表 6-3。近年来全区单位生态系统服务价值不断减小,2003 年生态系统服务价值为 17013.06 元/hm²,至 2008 年该值减少为 15859.16 元/hm²,共减少 1153.91 元/hm²,减少比例为 6.78%,全区生态系统服务价值有所下降,经济发展面临一定生态压力。

南京市"一城三区"规划、跨江发展战略的提出,以及规划的多条跨江通道,不断增强浦口接受主城辐射的能力,促进浦口与主城的对接与合作,带动了区内高新技术产业、房地产业及其他相关产业的发展。但与经济快速增长相比,生态环境保护的力度还不够,城市发展过程中面临的生态压力不断增加。

表 6-3　2003—2008 年浦口区各镇街单位生态系统服务价值

（单位:元/hm²）

年　份 区　划	2003 年	2004 年	2005 年	2006 年	2007 年	2008 年	2008—2003 变化
江浦街道	19199.91	18604.88	18522.75	18092.99	18018.47	17601.73	−1598.18
永宁镇	17652.41	17526.48	17515.86	17442.28	17333.86	16868.79	−783.62
汤泉镇	19085.47	19584.50	19568.80	19000.75	18082.70	18249.11	−836.36
星甸镇	14340.49	14358.01	14341.78	14203.28	14194.57	14772.86	432.37
石桥镇	12636.74	12649.12	14336.65	12562.94	12763.37	12877.60	240.86
桥林镇	14215.97	14321.56	12724.09	14308.46	14294.12	14414.35	198.39
乌江镇	22540.30	20709.57	20709.57	20774.90	20788.45	19851.96	−2688.35
泰山街道	13443.40	12933.80	12742.98	12742.98	10378.00	10048.73	−3394.67

续 表

年 份 区 划	2003 年	2004 年	2005 年	2006 年	2007 年	2008 年	2008—2003 变化
顶山街道	20961.73	21140.05	21140.05	21140.05	19071.70	18871.97	−2089.76
沿江街道	18294.69	18333.99	18290.42	18290.42	13787.74	13678.39	−4616.30
盘城镇	16346.91	16431.05	16017.30	16017.30	15174.49	15113.02	−1233.89
全区	17013.06	16659.72	16614.74	16475.75	15940.20	15859.16	−1153.91

浦口区所辖镇街中,沿江各镇街单位生态系统服务价值减少量要大于非沿江各乡镇,见图6-1,沿江各城镇中,除桥林镇单位生态系统服务价值稍有增加外,其余镇街均减少。其中,沿江街道减少量最多,为4616.30元/hm²,泰山街道减少3394.67元/hm²,乌江镇减少2688.35元/hm²,顶山街道减少2089.76元/hm²,江浦街道减少1598.18元/hm²。非沿江各乡镇中,单位生态系统服务价值变化最大的为盘城镇,减少1233.89元/hm²,永宁镇、汤泉镇减少量不大,星甸镇、石桥镇于原基础上有所增加。由图6-2、6-3可以看出,沿江各城镇除桥林镇外,单位生态系统服务价值减少趋势明显,而非沿江城镇生态系统服务价值变化趋势线较平缓,各年变化量不大。

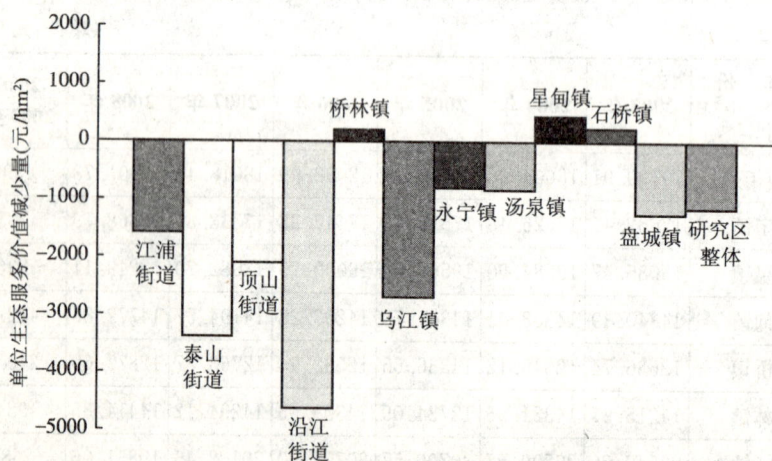

图6-1 2003—2008年浦口区各镇街单位生态系统服务价值变化值

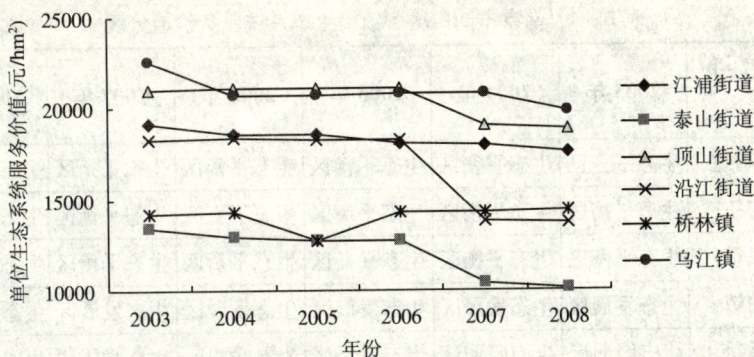

图 6-2　浦口区沿江各镇街单位生态系统服务价值时间变化图

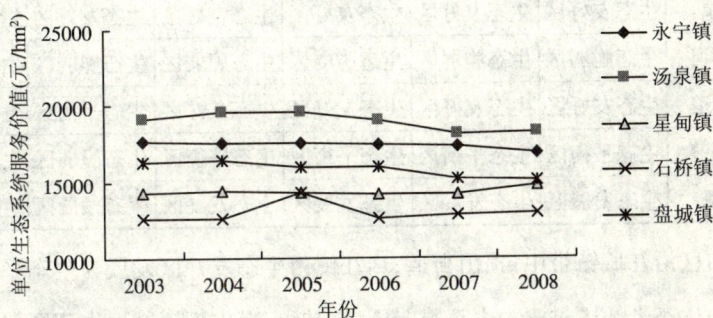

图 6-3　浦口区非沿江各乡镇单位生态系统服务价值时间变化图

二、生态系统服务价值空间变化

单位面积生态系统服务价值估算后，为直观反映不同区域生态系统服务价值的空间差异，本书依据相关研究(方向阳等,2004;杨世琦等,2005)，并结合浦口区实际情况，按照以下标准划分生态区。

单位面积生态系统服务价值划分为四个生态区：生态友好区(单位面积生态系统服务价值＞20000 元/hm²)、生态平衡区(17000 元/hm²＜单位面积生态系统服务价值＜20000 元/hm²)、生态发展区(14000 元/hm²＜单位面积生态系统服务价值＜17000 元/hm²)和生态脆弱区(单位面积生态系统服务价值＜14000 元/hm²)。根据单位生态系统服务价值分区标准以及浦口区各镇街 2003—2008 年单位生态系统服务价值，得到各镇街于各年份对应的生态区，见表 6-4。

表6-4 南京市浦口区各镇街生态系统服务价值分区

区划 ＼ 年份	2003年	2004年	2005年	2006年	2007年	2008年
江浦街道	生态平衡区	生态平衡区	生态平衡区	生态平衡区	生态平衡区	生态平衡区
永宁镇	生态平衡区	生态平衡区	生态平衡区	生态平衡区	生态平衡区	生态发展区
汤泉镇	生态平衡区	生态平衡区	生态平衡区	生态平衡区	生态平衡区	生态平衡区
星甸镇	生态发展区	生态发展区	生态发展区	生态发展区	生态发展区	生态发展区
石桥镇	生态脆弱区	生态脆弱区	生态发展区	生态脆弱区	生态脆弱区	生态脆弱区
桥林镇	生态发展区	生态发展区	生态脆弱区	生态发展区	生态发展区	生态发展区
乌江镇	生态友好区	生态友好区	生态友好区	生态友好区	生态友好区	生态平衡区
泰山街道	生态脆弱区	生态脆弱区	生态脆弱区	生态脆弱区	生态脆弱区	生态脆弱区
顶山街道	生态友好区	生态友好区	生态友好区	生态友好区	生态平衡区	生态平衡区
沿江街道	生态平衡区	生态平衡区	生态平衡区	生态平衡区	生态脆弱区	生态脆弱区
盘城镇	生态发展区	生态发展区	生态发展区	生态发展区	生态发展区	生态发展区

浦口区沿江城镇带中,顶山街道、乌江镇由生态友好区发展为生态平衡区,沿江街道由生态平衡区过渡为生态脆弱区,桥林镇、泰山街道所属生态区保持不变,分别为生态脆弱区与生态发展区;非沿江各乡镇中,所属生态区基本变化不大,只有永宁镇由生态平衡区过渡为生态发展区,见图6-4、图6-5。所属生态区发生过渡的镇街,除沿江街道下降两级外(由生态平衡区过渡至生态脆弱区),其他城镇在原生态区基础上下降一级,生态环境质量正在逐渐降低。

由浦口区各镇街单位生态系统服务价值变化空间分布图(图6-6)可知,沿江各镇街单位生态系统服务价值下降迅速,其中,沿江街道单位生态系统服务价值下降最快,泰山街道、乌江镇紧随其后;西南方向的石桥镇、星甸镇、桥林镇单位生态系统服务价值与2003年相比都有所增加;北面的汤泉镇和永宁镇生态系统服务价值下降量较少;顶山街道、江浦街道、盘城镇位于泰山街道、沿江街道两侧,单位生态系统服务价值下降量低于泰山、沿江街道,但高于其他乡镇。经以上分析可以看出,单位生态系统服务价值变化量在空间分布上具有一定的连续性。

三、跨江通道建设背景下生态系统服务价值变化分析

由 SLEUTH 模型城市扩张模拟结果(取 2020 年城市范围)与浦口区各镇街行政区划图叠加,得到浦口区各镇街新增建设用地数量与位置,再与 2008 年浦口区土地利用 TM 遥感影像图叠加比较,计算各镇街新增建设用地占用各类生态用地的面积,得出 2008—2020 年浦口区各镇街单位生态系统服务价值减少量及空间分布图,见图 6-7、图 6-8。

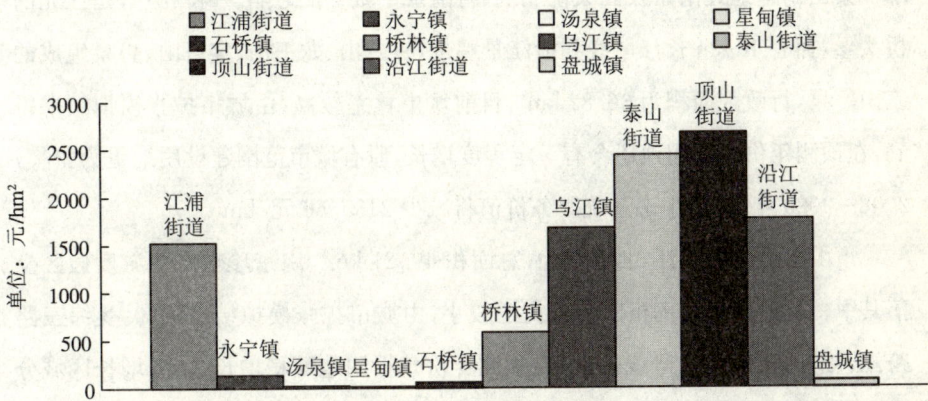

图 6-7　2008—2020 年浦口区各镇街单位生态系统服务价值减少量

2020 年得到的城市建设用地范围是基于生态中度保护模式下城市扩张模拟结果,与 2003—2008 年期间对比,2008—2020 年期间单位生态服务价值减少量有所下降。与非沿江各乡镇相比,沿江各镇街单位生态服务价值减少较快,其中,泰山街道、顶山街道未来年份减少最快,分别为 2435.56 元/hm²、2669.74 元/hm²;江浦街道、沿江街道、乌江镇紧随其后,依次为 1525.4 元/hm²、1764.12 元/hm²、1673.97 元/hm²;桥林镇次之,为 580.97 元/hm²,其他非沿江乡镇单位生态系统服务价值变化不大。未来年份沿江区域单位生态系统服务价值继续保持下降趋势,表明跨江通道的建设将极大地影响浦口区沿江区域生态环境,这是因为跨江通道建设将会促进城市扩张,拉动城市建设,占用大量的生态用地;另外,城市环境污染问题也是不容忽视的因素。

生态系统服务价值的高低与区域内各类自然资源的总量相关,而单位生态系

统服务价值变化量则与社会经济发展、城市建设、工业投资、土地利用变化、生态保护程度等人类社会经济行为紧密相连。南京市跨江发展战略的实施以及长江大桥、长江三桥带动促进,江浦街道、泰山街道、顶山街道、沿江街道已初步形成浦口区沿江城镇带,与主城紧密联系,商业繁华度较高,第二、第三产业较为发达,城市化率高,大量的开发建设以及城市环境问题导致沿江区域单位面积土地生态系统服务价值呈下降趋势。

泰山街道地处南京长江大桥北端,与南京主城一江之隔、一桥相连,是江北的桥头堡,拥有 10 km 长江岸线和沿江景观带,有老山、龙王山、宝塔山、碧泉组成的三山一泉,行政区面积为 36.82 km²,目前城市化率较高,由城市扩张模拟结果得到,在预测年份建设用地还会有一定程度增长,原有城市范围建设用地更为密集,2008—2020 年,单位生态系统服务价值将减少 2435.56 元/hm²。

顶山街道南濒长江,北靠老山,总面积 40.21 km²,南京珍珠泉旅游度假区坐落其中。目前城市化率相比泰山街道较小,由城市扩张模拟结果可知:受纬三路跨江通道以及地铁 4 号线带动,在预测年份建设用地面积增长迅速,增长区域分布在地铁沿线区域及纬三路跨江通道两侧沿江区域,2008—2020 年,单位生态系统服务价值将减少 2669.74 元/hm²。

沿江街道位于浦口区东北部,总面积 36.09 km²,紧靠南钢集团,毗邻南京高新区、南京大学浦口校区,328、312、205、104 四条国道穿境而过,是沟通长江南北两岸的重要集散地和江北新市区的中心地带。其行政区域内规划有上元门通道以及地铁 3 号线。另外,长江大桥及长江二桥对该镇城市增长的作用也不容忽视,在预测年份,城市建设用地增长较快,主要分布在该镇东北部区域及沿江地带,2008—2020 年,单位生态系统服务价值减少 1764.12 元/hm²。

江浦街道区域面积 126.46 km²,于 2006 年撤镇建街,由原珠江镇辖区设立江浦办事处,进一步加快推进城市化进程。根据 CA 城市扩张模拟结果可知,其城市增长潜力最大,受长江三桥影响以及规划的纬七路隧道、长江五桥、地铁 2 号线,城市建设用地将沿江增长,扩展迅速,2008—2020 年,单位生态系统服务价值将减少 1525.4 元/hm²。

乌江镇单位土地面积生态系统服务价值下降量较大主要是由区域内工业项目较多，而环境保护措施不力造成。镇内有武家嘴、长航局、滦浦钒业等重工项目，对生态环境影响较大，2008—2020 年单位生态系统服务价值将减少 1673.97 元/hm^2。

第三节　浦口区生态建设建议

根据南京市"一城三区"的空间布局和功能分工，规划浦口区未来形成：现代化的科学城、人与自然和谐发展的生态型滨江新市区、南京市重要的旅游度假中心。通过以科学城为城市发展理念，以高新技术产业为支柱，以大学园区为依托，以生态环境建设为特色，以重要交通道路基础设施建设为契机，将浦口区建成综合经济实力比较雄厚、生态环境优美、区域辐射力较强、功能完善、交通便捷、生活舒适的江北新市区，形成以旅游业为重点的第三产业、以高新技术产业、现代制造业为主的第二产业和以都市农业为方向的第一产业发展体系。为实现规划目标，将浦口区建设成一个适宜居住的综合性城市，结合前述城市扩张模拟研究结果，提出以下生态建设建议。

一、各镇街生态建设建议

1. 泰山街道、沿江街道生态环境压力较大，生态效益较低，经济发展与环境保护的矛盾较为尖锐且有愈演愈烈的态势，自然生态系统会成为区域经济持续发展的严重制约。根据 CA 城市扩张模拟结果，这两个街道行政区域内还会有很大的建设用地增量，原有城市范围内建设用地更为密集，因此必须大力开展生态建设，采取有效措施抑制生态环境的恶化。区域内多以建设用地为主，可通过居住区和单位庭院的绿化建设、重点道路绿地改造及增加水域用地等来提高土地利用集约度，以实现生态系统服务价值的增长。

2. 江浦街道、顶山街道与乌江镇生态环境现状较好，生态系统提供的生态效益在研究期内一直处于较高水平，所属生态区为生态平衡区。但是其单位生态系统服务价值减少较快,2003—2008 年江浦、顶山两街道及乌江镇分别减少 1598.18元/hm²,2089.76 元/hm²,2688.35 元/hm²,区域内的环境保护工作需引起足够重视。根据城市扩张模拟结果,在中度生态环境保护情景模式下,纬三路、纬七路过江隧道及长江五桥的建设将会极大地促进这些城镇特别是江浦街道城市建设用地的扩张。因此,应充分利用此区域丰富的自然生态资源,构筑与区内生态环境相适应的产业空间布局,优化土地利用结构;还应利用未来与主城方便的交通联系,继续推进生态农业与生态旅游,鼓励和扶持有利于生态环境保护的产业、环保产业,实现生态环境保护与社会经济的持续互动发展。

3. 其余各乡镇除汤泉镇外,单位生态系统服务价值都较低,桥林镇、永宁镇、星甸镇、盘城镇属于生态发展区,石桥镇属于生态脆弱区。自 2003 年以来,这些乡镇的生态系统服务价值变化不大,因此,在经济发展与生态保护过程中,可侧重于社会经济发展,在发展过程中开展生态环境保护及整治工作,以建设为手段,加强城镇绿化培育、污水治理工作,达到以建设促进保护目的。

二、浦口区生态建设建议

近几年来,随着长江三桥的通车和纬七路过江隧道的开工建设,浦口区毗邻主城的区位优势逐渐凸显,城市化进程加速。尤其是沿江区域,经济的发展更是踏上了快车道。结合浦口区社会经济与生态环境实际情况,提出以下生态建议:

1. 加快生态区建设,旅游规划需凸显生态保护

生态区建设落实环保优先、推进生态浦口建设,全面实施可持续发展战略,加快建设资源节约型、环境友好型社会,努力推进"生态、富裕、和谐"新浦口建设的需要,因此要将浦口区的生态建设作为一个有机的整体来合理规划。

根据 SLEUTH 模型多情景预测结果,在生态低度保护模式下城市扩张的面积较大,且分布凌乱,不利于土地节约集约利用与生态环境保护。因此,在制定该地区旅游规划时,要统筹考虑当地人口、社会、经济、环境、资源的现状和发展趋势,凸显生态保护,避免环境污染。此外,对生态旅游资源的开发,应坚持系统性和保护性的原则,注重经济、社会、环境的综合效益。但近几年来,开发管理主体重开发利用,轻生态环境和资源保护;重经济效益,轻环境效益和社会效益,很多

地区的旅游开发中多为一窝蜂似的粗放经营模式,区域内旅游项目和资源环境的配置不协调现象比比皆是,需引起管理部门高度重视。

2. 发展"生态旅游经济",打好浦口生态牌

南京市浦口区历史悠久、文化发达、风景秀丽、古迹众多,有着丰富的旅游资源,俗称"一代草圣、十里温泉、百里老山、千年银杏、万只白鹭、十万亩生态公园",又有"温泉之乡、书法之乡、花木之乡"的美誉。依据南京市浦口区"一山三泉"地区旅游发展战略规划,南京市近年来逐步加大对浦口区旅游资源开发的力度。

区内生态资源丰富,老山横亘浦口区中部,占区域总面积 1/10,是南京的天然氧吧,负离子含量达 1 万个/m^2,两翼有长江、滁河沿岸的大片湿地,充分彰显了"一肺两肾"的生态功效。全区森林覆盖率达 32.47%,居全市首位,共有生态产业品牌——无公害认证产品 57 个、绿色和有机认证食品 24 个,荣获"国家级苗木标准化示范区"称号。"老山牌"蜂产品荣获中国蜂业"十大品牌"之一,帅旗农庄、艺莲苑被评为省观光农业园,"汤泉湖"牌水产品、"绿一"牌青虾被评为江苏名牌农产品。浦口区应结合规划,吸纳各地的宝贵经验,如青岛市崂山区的"农业观光游"、"果园旅游"等生态旅游模式,以原有的生态资源为基础,发展特色经济、生态经济。

加强生态旅游的宣传工作,借助各种宣传手段和途径,提高全民的环保意识,自发行动,采取有效措施保护旅游资源环境。管理部门需有针对性地采取一些措施提高公众的生态环境保护意识,如政府定期向公众公布环境质量信息,做好环境保护的宣传工作;并通过旅游企业在旅游活动项目的宣传介绍中有意识地增加与环保有关的内容,以提高公众的生态环境意识,形成对生态环境保护的良好的社会舆论氛围和价值观念。

3. 提高创新能力,以技术进步促进浦口区可持续发展

目前,浦口区的经济技术水平在南京市仍处于较低的位置,但随着未来多条跨江通道的建设使用,长江南北两岸经济技术的交流将更加便利。在今后的发展中,浦口区应依靠技术进步,促进产业结构升级,提升环境保护能力;大力支持节能减排技术的研发,加快节能减排技术、先进制造技术产业化的示范和推广;强化

企业技术创新主体地位,建设一批符合产业和环保需要的共性技术创新基地;提高完善高新技术生态型产业综合服务体系,扶持高端科技中介与咨询机构,为浦口区的生态发展提供技术支持,增强发展的可持续性。

4. 控制人口数量,减少人口增长带来的生态环境负面影响

虽然人口增长本身并不意味着对环境的破坏,但人口增长带来的是满足人口生存需要而进行的各类经济活动所给予环境的巨大压力,如人口膨胀导致过度开荒、水资源利用失调等问题。如果人口能够得到有效的控制,那么原本用来满足增加人口各种需要的支出便可以用来促进社会进步、环境保护、增加发展教育等方面的投入,因此,控制人口增长无疑是防止环境恶化的重要方面。浦口区应控制人口数量,降低人口增长率;节省能源、材料,降低人口对环境的压力;改进自然资源利用技术,提高环境承载力等方面来减少由于人口增长给生态环境带来的负面影响,达到人与自然的协调发展。

第四节　本章小结

1. 由 2003—2008 年期间浦口区各类型用地面积及生态系统服务价值系数,计算出浦口区及其各镇街历史年份单位生态系统服务价值。浦口区生态环境正面临压力,单位生态系统服务价值不断减少,2003 年生态系统服务价值为 17013.06 元/hm²,至 2008 年其值减少为 15859.16 元/hm²,共减少 1153.91 元/hm²,这与南京市"一城三区"规划、跨江发展战略提出,以及规划的多条跨江通道密切相关。近年来浦口区社会经济发展突飞猛进,然而在经济增长的同时却未处理好发展与保护的关系,经济发展面临一定的生态压力。

2. 2003—2008 年期间,浦口区所辖镇街中,沿江各镇街单位生态系统服务价值减少量要大于非沿江各乡镇。江浦街道单位生态系统服务价值减少量为 1598.18 元/hm²,泰山街道减少 3394.67 元/hm²,顶山街道减少 2089.76 元/hm²,沿江街道减少量最多,为 4616.30 元/hm²,乌江镇减少 2688.35 元/hm²,桥林镇

单位生态系统服务价值在原基础上变化不大。沿江各镇街单位生态系统服务价值的大幅下降与现状跨江通道密切相关。南京长江大桥、长江三桥的通车,加强了两岸经济联系,促进了沿江各镇街建设用地增长,占用了部分高生态服务价值的绿地、水体、湿地、耕地,致使沿江城镇特别是沿江四个街道生态服务价值逐年减小。

3. 引入生态分区概念,根据历史年份浦口区各镇街单位生态系统服务价值量,得到 2003—2008 年期间各镇街所属的生态区。浦口沿江城镇带中,顶山街道、乌江镇由生态友好区发展为生态平衡区,沿江街道由生态平衡区过渡为生态脆弱区,桥林镇、泰山街道所属生态区保持不变,分别为生态脆弱区与生态发展区;非沿江各乡镇中,所属生态区基本变化不大,只有永宁镇由生态平衡区过渡为生态发展区。在经济快速增长的进程中,沿江区域面临的生态压力逐渐增大。

4. 根据 SLEUTH 模型城市扩张模拟结果,确定 2020 年城市新增建设用地数量与位置,并结合 2008 年浦口区土地利用 TM 遥感影像图,得出各镇街新增建设用地占用各类生态用地的面积,从而计算出 2008—2020 年浦口区各镇街单位生态系统服务价值减少量。计算结果表明:未来年份浦口区沿江城镇带单位生态系统服务价值继续下降,但速率有所减缓,非沿江各乡镇则变化不大;泰山街道单位生态系统服务价值量减少 2435.56 元/hm²,江浦街道减少 1525.4 元/hm²,顶山街道减少 2669.74 元/hm²,沿江街道减少 1764.12 元/hm²,乌江镇减少 1673.97 元/hm²,桥林镇减少 580.97 元/hm²。最后,根据单位生态系统服务价值变化情况以及各镇街概况,有针对性地提出浦口区及其各镇街生态建设建议。

第七章　结论与建议

第一节　研究结论

1. 跨江通道的建设能大力改善浦口区位条件,整合两岸优势资源,激发城市发展潜力,促进浦口与主城无缝对接。

跨江通道的建设能极大地提高浦口交通通达性,缩短与主城对接的时间、距离,缓解长期以来两岸的交通瓶颈。同时,对外交通便捷度的提高,又促进其城市内部交通系统的完善与等级提升,延伸主城交通系统服务功能,有力地改善浦口区位条件。沿江南北两岸,自然、经济条件差异明显,主城资金、技术实力雄厚,产业密集,竞争激烈,土地、劳动力成本较高,而浦口在土地、生态资源以及发展空间等方面存在优势。跨江通道的建设是整合两岸优势资源,优化产业空间布局,促进产业结构升级,提升城市综合实力的重要举措。

跨江通道的建设突破了长江天然屏障,扩大南京主城区基础设施与产业辐射范围,降低与主城联系的通行成本,两岸的物质、技术、资金流动更为密切,浦口区将承担主城甚至长三角区域更多的产业转移,吸引外来资本投资。区内优美的生态环境以及区位可达性的提高将吸引更多的主城人口,缓解主城不断增长的人口压力。这些将拉动浦口城市增长与区内基础设施的建设和完善。根据城市扩张模拟结果,2020 年、2030 年、2040 年浦口区新增建设用地分别达到 10139 公顷、

13151 公顷、14912 公顷，其中，仅规划的跨江通道建设（除现状的南京长江大桥、长江三桥）对全区城市用地扩张的贡献比例达到 20.67％、17.5％、14.47％，且主要集聚于沿江各镇街，朝现状建设用地的南面沿江区域扩张，北面受坡度及农地转用等因素制约，扩张较小。浦口城市扩张特征为各街道的"内部填充"与"外部连接"，将会形成连续的沿江城市带，可实现浦口新市区的集聚发展。

跨江通道建设是落实南京市"一城三区"空间规划以及实现"以江为轴，跨江发展"战略部署的关键。跨江通道建设可加快浦口融入主城步伐，促进与主城的无缝对接，成为主城的有机成分，将浦口培育为南京新经济增长点。

2. 跨江通道的建设有力地拉动浦口城市增长，但其贡献作用逐渐下降，需继续加大加密跨江通道建设，实现城市持续增长。

本研究发现，随着预测年份的推移，跨江通道建设对浦口区城市用地增长的贡献将逐渐下降，这在沿江各街道表现尤为明显。就规划的各跨江通道而言（除南京长江大桥、长江三桥），2020 年，其对泰山街道、江浦街道、顶山街道、沿江街道城市扩张的贡献值比例分别为 8.72％、32.53％、39.17％、35.27％，至 2040 年该比例依次下降至 2.72％、24.92％、18.79％、25.77％。

另外，跨江（河）通道是国内外许多跨江（河）城市持续快速发展的重要交通设施。迄今，伦敦跨泰晤士河有 17 条过河通道，桥隧密度 1.1 km/座；巴黎塞纳河有 34 条过河通道，桥隧密度 0.4 km/座；上海黄浦江也有 10 条跨江通道，桥隧密度 3.5 km/座；而在南京跨长江段，桥隧密度仅为 15 km/座，与以上城市相差甚远。

为落实跨江发展战略，实现江北经济持续快速增长，南京市委、市政府不仅应督促相关单位和部门按时按质落实已有跨江交通规划，还应锦上添花，继续加大跨江通道建设的投入，稳定其对城市增长的贡献作用，将跨江通道的规划与建设作为一项长久的工程持续进行。上海新发展看浦东，南京新发展看江北。浦口区政府应积极响应南京市"以江为轴，跨江发展"的战略部署，坚定不移地支持跨江桥隧的建设，将浦口打造成南京的"新浦东"。

3. 跨江通道的建设能鼎力促进浦口城市地价提升，带来巨大的土地增值收益,为城市基础设施建设筹集资金,实现通道建设与土地增值的良性循环。

跨江通道建设对浦口区地价升值的贡献,既包括通过提高区段地块的交通便捷度以及改善其区位通达性直接引起的城市地价增值,另外,还包括在缓解两岸交通瓶颈后,由于带动区内基础设施的完善以及商业繁华度的提高,间接引起的城市地价升值。

南京长江大桥、纬三路隧道、纬七路隧道为城市道路性质通道,承担大量通勤交通流量,其地价影响范围以及对地价的增值作用较大;南京长江三桥、南京长江五桥为绕城公路性质通道,承担较大比例的过境流量,其地价影响范围以及对地价的增值作用相对偏小。据本研究仅就住宅地价测算结果,在距城市道路性质通道较近的区段,其对住宅地价的增值作用达 1500 元/m² 左右;在距绕城公路性质通道较近的区段,对住宅地价的增值作用达 900 元/m² 左右。未来年份浦口新市区沿江区域地价将会出现较大的升值。

跨江通道建设将给浦口区带来巨大的土地额外增值收益。据本研究仅就住宅地价测算结果,现状及规划的各道路性质跨江通道,包括南京长江大桥、长江三桥、长江五桥、纬七路与纬三路隧道,未来其对浦口新市区地价增值有很大贡献,其中,至 2020 年,新市区新增住宅用地的地价增值收益可达 255 亿,年均增收 20 余亿元。

巨额的土地增值收益,能为浦口区城市基础设施建设筹集大量资金,是加大跨江通道建设工程投入的重要保障。浦口区需提前介入土地储备工作,引导城市发展与房地产开发,实现土地增值收益最大化,促进通道建设与土地增值的良性循环,切实贯彻实施跨江发展战略。

4. 跨江通道建设促进城市增长、地价提升的同时,对浦口区生态环境质量尤其是沿江生态景观格局有一定的影响。

浦口区生态环境正逐渐面临压力,2003—2008 年期间,全区土地单位面积生态系统服务价值不断降低,减少比例为 6.8%。在浦口区所辖的各镇街中,沿江各镇街的土地单位面积生态系统服务价值减少量远大于非沿江各乡镇,这与现状跨江通道(长江大桥、长江三桥)的通车使用密切相关。本研究表明:浦口区城市扩张若遵循生态中度保护模式,在城市增长的过程中,注重生态环境保护,至2020年,区内的生态环境可得到较大改善,所面临的生态压力将逐步缓解。沿江各镇街的单位生态系统服务价值继续下降,但速率有所减缓;非沿江各乡镇变化不大,甚至出现增加。

未来年份全区生态环境问题主要体现为沿江各镇街尤其是组成浦口新市区的泰山、顶山、江浦、沿江四个街道,必须大力开展生态建设,采取有效措施阻止生态环境的恶化,在发展经济的同时注重生态保护。各街道多以建设用地为主,可通过居住区和单位庭院的绿化建设、重点道路绿地改造及增加水域用地等来提高土地利用集约度,以实现生态系统服务价值的增长;充分利用丰富的自然生态资源,构筑与区内生态环境相适应的产业空间布局,优化土地利用结构;还应利用未来与主城便捷的交通联系,继续推进生态农业与生态旅游,鼓励和扶持环保产业,实现生态环境保护与社会经济的持续互动发展。需正确处理好发展与保护的关系,二者兼顾,避免出现城市扩张模拟时生态低度保护城市无序扩张与生态高度保护抑制增长潜力情形。

第二节 土地利用与城市发展建议

1. 科学划定镇街扩展边界,合理确定新增建设用地方向

根据浦口区城市规划,未来年份新增建设用地规模较大,主要集中于沿江城镇区域。至规划末年(2020年),泰山、江浦、顶山、沿江四个街道行政区域内布满建设用地,桥林镇与乌江镇中心区域也规划形成"桥林新城",其他各乡镇建设用地扩展不大。然而,浦口区第三轮土地利用总体规划修编工作目前正在开展,上级土地利用总体规划分配的建设用地指标十分有限,新增建设用地将在城市规划的基础上大幅缩水。

预测年份内SLEUTH模型城市动态扩张模拟结果显示:2020年,浦口区城市用地规模远小于城市规划确定的规模,新增建设用地主要集中于沿江各街道与

乡镇,建设用地朝南面扩张,城市沿江发展,而其北面受坡度因素与农用地转用制约扩张不大。因此,现状建设用地的南面沿江区域,受跨江通道建设的影响城市用地扩张较快,应视为城市未来的重点发展区域,优先划入建设用地扩展边界甚至规模边界内,使新一轮土地总体规划有限的指标尽量用于最适合城市增长的区域,满足该区域城市建设及重点项目用地需求。其他各乡镇新增建设用地指标的分配以及规模边界、扩展边界的划定,也可以参考城市动态扩张模拟结果进行确定。

2. 结合城市扩张动态模拟,确定城市存量土地储备方向

根据已有众多城市土地储备实践,很多城市储备的存量土地并不是未来城市发展急需用地,储备成本加大,回收周期变长,面临一定的土地储备风险。本次跨江通道建设对浦口区土地利用影响课题研究,通过城市扩张模拟明确了研究区未来建设用地增长的数量以及区位,并基于GIS空间分析方法测算了跨江通道建设给研究区住宅地价所带来的增值。在浦口区城市规划的基础上,这些研究结论都为确定城市存量土地储备方向提供了较为明确的指引。

根据研究结论,未来城市增长用地主要集中于沿江城镇区域,城市朝南面扩张,且跨江通道建设对住宅地价贡献的高值区域也位于该区域。在此基础上,浦口区政府必须以城市规划为依据,根据研究图件成果资料,加强对城市土地供应的调控,优先储备闲置、空闲和低效利用的国有存量建设用地;全面建立起土地收储制度,统一收购,统一储备,统一拍卖,把土地收益真正集中到政府手中;确保政府管理土地市场的职能到位,既保护好有限的土地,充分合理利用土地,又加快资源配置进程,发挥土地资产的最大价值。

3. 加大沿江房地产开发力度,促进土地节约与集约利用

随着南京房地产市场的发展,江宁、江北、河西、仙林等主城区之外的板块也开始大力发展,相对其他几个板块,浦口板块拥有最大的土地储备和价格发展空间。由于离南京市距离远,处于长江以北交通不便利及原本是县级行政划分等因素,导致浦口的房地产市场起步晚、发展落后和价格较低。近年来,大桥北路收费站搬迁计划确定,纬三路及纬七路隧道、地铁2号线西延等规划出台,南京市主城

区的对浦口区的经济辐射愈加明显,江北浦口区房地产市场开始蓬勃发展。

正是由于降低了浦口与主城间的交通成本,研究区内购房需求量逐渐上升,而长江两岸相邻区域楼盘均价的差异也成为购房者选择江北区域的主要因素之一。江南江北两区域的差距缩小,主城房地产市场的竞争压力增大,江北房地产市场的发展机会增多,沿江开发力度加大,浦口区房地产有了价格上涨的空间。

由跨江通道建设对浦口区地价增值分析得知:跨江通道对住宅地价的高值贡献区域集中于各通道较近的距离区段,随着距离的增加,综合交通贡献值呈明显的逐级递减趋势,粗略估算,到 2020 年,现状及规划的各道路跨江通道建设对浦口新市区住宅地价的贡献总量为 404.76 亿,其中对新增住宅用地的地价增值贡献为 255.18 亿。区政府应当继续大力推进土地市场化进程,优化配置土地资源,在更大程度上发挥房地产市场配置土地资源的基础性作用,进一步规范和完善土地市场,严格控制无偿使用土地的范围,缩减划拨用地的项目类型,逐步将经营性城市基础设施建设用地纳入有偿使用的轨道,这样才能有效地开发沿江地区房地产。

浦口区正处于快速城市化进程中,节约集约用地潜力大,还应该切实落实国家关于土地集约节约的政策,建立房地产开发商的用地准入门槛,提高建筑容积率、建筑面积和土地投资强度的标准。对于一些多占少用、用地粗放、建设容积率和规模不达标准的用地单位,通过经济和法律手段,使其提高土地利用率,让出多余用地。努力从"单一投资强度控制"转变为"既看投资强度,又看产出效益"的多元化控制体系,加强镇街存量土地的管理和农村建设用地挂钩工作。

4. 发挥跨江通道优势,激发城市增长潜力

国内经济持续稳定增长,大量资本涌入长三角地区,先进的制造业和现代化服务业已成为国内外投资的热点领域。"沿江开发"和"跨江战略"的提出,为浦口区承接新一轮资本、产业转移、产业结构优化升级带来新的发展机遇。根据课题研究结论,浦口区未来城市用地增长迅速,扩张较快,城市增长潜力巨大,至 2020 年,研究区新增居民点与独立工矿用地面积为 10139.17 公顷。另外,跨江通道建设对地价拉动作用较大,特别是沿江城镇区域住宅地价,据测算,现状及规划各通

道对研究区住宅地价贡献值为 404.76 亿。为激发研究区城市增长潜力，促进区内社会经济持续稳定发展，城市管理部门需提升社会发展理念，明确城市经营思路。

第一，加大跨江发展力度，大力支持浦口区城市建设，促进区域内经济持续增长。制定各项跨江发展政策，加大跨江通道建设资金投入，指导相关部门做好通道的前期功能定位、中期建设管理及后期运行维护工作。政府部门需意识到未来城市发展潜力，提前做好增长准备，继续加快以城市供电、供气、供水、环保等为重点的基础设施建设，全方位增强城市综合服务功能，以全面落实沿江开发为战略部署，做大做强支柱产业，加速工业化中期向工业化后期过渡，促进经济增长方式由粗放型向集约型转变，由投资增长型转变为结构调整型。

第二，明确城市发展思路，提升经营理念。继续大力发展区内五大主导产业，通过构筑发展平台，形成特色产业制造基地；实施扶优扶强政策，建立企业家激励制度；提高引进项目的档次和引资成效，加大高新区的整合工作力度等措施。发展高新技术产业，实现工业跨越式发展，在规模持续扩大的同时，提高工业产品竞争力，保持发展后劲；大力引进高新技术项目，形成高新技术的产业集群，重点在于采用新能源技术、新材料，做粗做长产品链。推进园区建设，调整工业园区空间布局规划，适应发展需要；加快推进开发区和镇街工业集中区的合作力度，加速三桥经济区建设，形成规模企业集中、关联产业集群、优势特色产业集聚效应，形成以开发区为重点，以镇街工业集中区为辅翼的互相联系、互为补充的工业发展布局。

第三，根据未来城市发展需求，在新一轮土地利用总体规划中，一方面，还需多争取建设用地指标，实行耕地易地调剂；另一方面，加快农村建设用地挂钩、土地整理复垦工作，加快城市化速率，促进农村人口向城市转移，为未来城市增长争取必需的空间。

5. 完善城市内部交通系统，提升基础设施水平，增强沿江镇街带辐射能力

现状及未来跨江通道的建设，极大地提高了浦口区对外交通便捷程度，提升了浦口整体区位优势，对沿江各街道乡镇城市建设及社会经济发展具有较大的促

进作用。浦口区应该抓住跨江发展契机,在提高对外交通便捷程度的同时,加大资金投入力度,完善城市内部交通系统,提高城市内部道路交通等级,加快规划路网的建设;同时完善并提升城市基础设施水平,增加其服务半径,增强沿江镇街带辐射能力,促进非沿江乡镇产业结构的升级,带动其第二、第三产业的发展,提升研究区整体经济水平。

按照适度超前原则,积极主动地推进跨江通道建设,做好各跨江通道跨江工程的前期准备工作,为工程的实施提供便利条件,以尽快加强与南京主城的经济交流;全力配合宁西铁路、京沪高速铁路、宁淮高速等境内重大交通基础设施的建设,加快形成通达快捷的对内交通和辐射周边的对外交通网络。继续加快建设区内交通干道,建成沿山大道,滨江大道等主干公路,构筑"三纵七横"干道骨架。浦口区相关部门应提高城市静态交通建设地位,提高交通设施综合服务水平,继续推进区域公路网化工程,尽快形成"外成环,内成网,环网相连,快速便捷"的交通格局。在此基础上,优先发展城市公交,加快构建城市快速公交体系,实现与南京主城公交的全面对接,在确保村村通公交车的基础上,提高线网密度和站点覆盖率,形成干支协调、结构合理、便捷通畅的公共交通体系。

6. 协调建设与保护关系,实现城市可持续发展

由第六章对浦口区生态系统服务价值时空变化分析可知,2003—2008 年期间研究区单位生态系统服务价值一直下降,五年间共减少 1153.91 元/hm^2,生态环境正在逐渐恶化。南京长江大桥、长江三桥的通车,加强了两岸经济联系,促进沿江各镇街建设用地增长,大面积占用高生态服务价值的绿地、水体、湿地、耕地,致使沿江镇街特别是沿江四个街道生态服务价值逐年减小。根据计算结果,未来年份沿江镇街带特别是沿江四个街道单位生态系统服务价值将继续下降,但速率会有所减缓。

因此,在加大浦口经济发展力度的同时,要特别注意生态环境的保护与建设。当地政府应正确处理经济建设与生态保护二者之间的关系,牢固确立"环境立区"、"生态兴区"理念,按照"构建资源节约型、环境友好型社会"要求,加快推进"生态浦口"、"绿色浦口"建设,构建以循环经济为核心的生态经济体系,以生态景

观保护和建设为重点的生态支持体系,可持续利用的资源保障体系,到 2010 年,确保生态环境质量达到国家功能区划标准,主要指标达到国家生态区建设标准。加强生态环境建设,特别是跨江通道沿线的生态环境,杜绝一味追求经济增长,需将生态环境保护融入社会经济发展中。

按照统筹规划、集约开发、远近结合、深水深用、浅水浅用、整治保护的原则,科学、合理、有效地利用长江岸线资源。依据岸线自然条件、产业和城市发展要求,把沿江岸线建成集生产岸线、生活岸线、生态岸线于一体,线状形象突出的沿江景观岸线,提高城市的绿色 GDP,为构建"生态、富裕、和谐"新浦口提供有力的基础支撑和保障,实现城市可持续发展。

7. 探索合理的跨江收费制度,充分利用跨江桥隧资源

规划近期年份,研究区将建设有"三桥两隧"五条道路跨江通道,分别为现状的南京长江大桥、长江三桥,已建的纬七路隧道、规划的南京长江五桥(江心洲跨江通道)和纬三路跨江隧道。由研究结果可知,现状及未来跨江通道的建设将会使研究区特别是沿江城镇区域快速扩张,跨江交通流量的增加将会带来沿江城镇区域住宅地价大幅提升。

南京长江大桥属于上海铁路局管理,南京长江二桥由民营企业深圳中海控制,南京三桥由社会资本共同投资,在建的跨江隧道中铁集团占股 80%,分属不同投资主体。互不协调的收费制度,一方面造成了车辆通行效率低下,另一方面使通道资源未能得到充分利用。为了能够充分利用跨江桥隧资源,合理分配未来跨江交通总流量,加强研究区与主城的联系与对接,激发未来城市增长潜力以及促进地价增值,浦口区相关部门务必探索合理的跨江收费制度,从而实行统一的跨江通道管理制度。

我国和一些发达国家的实践证明,政府应行使统一规划和建设监督职能,而具体的经营活动应由具备相对独立能力的机构或企业,在政府调控与市场机制相结合的模式驱动下,进行专门经营,即宏观管理以交通部门为主,微观经营以企业为主,实现投资主体多元化、建设资金资本化、经营管理企业化。为有效利用跨江通道资源,交通管理部门可以成立一个跨江通道专门管理机构,如成立南京市跨

江交通管理局,其管理对象还需包括六合区现状及规划的各条跨江通道,主要负责三方面的工作:

第一,代表交通主管部门对跨江通道实施行政性管理,管理内容包括规划指导、法规建设、监督检查、市场培育、协调服务和精神文明建设等。

第二,组织编制跨江通道发展规划、专项规划、中长期规划,安排建设年度投资计划,承办跨江通道建设工程项目建议书、可行性研究报告、设计文件等的编制和审查工作,负责跨江通道综合统计和信息引导工作。

第三,还需要探索建立系统完善的跨江通道收费制度,各跨江桥隧收费相互协调与配合,充分利用有限的跨江桥隧资源,提高跨江交通车辆通行效率。随着国民经济的快速发展和城市功能的扩张,跨江通道的联网收费和收费年票制的实行将是发展方向。

未来年份南京长江大桥应该设置收费站,所收跨江费用需要大于相邻位置的纬三路隧道,有利于缓解大桥长期以来趋于饱和的交通压力。而现状的南京长江三桥跨江费用需要适当降低,低于相邻南京长江五桥跨江费用,吸引交通流量特别是过境交通流量,避免南京长江五桥的建设带来三桥利用效率的下降。据第五章跨江通道建设对研究区地价增值分析,南京长江五桥对住宅地价的贡献值偏小,这主要是由于未来年份进城交通流量偏低所造成,为提高长江五桥对地价及城市建设的影响,其跨江费用应小于纬七路、纬三路跨江隧道,但需大于南京长江三桥过江费。根据《纬三路隧道可行性研究报告》对未来年份跨江通道交通流量的预测,采用双向八车道设计的纬三路通道,其跨江交通流量与其他通道相比最大,而其又承担着吸引大桥交通流量,分担大桥交通压力的任务,将面临着一定的通行压力。因此,可适当降低纬七路隧道过江费用,以达到吸引部分纬三路车流量的目的。综上所述,为合理利用有限的跨江桥隧资源,未来通道所收过江费用大小顺序依次为:南京长江大桥>纬三路隧道>纬七路隧道>南京长江五桥>南京长江三桥,从长江上游至下游,过江费用依次增加。

参考文献

1. Alan W. E. *City Economic Study*. Shanghai: Shanghai Further-East Press, 1992: 43 - 47.

2. Alex A. , Richard A. & Kenneth A. S. Urban Spatial Structure. *Journal of Economic Literature*, 1998,3:1426 - 1464.

3. Alonso W. *Location and Land Use: Toward a General Theory of Land Rent*. Cambridg: Harvard Univers Press, 1964:14 - 39.

4. Anthony G. Y. & Xia L. Economic Development and Agricultural Land Loss in the Pearl River Delta, China. *Habitat International*, 1999, 23 (3): 373 - 390.

5. Asabere P. K. & Harvey B. Factors Influencing the Value of Urban Land: Evidence from Halifax-Dartmouth, Canada. *AREUEA Journal*, 1978, 13(4):361 - 377.

6. Bentick B. L. The Impact of Taxation and Valuation Practices on the Timing and Efficiency of Land Use. *The Journal of Political Economy*, 1979,87(4):859 - 868.

7. Betts R. M. & Ely S. J. *Basis Real Estate Appraisal (4th Editon)*. New Jersey: Prentice Halll, 1998:51 - 57.

8. Bezanson K. A. What Happened in East Asia and What Are Its Meanings for Development in Real Estate. *Journal of Construction and Real Estate Economics*, 2004, 4:201 - 211.

9. Broomhall D. Urban Encroachment, Economic Growth, and Land Values in the Urban Fringe. *Grow hand Change*,1995,26:191 - 203

10. Catherine L. R. Land Use Transportation Interaction of the 1995 NPTS Data.

Graduate City Planning Program,1997:1-50.

11. Chan W. W. & Jeannette. A Study of Factors Influencing Residential Land Price in Hong Kong (1978-1988). University of Hong Kong, 1990.

12. Claire A. M. A Structural Model of the U. S. Housing Market:Improvement and New Construction. *Journal of Housing Economics*,1996,5:166-192.

13. Constanza R. , et al. The Value of the World's Ecosystem Service and Nature Capital. *Nature*, 1997,387:253-260.

14. Czamanski S. Effects of Public, Investments on Urban Land Values. *Journal of the American Institute of Planners*, 1966, 32(4): 4-17.

15. Dalvi M. Q. & Martin K. M. The Measurement of Accessibility:Some Preliminary Results. *Transportation*, 1976,5:17-42.

16. De silva H. & Tatam C. An Empirical Procedure for Enhancing the Impact of Road Investments. *Transport Policy*, 1996,3(4):201-211.

17. Downing P. B. Factors Affecting Commercial Land Values: An Empirical Study of Milwaukee, Wisconsin. *Land Economics*, 1973, 49(1):44-56

18. Eran F. The Potential of Rail as an Environmental Solution: Setting the Agenda. *Transportation Research A*, 1994,3:209-222.

19. Furutani T. , Muromachi Y. & Ohta K. A Study on Land Use-Transportation Integrated Model Based on Stochastic User Equilibrium, Proeeedings of ICTTS. *The American Society of Civil Engineers*, 2000:480-487.

20. Gallion A. B. & Eisner S. The Urban Pattern: City Planning and Design. Van Nostrand Reinhold Company, 1986:37-41.

21. Gao W. & Ustin S. L. Remote Sensing and Modeling of Ecosystems for Sustainability. Proceedings of SPIE, 2005, 5884: 0277-786.

22. Goldberg M. A. Transportation, Urban Land Values and Routs: A Synthesis. *Land Economies*,1970, 46:153-162.

23. Goranvuk. Transport Impacts of the Copenhagen Metro. *Journal of Transport Geography*, 2005,1:223-233.

24. Hancock P. A. & Caird J. K. Intelligent Vehicle-Highway Systems: Problems and Promises. *Human Factors Soeiety Bulletin*, 1992, 35(10):1-4.

25. Hansen. W. G. How Accessibility Shapes Land Use. *Journal of Alneriean Institute of Planners*,1959(1):73-76.

26. Harold C. *The Study of Urban Geography* (Fourth Edition). London: Arnold, 1995:126-130.

27. Hayashi Y. & Morisugi H. International Comparison of Background Conceptand Methodology of Transportation Project Appraisal. *Transport Policy*. 2000,7:73-88.

28. Horbort J. D. & Stevens B. H. A Model for the Distribution of Residential Activity in Urban Areas. *Journal of Regional Science*, 1960,2(2):21-36.

29. Huang J. K. , Zhu L. F. & Deng X. Cultivated Land Change in China: The Impacts of Urbanization and Industrialization,2005.

30. Johannes S. The Car Is Threatening Our Cities—The Use of Car Should Pay for Better Public Transport. *Public Transport International*, 2000,1:49-51.

31. John P. Transportation Trends, Problems, and Policies: An International Perspective. *Transportation Research*,1999, Part A 33:493-503.

32. Lambin E. F. , Baulies X. & Bockstael N. Land-Use and Land-Cover Change Implementation Strategy. IGBP Report No. 48 and HDP Report No. 10. Stockholm: IGBP, 1999.

33. Lambin E. F. Modeling and Monitoring Land-Cover Change Processes in Tropical Regions. *Progress in Physical Geography*, 1997, 21(3): 375-393.

34. Lioyd H. & Flemete. Rail Transit—the People's Choice. *Railway Age*, 1997, 9: 71-80.

35. Lunenfeld H. Human Factor Consideration of Motorist Navigation and Information Systems. Vehicle Navigation and Information Systems Conference Proceedings. *Society of Automotive Engineers*,1990:35-42.

36. Manning C. A. The Determinants of Intercity Home-Building Site Price Differences. *Land Economics*, 1988, 64(1):1-14.

37. Matusita K. A. Distance and Related Statistics in Multivariate Analysis. *Multivariate*, 1966, 1:187 – 299.

38. Mayer J. C. & Somerville C. T. Residential Construction: Using the Urban Growth Model to Estimate Housing Supply. *Journal of Urban Economics*, 2001,48:85 – 109.

39. Michael J. S. Flexibility Trade Efficient Enhancements of Reconstrained Global. *Design Optimization with Approximations*, 2002.

40. Moazzem H. & Mir Z. H. Simulation of Bus Operation Under Mixed Traffic Conditions. Proceedings of ICTTS. *The American Society of Civil Engineers*, 2000:441 – 448.

41. Morisugi H. Evaluation Methodologies of Transportation Projects in Japan. *Transport Policy*, 2000, 7:35 – 40.

42. Muth R. F. The Derived Demand for Urban Residential Land. *Urban Studies*, 1971, 8:143 – 154.

43. Okmyung B. A Prediction Comparison of Housing Sales Prices by Parametric Versus Semi-Parametric Regressions. *Journal of Housing Economics*, 2004,13:68 – 84.

44. Ottensmann J. R. Urban Sprawl, Land Values and the Density of Development. *Land Economies*, 1977, 53(4):389 – 400.

45. Perez W. A. & Mast T. M. Human Factors and Advanced Traveler Information System. Proceedings of the Human Factors Society 36th Annual Meeting, 1992. Human Factors Society, 1073 – 1077.

46. Peter E. Improved Price Indexes for Real Estate: Measuring the Course of Swedish Housing Prices. *Journal of Urban Economics*, 1998,44:171 – 196.

47. Ratcliffe J. , Stubbs M. & Shepherd M. *Urban Planning and Real Estate Development*. London: London UCL Press,1960,2:21 – 36.

48. Riebsame W. E. & Parton W. J. Integrated Modeling of Land Use and Cover Change. *Bioscience*, 1994, 44(5): 350 – 356.

49. Roget L. , Maekett & Marion E. The Impact of New Urban Public Transportation Systems: Will the Expectations Be Met. *Transportation Researeh A*, 1998, 4:

231 - 246.

50. Ryuji K. & Shoshi Mizokami. A Transportation Choice Model with Serial Correlation and State Dependency. Proceedings of ICTTS. *The American Society of Civil Engineers*, 2002, 1: 373 - 380.

51. Shan L. L. & Gao Z. Y. A Model of Urban Land Use and Transportation Network Design. Proceedings of ICTTS. *The American Society of Civil Engineers*, 2000: 398 - 403.

52. Shen J. S. & Zhang Z. W. Discussion on Traffic Sustainable Development and Chinese Clean Automotive. Proceedings of ICTTS. *The American Soeiety of Civil Engineers*, 2000: 52 - 57.

53. Smith B. A. The Supply of Urban Housing. *The Quarterly Journal of Economics*, 1976, 90(3): 389 - 405.

54. Stephen M. The Long-Run Price Elasticity of Supply of New Residential Construction in the United States and the United Kingdom. *Journal of Housing Economics*, 2001, 10: 278 - 306.

55. Tymer II B. L., Skole D. L. & Sanderson S. Land-Use and Land-Cover Change: Science/Research Plan. Stock-holm: IGBP, 1995.

56. Weiss S. F., Dormelly T. G. & Kaiser E. J. Land Value and Land Development Influence Factors: An Analytical Approach for Examining Policy Alternatives. *Land Economies*, 1966, 42 (2): 230 - 233.

57. Wheaton W. C. Urban Residential Grouth under Perfect Foresight. *Journal of Urban Economics*, 1982, 12: 67 - 73.

58. William A. *Location and Land Use*. Cambridge: Haward University Press, 1965.

59. William S. C., Don T. J. & Robert A. K. The Turn-of-the-Month Effect in Real Estate Investment Trusts. *Managerial Finance*, 2006: 969 - 980.

60. Witte A. D. The Determination of Interurban Residential Site Price Differences: A Derived Demand Model with Empirical Testing. *Jounal of Regional Science*, 1975, 15(5): 351 - 364.

61. Wolfgang M. Shrinking and Growing Metropolitan Areas-Asymmetric Real Estate Price Reactions—The Case of German Single-Family Houses. *Regional Science and Urban Economics*，2007.

62. Xia L. & Anthony G. Y. Analyzing Spatial Restructuring of Land Use Patterns in a Fast Growing Region Using Remote Sensing and GIS. *Landscape and Urban Planning*，2004, 69 (4)：335 - 354.

63. Yoshina O. ，Takafumi F. & Tomonori S. A Mode Choice Model for Long Distance Travel on Business Integrating Departure Time Decision Behaviors. Proceedings of ICTTS. *The American Society of Civil Engineers*，2002,1：405 - 412.

64. 埃德温·S. 米尔斯.《区域和城市经济学手册》第 2 卷. 郝寿义等译. 北京：经济科学出版社,2003.

65. 白利妮. 花江示范区土地利用变化的驱动力分析. 贵州师范大学学报（自然科学版），2004, 22(2)：27 - 32.

66. 保罗·A. 萨缪尔森等. 经济学. 北京：中国发展出版社,1982.

67. 车江洪. 房地产市场体制建设研究. 上海：上海社会科学院出版社,2000.

68. 陈航. 中国交通地理. 北京：科学出版社,2000.

69. 陈立芳,郑卫民. 城市交通与城市空间互动影响探索. 中外建筑,2007,10：64 - 65.

70. 陈尚云. 我国特大城市客运交通系统结构和发展战略研究,西南交通大学博士学位论文,2004:20 - 22.

71. 陈顺清. 城市增长与土地增值的综合理论研究. 地球信息科学,1999,1：41 - 44.

72. 陈思源,曲福田,倪绍祥等. GIS 空间分析支持下的城市地价分布研究. 南京农业大学学报,2005,28(3)：119 - 122.

73. 邓红兵,王英明,张巧显. 江西省土地利用变化及其驱动力定量研究. 江西农业大学学报（自然科学版）,2006, 28(6)：933 - 938.

74. 丁成日. 城市空间结构理论——单中心城市静态模型. 城市发展研究,2006,4：121 - 126.

75. 杜春兰. 地区特色与城市形态研究. 重庆建筑大学学报，1998,6：26 - 29.

76. 杜德斌,徐建刚. 影响上海市地价空间分布的区位因子分析. 地理学报,1997, 52(5):403-411.

77. 杜小娅,陆跃进. 南京市区地价空间分布及影响因素分析. 国土资源遥感,2004, 2:51-55.

78. 杜忠潮,车自力. 咸阳市城区基准地价空间分布与区位因子分析. 咸阳师范学院学报, 2002, 17(6):33-36.

79. 方向阳,陈忠暖,陈基纯. 珠港澳可持续发展协调度评估. 城市环境与城市生态, 2004,17(5):24-26.

80. 费移山. 城市形态与城市交通相关性研究. 东南大学硕士学位论文,2003,1: 10-12.

81. 高万云,王长松. 我国城市道路交通可持续发展问题初探. 城市交通,2001,4: 7-11.

82. 葛京凤,郑艳东,郑小刚. 城市地价水平变化的成因分析——以石家庄市为例. 河北师范大学学报(自然科学版),2005,29(3):313-317.

83. 顾朝林等. 集聚与扩散:城市空间结构新论. 南京:东南大学出版社,2000.

84. 顾朝林. 经济全球化与中国城市发展. 北京:商务印书馆,2000.

85. 韩彪. 交通经济论——城市交通理论、政策与实践. 北京:经济管理出版社,2000.

86. 胡子祥,吴文化. 城市交通管理机制及其发展. 综合运输,2001,7:1-6.

87. 华文. 城市地价水平影响因素的相关分析——以江苏省为例. 经济地理, 2005(25):203-205.

88. 黄建中. 特大城市用地发展与客运交通模式. 北京:中国建筑工业出版社,2006.

89. 黄琼. 城际轨道交通与珠三角大都市带经济发展研究. 暨南大学硕士学位论文, 2006:34-35.

90. 黄贤金,彭补拙,张建新等. 区域产业结构调整与土地可持续利用关系研究. 经济地理,2002,22(4):425-428.

91. 黄亚平. 城市空间理论与空间分析. 南京:东南大学出版社,2002.

92. 蒋芳. 北京市地价空间分布规律及其形成机制研究. 北京:中国农业大学,2004: 5-7.

93. 蒋芳,朱道林.基于GIS的地价空间分布规律研究——以北京市住宅地价为例.经济地理,2005(2):199-202.

94. 李玲,谷树忠,胡克林.都市地价空间分析方法及其应用.资源科学,2003,25(4):86-92.

95. 李平华,陆玉麒.城市可达性研究的理论与方法评述.城市问题,2005(1):69-74.

96. 李平,李秀彬,刘学军.我国现阶段土地利用变化驱动力的宏观分析.地理研究,2001,20(2):129-138.

97. 李秀彬.全球环境变化的核心领域:土地利用/土地覆盖变化的国际研究动向.地理学报,1996,51(6):553-557.

98. 李旭宏等.道路交通规划.南京:东南大学出版社,1997.

99. 梁巨伟,张健.滁州市土地利用变化驱动力及对策研究.安徽农业大学学报,2007,34(3):410-414.

100. 刘露.天津城市空间结构与交通发展的相关性研究.华东师范大学博士学位论文,2008:18-28,97-98.

101. 刘平辉,郝晋珉.北京市海淀区土地资源利用的产业格局特征.资源科学,2003,25(5):46-51.

102. 刘平辉,郝晋珉.土地利用分类与城乡发展规划.北京:中国大地出版社,2005.

103. 刘平辉,叶长盛.农业用地转化为建设用地的内在机制及驱动力研究.中国土地科学,2007,21(6):58-59.

104. 刘维新.地租地价,产权与住宅市场运作.理论前沿,1999(12):39-41.

105. 陆峰,胡江云,许顺才.国外城市对策的借鉴.城市发展研究,1997.4:50-53.

106. 陆化普等.交通规划理论与方法.北京:清华大学出版社,1998.

107. 陆锡明,陈小雁.客运规划与城市发展.上海:华东理工大学出版社,1996.

108. 陆跃进,周生路.南京城区土地出让价格时空变异研究.土壤,2003,35(3):216-221.

109. 罗罡辉.基于GWR模型的城市住宅地价空间结构研究,浙江大学博士学位论文,2007:28-30.

110. 马克思,恩格斯. 马克思恩格斯全集,第一卷. 北京:人民出版社,1972.

111. 马克思. 资本论:第三卷. 北京:人民出版社,1957.

112. 马林,李询,赵小云. 迈向二十一世纪的中国城市交通交通——中国城市交通规划学术委员会论文集(1999年). 北京:地震出版社,1999.

113. 迈克尔·E.比斯利,迈克尔·A.肯普. 区域和城市经济学手册:第二卷,城市经济学,第26章. 北京:经济科学出版社,2001.

114. 苗建军. 论区域性中心城市的发展道路. 四川大学博士学位论文,2003:24-26.

115. 莫尔豪斯·伊利. 土地经济学原理. 北京:商务印书馆,1982.

116. 欧阳安蛟,陈立定. 风景区开发项目用地基准地价评估方法初步探讨. 浙江大学学报(理学版),2002,29(4):476-480.

117. 欧阳杰,李旭宏. 城域/市域/区域——以京津城市空间结构的演变为例. 规划师,2007(10):485-490.

118. 齐康. 城市的形态. 南京工学院学报,1982(3):14-27.

119. R.J.约翰斯顿. 哲学与人文地理学. 蔡运龙,江涛译. 北京:商务印书馆,2000.

120. 单刚,王晓原,王凤群. 城市交通与城市空间结构演变. 城市问题 2007(9):37-42.

121. 单胜道,黄祖辉. 土地价值论再探讨. 国土开发与整治,2002:41-45.

122. 单胜道,吴次芳. 外部地价论. 浙江大学学报(人文社会科学版),2000,30(3):156-160.

123. 上海市交通工程学会. 畅达新世纪的城市交通.1999上海国际城市交通学术研讨会论文选. 上海:同济大学出版社,1999.

124. 石成球. 关于我国城市土地利用问题的思考. 城市规划,2000,2:11-15.

125. 史培军,陈晋,潘耀忠. 深圳市土地利用变化机制分析. 地理学报,2000,55(2):151-160.

126. 世界银行. 可持续发展的交通运输——政策改革之优先课题. 建设部城市交通工程技术中心译. 北京:中国建筑工业出版社,2002.

127. 宋金平,李丽平. 北京市城乡过渡地带产业结构演化研究. 地理科学,2000,20(1):20-26.

128. 孙群郎. 美国城市交通的发展与城市生态组织的变迁. 史学集刊, 2001, 2: 67 - 72.

129. 谭少华, 倪绍祥. 区域土地利用变化驱动力的成因分析. 地理与地理信息科学, 2005, 21(3):47 - 50.

130. 汤姆逊. 城市布局与交通规划. 北京:中国建筑工业出版社, 1982.

131. 唐菊兴, 李少达, 王乾. 城市区位模式与城市地价研究——以四川省德阳市为例. 成都理工学院学报, 2001, 28:429 - 430.

132. 汪应宏. 城市地价与房租的空间变异分析——以蚌埠市为例. 中国矿业大学学报, 2005, 34(5): 673 - 678.

133. 王春才, 赵坚. 城市交通与城市空间演化相互作用机制研究. 城市问题, 2007, 6:15 - 18.

134. 王春才, 赵坚. 促进城市交通与土地利用协调发展的对策. 综合运输, 2006, 12: 38 - 42.

135. 王宁. 组合型城市形态分析——以浙江省台州市为例. 经济地理, 1996, 2: 32 - 37.

136. 王农. 城市形态与城市文化初探. 西北建筑工程学报, 1999(3):25 - 29.

137. 王筱明, 郑新奇. 商业用地路线价测算模型研究. 资源・产业, 2004, 1:30 - 33.

138. 王兴中. 人文地理学概论. 济南:山东地图出版社, 1993.

139. 王延中. 基础设施与制造业发展关系研究. 北京:中国社会科学出版社, 2002.

140. 吴次芳, 许红卫, 唐根年. 地理信息系统支持下的城镇土地动态评价. 浙江农业大学学报, 1995, 21(4):413 - 417.

141. 仵宗卿, 柴彦威. 大城市商业活动空间结构研究的几个问题. 经济地理, 2000, 1: 115 - 120.

142. 武进. 中国城市形态结构、特征及其演变. 南京:江苏科学技术出版社, 1990.

143. 橡子. 新华社记者为土地问题鼓与呼. 南风窗, 2003, 9:52 - 54.

144. 肖秋生, 徐慰慈. 城市交通规划. 北京:人民交通出版社, 1998.

145. 解本政. 现代城市发展模式与策略研究. 天津大学博士学位论文, 2004: 51 - 53.

146. 谢高地, 鲁春霞, 肖玉等. 青藏高原高寒草地生态系统服务价值评估. 山地学报,

2003,21(1):50-55.

147. 徐丰. 我国城市房地产业运行机理及发展模式研究,吉林大学博士学位论文,2009:30-33.

148. 徐吉谦. 交通工程总论. 北京:人民交通出版社,1991.

149. 徐慰慈. 城市交通规划论. 上海:同济大学出版社,1998.

150. 徐永建,阎小培. 西方国家城市交通系统与土地利用关系研究. 城市规划,1999,11:38-43.

151. 许庆斌. 运输经济学导论. 北京:中国铁道出版社,1995.

152. 许学强. 城市地理学. 北京:高等教育出版社,1997.

153. 严星,林增杰. 城市地产评估. 北京:中国人民大学出版社,1993.

154. 阎小培. 广州CBD的功能特征与空间结构. 地理学报,2000,4:475-486.

155. 杨钢桥,毛汉. 我国城市土地价格形成过程与形成机制. 中外房地产导报,2001,2:39-41.

156. 杨桂山. 土地利用/覆盖变化与区域经济发展——长江三角洲近50年耕地数量变化研究的启示. 地理学报,2004,59:41-46.

157. 杨继瑞. 影响城市地价的因素体系探析. 城市规划汇刊,1994,5:14-21.

158. 杨世琦,高旺盛,隋鹏. 湖南资阳区生态经济社会系统协调度评价研究. 中国人口·资源与环境,2005,15(5):67-70.

159. 杨吾扬. 北京市零售商业与服务中心网点的过去、现在和未来. 地理学报,1994,1:9-15.

160. 野口悠纪雄. 土地经济学. 北京:商务印书馆,1997.

161. 伊利等. 土地经济学原理. 北京:商务印书馆,1982.

162. 约翰·M.利维. 现代城市规划. 张景秋等译. 北京:中国人民大学出版社,2003.

163. 张兵. 城市规划实效论. 北京:中国人民大学出版社,1998.

164. 张帆,赵金涛. 交通需求控制:缓解城市压力的策略选择. 城市问题,2002,1:65-68.

165. 张金鄂. 房地产投资与决策分析:理论与实务. 中国台湾:远流出版社,1996.

166. 张莉. 城市发展中的地价空间结构研究——以连云港市区为例. 南京师范大学,

2002:21-25.

167. 张明. 区域土地利用结构及其驱动因子的统计分析. 自然资源学报,1999,14(4):381-383.

168. 张薰华."资本论"脉络. 上海:复旦大学出版社,1999.

169. 赵燕. 当前我国城市发展的形势与判断. 城市规划,2002.3:8-15.

170. 郑莘,林琳. 1990年以来国内城市形态研究述评. 城市规划,2002(7):59-64.

171. 郑云有,周国华. 关于城镇工业用地基准地价评估的研究. 经济地理,2001,21(1),4-6.

172. 周诚. 土地价值简论. 中国土地科学,1998:2-4.

173. 周健瑜. 改革现行征地制度保护农民土地权益. 中共四川省委党校学报,2005,(1):21-24.

174. 周素红,阎小培. 城市交通与城市土地利用关系研究的进展. 规划广角,2005(3):58-62.

175. 周伟,袁春,周小雪. 云南省罗平县土地利用变化及驱动力研究. 资源开发与市场,2006,22(6):527-530.

176. 朱会义,何书金,张明. 环渤海地区土地利用变化的驱动力分析. 地理研究,2001,20(6):669-678.

后　记

　　跨江发展是国内外众多发达滨江城市的发展模式,跨江通道则是跨江城市持续快速发展的重要保证。跨江通道建设可改善滨江城市的可通达性,由此所引起的用地需求及地价影响已成为土地利用与开发关注的重要问题。南京作为长三角城市群的三大节点城市之一,担负着拉动江北、辐射皖东的特殊任务,具有跨江型城市的典型性。在分析南京跨江通道建设对浦口社会经济发展的潜在影响的基础上,通过研究跨江通道对城市建设用地增长的影响,科学确定未来城市重点发展方向,并得出各跨江通道地价影响范围、地价作用模式、生态影响效果,为浦口滨江副城节约与集约用地、提高用地效益、保护生态环境提供决策依据,也可对其他同类城市处理面临的土地开发、储备和城市可持续发展等方面的问题起到借鉴作用。

　　本书的研究得到了南京市浦口区国土资源局相关项目的支持。

　　本书由杨得志提出大纲,杨得志、吴巍、沈春竹参加讨论并撰写初稿,杨得志统稿。周生路教授、吴绍华副教授对本书大纲和初稿进行了修改、完善。

　　感谢南京大学彭补拙教授、黄贤金教授、周寅康教授、朱诚教授、张捷教授、王腊春教授、汪亚平教授、张振克教授、张燕副教授、李升峰副教授的关心和支持,对本研究自始至终的技术咨询和思路指导。

　　感谢中国科学院南京土壤研究所赵其国院士,中国科学院南京地理与湖泊研究所陈爽研究员、陈雯研究员,南京农业大学刘友兆教授、潘剑君教授等给予的指导与帮助,对本书研究提出许多宝贵意见。

　　感谢李志、王亚坤、曹伟、张红富、隋雪艳、顾芗、皮晓菲、李达、李京涛、王晓瑞、何佳等同门在项目研究讨论、资料收集、数据处理等方面付出的辛勤劳动。

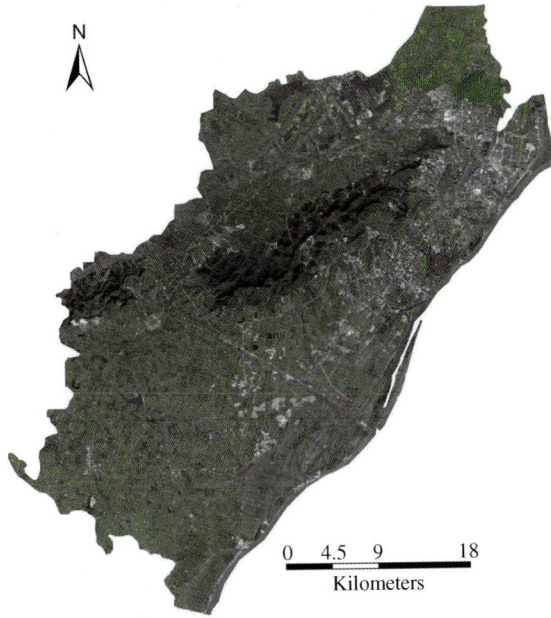

图 3-1　2008 年浦口区土地利用动态监测遥感图

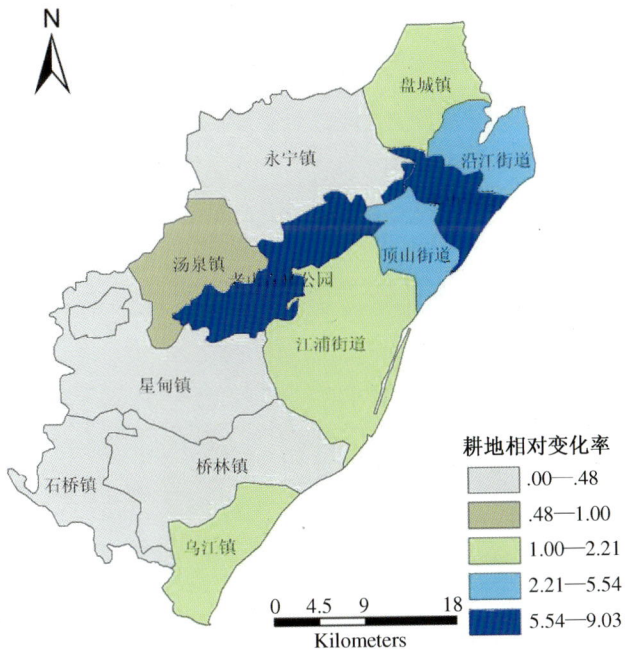

图 3-3　2003—2008 年浦口区各镇街耕地相对变化率区域差异图

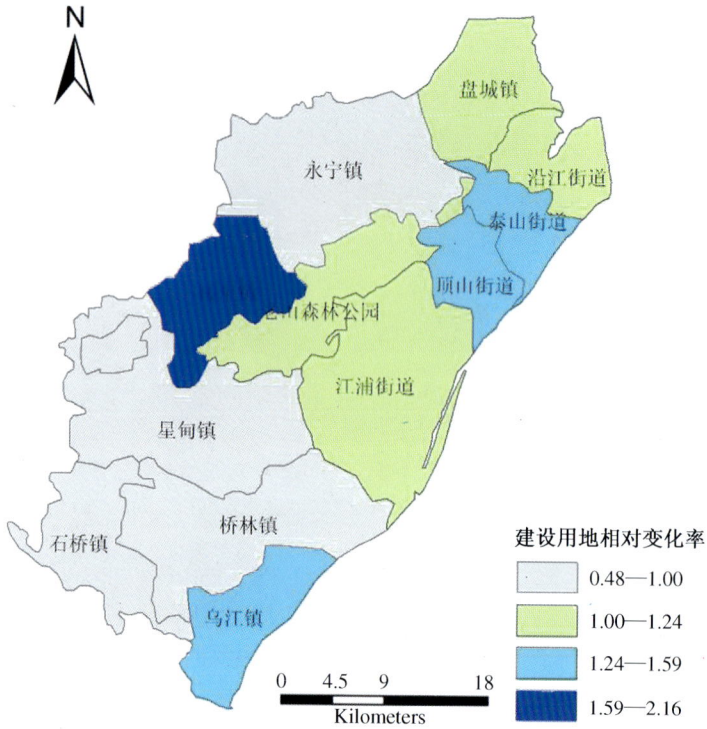

图 3-4 2003—2008 年浦口区各镇街建设用地相对变化率区域差异图

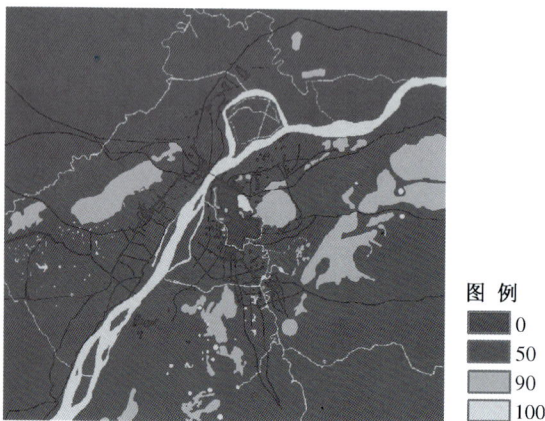

图 4-9 城市模拟区域排除层示意图

坡度层

高 255

低 0

图 4-10　城市模拟区域坡度层示意图

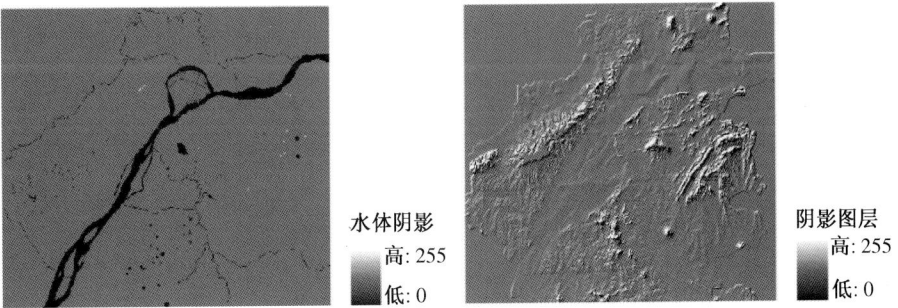

水体阴影

高: 255

低: 0

阴影图层

高: 255

低: 0

图 4-11　城市模拟区域阴影及水体阴影图层

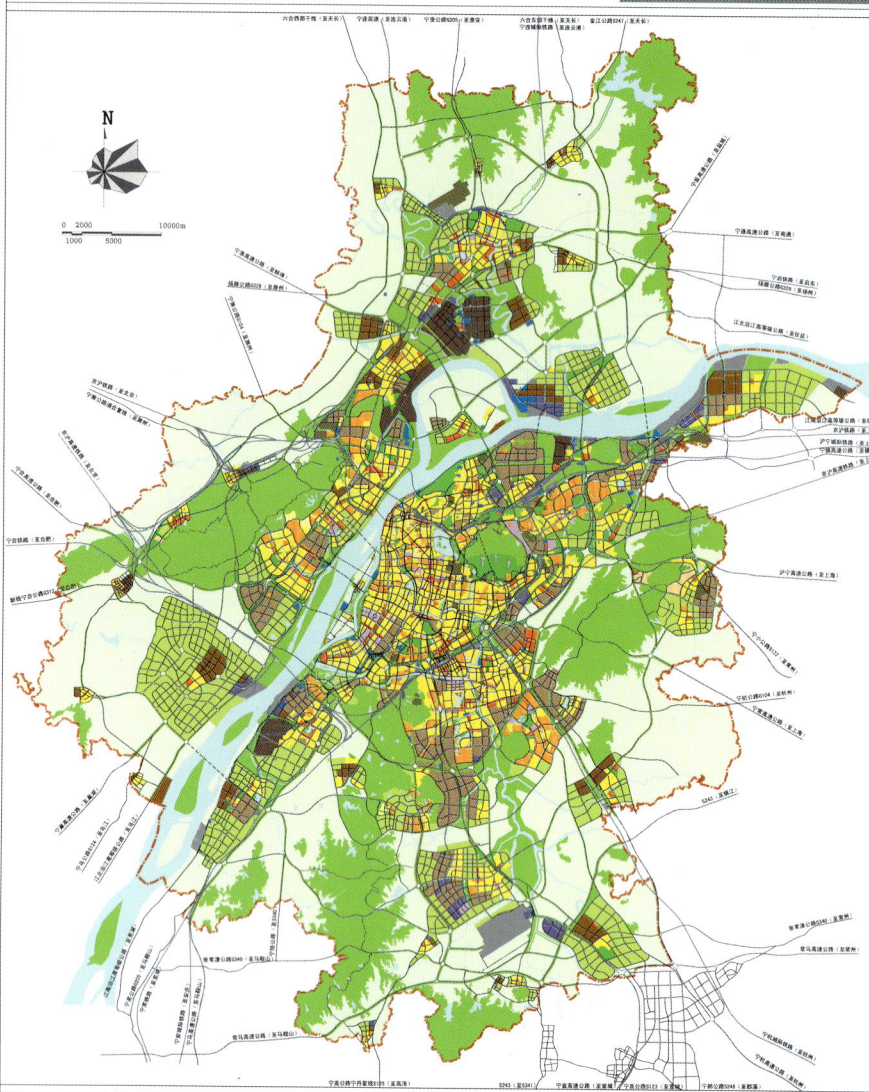

图 4-15　南京市 2007—2020 年城市总体规划图

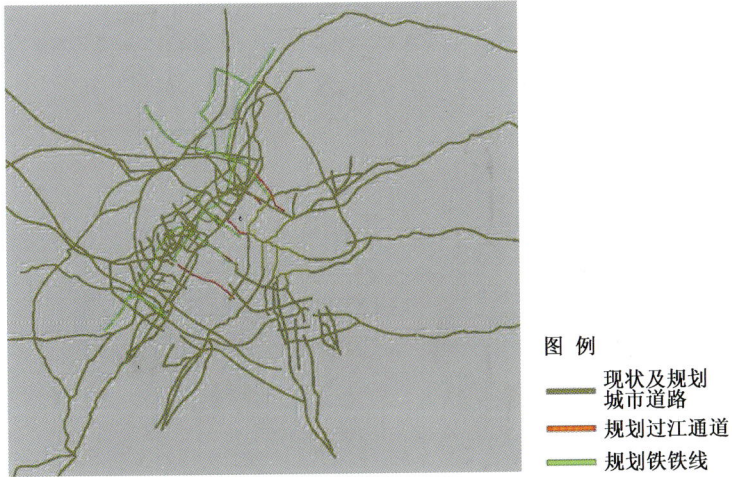

图 例

现状及规划
城市道路
规划过江通道
规划铁铁线

图 4-16　城市模拟区域 2020 年道路交通图层示意图

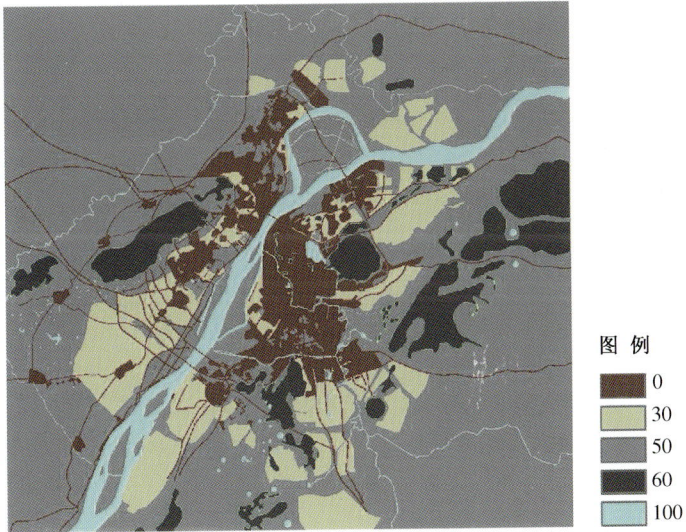

图 例

0
30
50
60
100

图 4-17　城市柔性扩张方式排除层设置

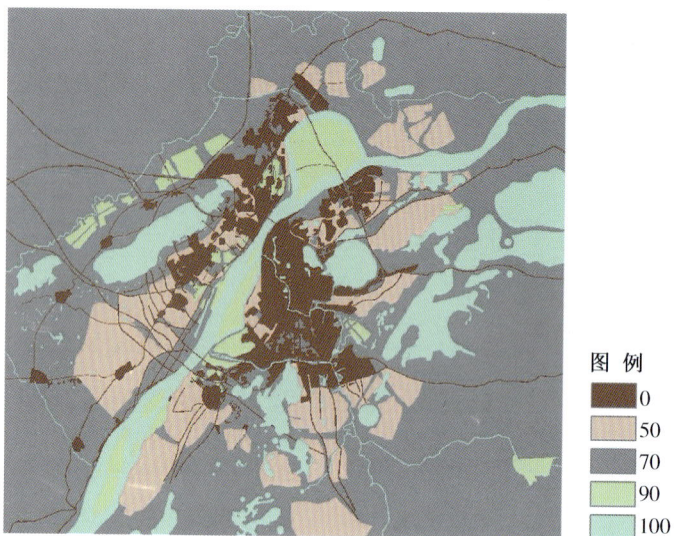

图 例
0
50
70
90
100

图 4-18 城市刚性管理方式排除层设置

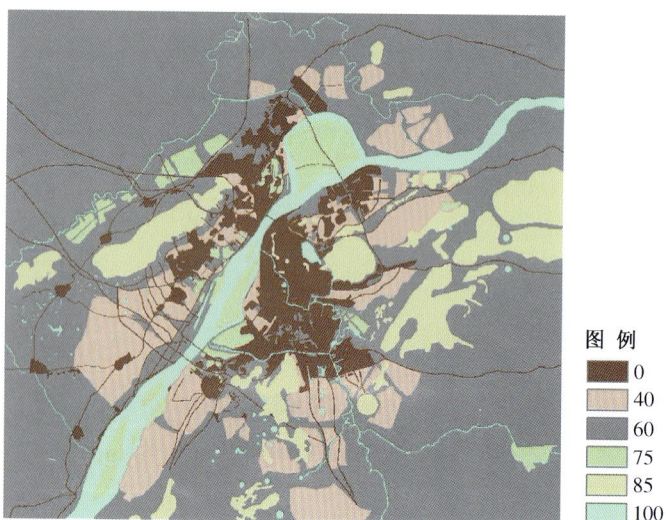

图 例
0
40
60
75
85
100

图 4-19 城市适度增长方式排除层设置

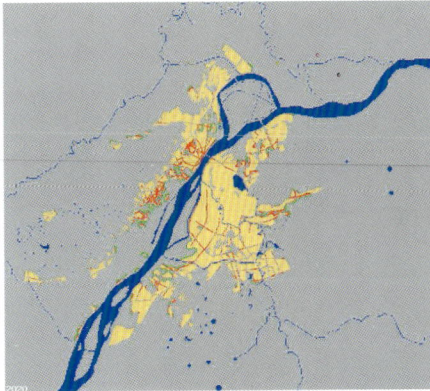

2020年城市范围

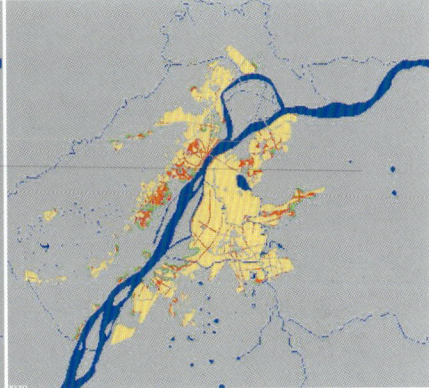

2030年城市范围

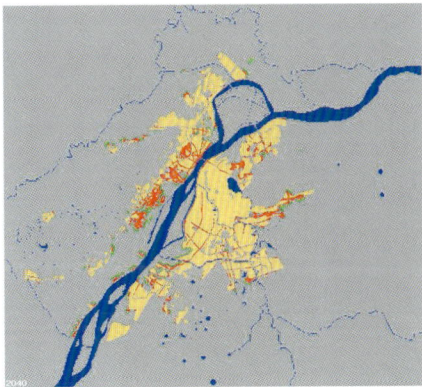

2040年城市范围

图 例

- 2008年城市范围
- 城市化概率50%-70%
- 城市化概率70%-90%
- 城市化概率90%-100%
- 未城市化区域

图 4-20　情景一城市柔性扩张模式预测结果

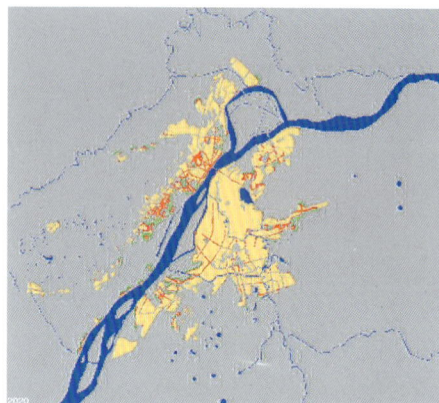

2020年城市范围

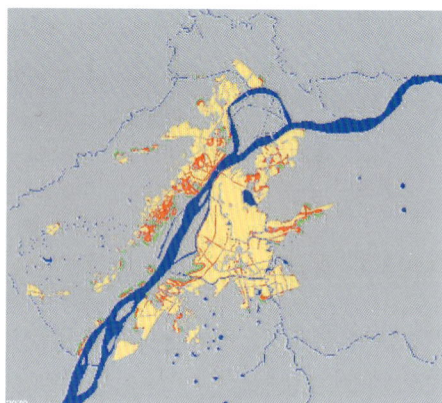

2030年城市范围

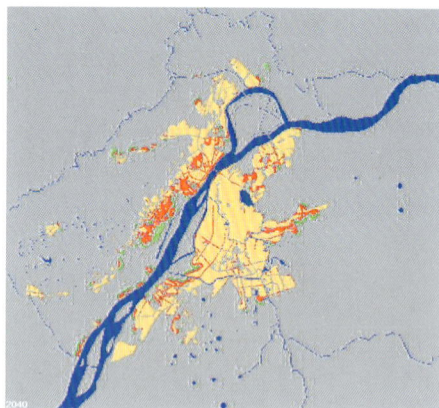

2040年城市范围

图 例

2008年城市范围
城市化概率50%—70%
城市化概率70%—90%
城市化概率90%—100%
未城市化区域

图 4-21　情景二城市刚性管理模式预测结果

2020年城市范围

2030年城市范围

2040年城市范围

图 例
2008年城市范围
城市化概率50%—70%
城市化概率70%—90%
城市化概率90%—100%
未城市化区域

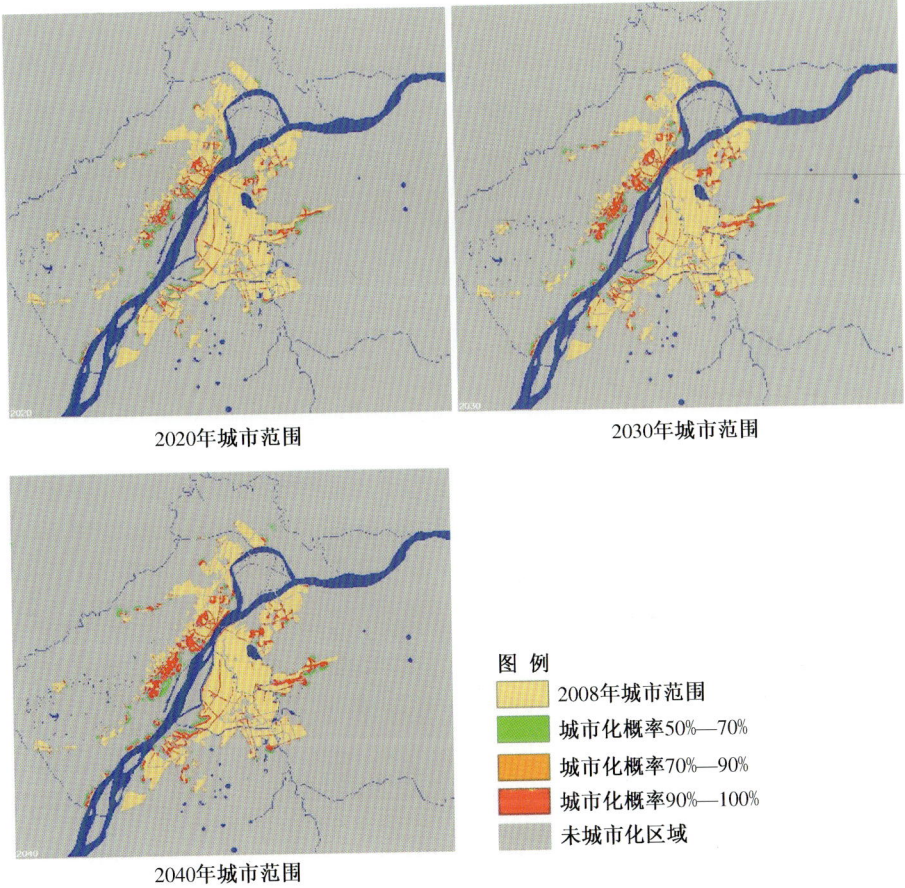

图 4-22　情景三城市适度增长预测结果

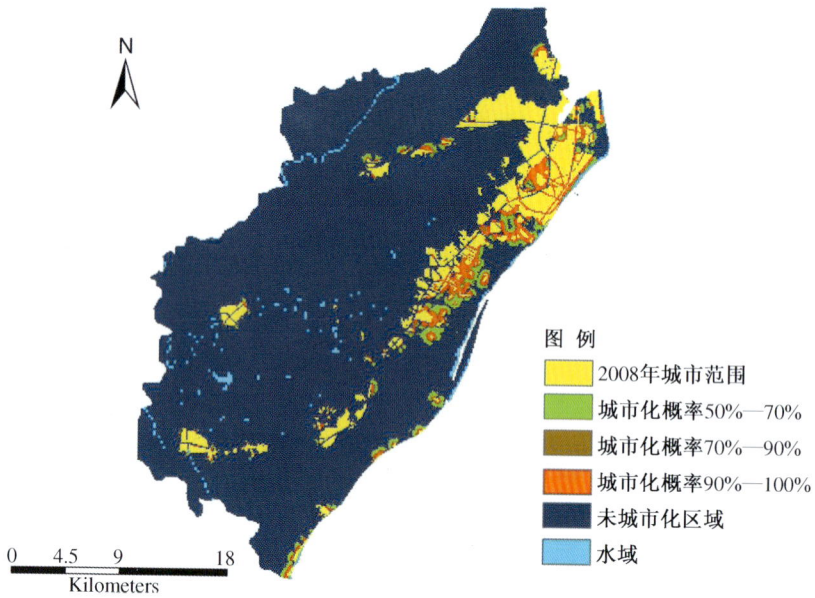

图 例
- 2008年城市范围
- 城市化概率50%—70%
- 城市化概率70%—90%
- 城市化概率90%—100%
- 未城市化区域
- 水域

0　4.5　9　　　18
Kilometers

图 4-29　2020 年浦口区城市扩张模拟结果示意图

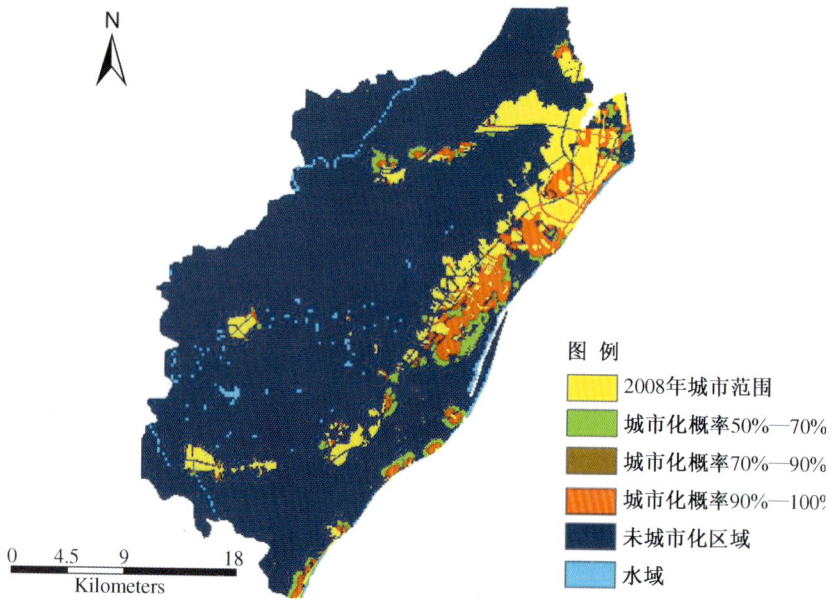

图 例
- 2008年城市范围
- 城市化概率50%—70%
- 城市化概率70%—90%
- 城市化概率90%—100%
- 未城市化区域
- 水域

0　4.5　9　　　18
Kilometers

图 4-30　2030 年浦口区城市扩张模拟结果示意图

图 例
- 2008年城市范围
- 城市化概率50%—70%
- 城市化概率70%—90%
- 城市化概率90%—100%
- 未城市化区域
- 水域

0　4.5　9　　　18
Kilometers

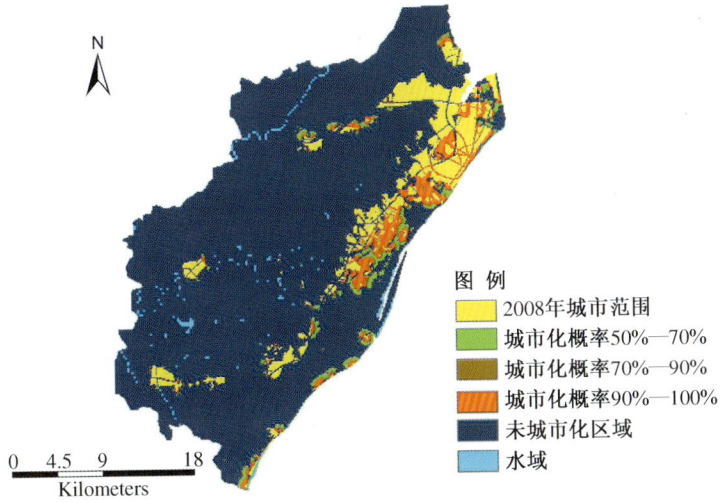

图 4-31　2040 年浦口区城市扩张模拟结果示意图

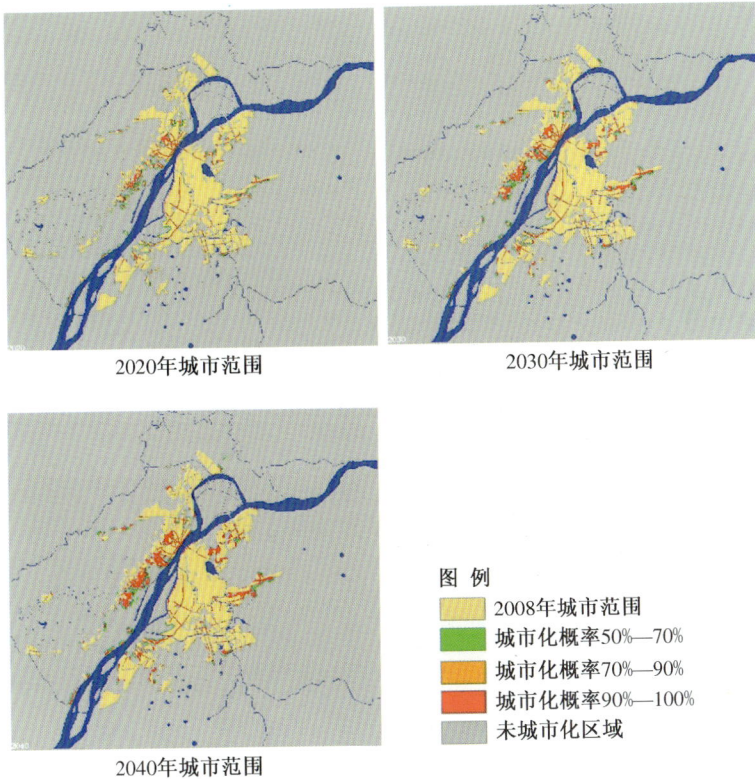

2020年城市范围

2030年城市范围

2040年城市范围

图 例
- 2008年城市范围
- 城市化概率50%—70%
- 城市化概率70%—90%
- 城市化概率90%—100%
- 未城市化区域

图 4-32　剔除跨江通道因素后城市模拟区扩张预测结果

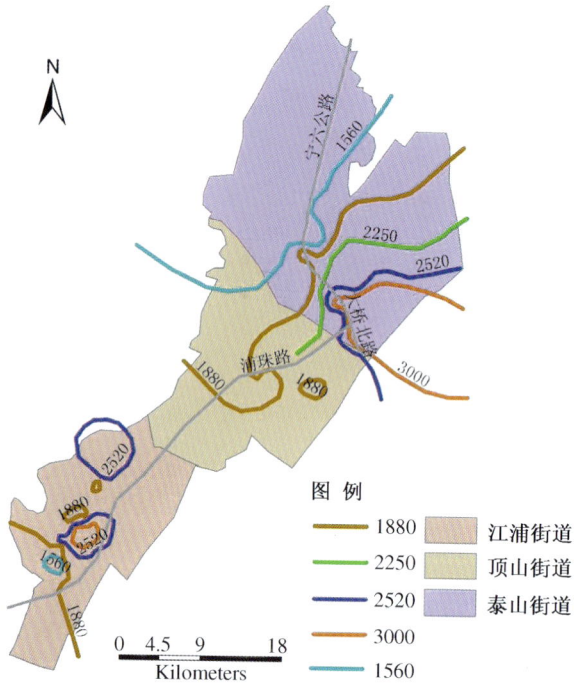

图例

—— 1880 江浦街道
—— 2250 顶山街道
—— 2520 泰山街道
—— 3000
—— 1560

图 5-5 浦口区住宅地价等值线图

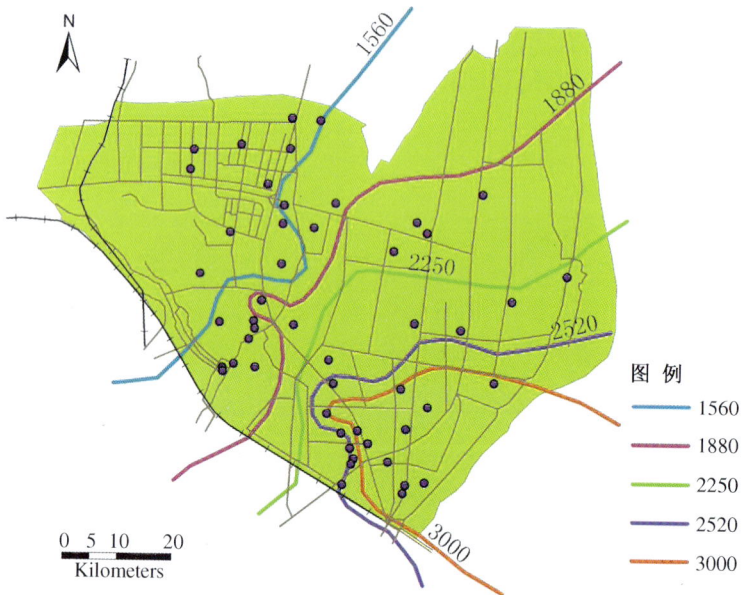

图例

—— 1560
—— 1880
—— 2250
—— 2520
—— 3000

图 5-10 研究范围住宅地价等值线图

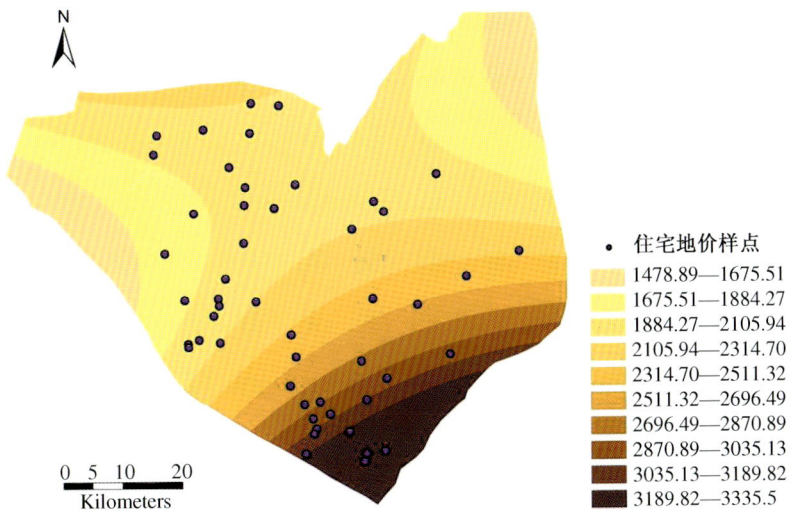

N

住宅地价样点

1478.89—1675.51
1675.51—1884.27
1884.27—2105.94
2105.94—2314.70
2314.70—2511.32
2511.32—2696.49
2696.49—2870.89
2870.89—3035.13
3035.13—3189.82
3189.82—3335.5

0 5 10   20
Kilometers

图 5-11   研究范围住宅地价插值曲面图

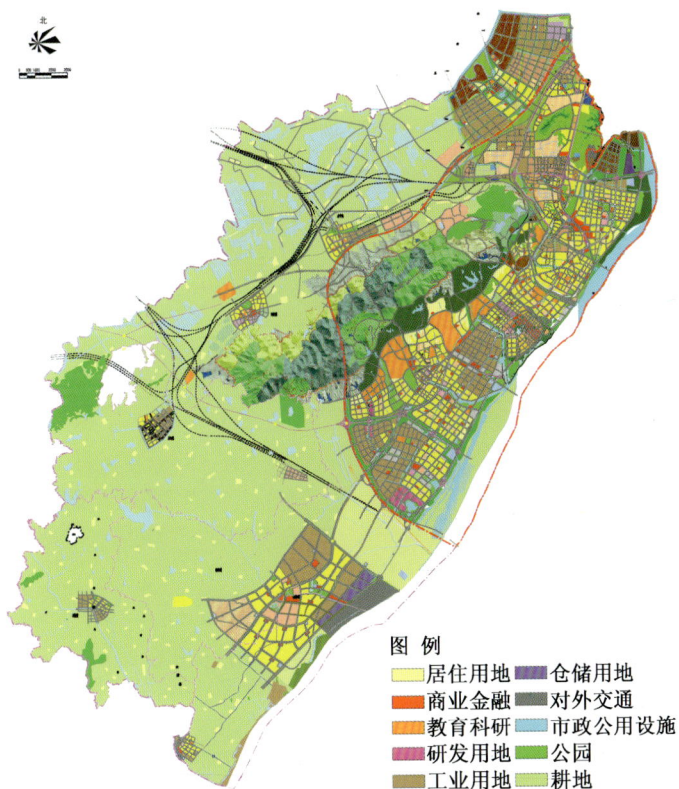

北

图 例

居住用地   仓储用地
商业金融   对外交通
教育科研   市政公用设施
研发用地   公园
工业用地   耕地

图 5-14   浦口区城市用地规划图

図例

/// 地价增值研究区
—— 高速公路
—— 城市快速路
—— 一级公路
—— 二级公路
—— 城市干道
—— 过江通道

图 5-15　跨江通道建设对住宅地价增值影响研究范围示意图

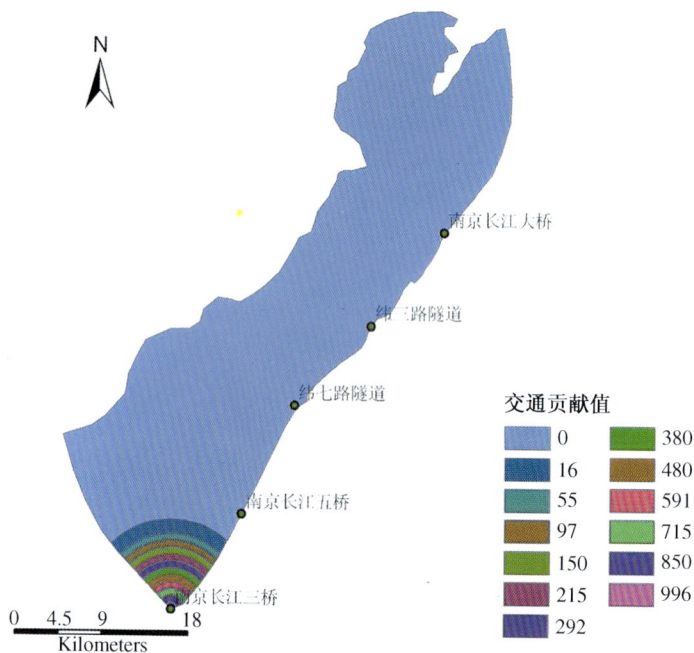

交通贡献值

	0		380
	16		480
	55		591
	97		715
	150		850
	215		996
	292		

图 5-17　南京长江三桥对住宅地价贡献值梯度变化图

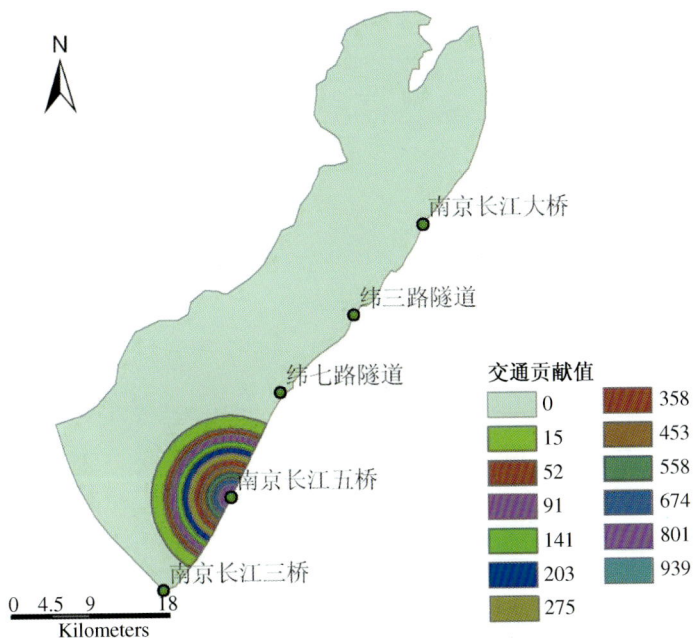

交通贡献值

	0		358
	15		453
	52		558
	91		674
	141		801
	203		939
	275		

南京长江大桥

纬三路隧道

纬七路隧道

南京长江五桥

南京长江三桥

0 4.5 9 18
Kilometers

图 5-19 南京长江五桥对住宅地价贡献值梯度变化图

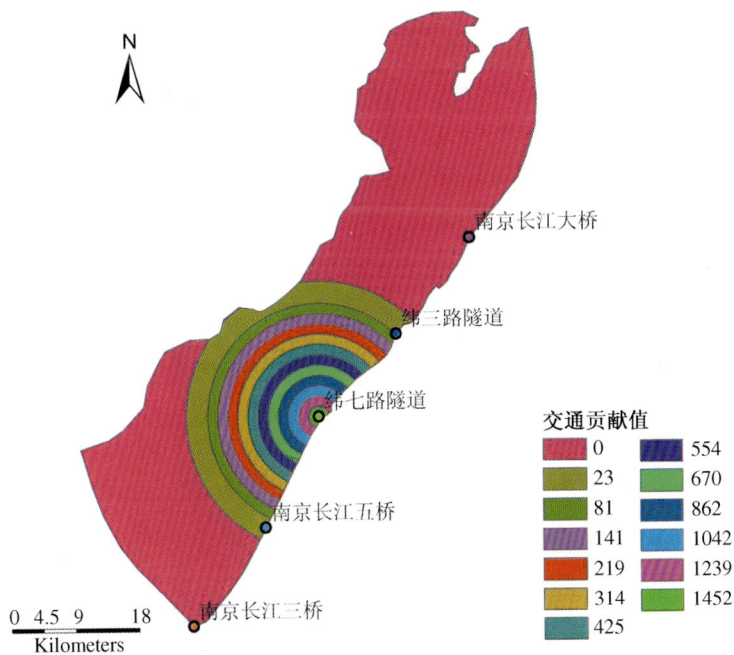

交通贡献值

	0		554
	23		670
	81		862
	141		1042
	219		1239
	314		1452
	425		

南京长江大桥

纬三路隧道

纬七路隧道

南京长江五桥

南京长江三桥

0 4.5 9 18
Kilometers

图 5-21 纬七路隧道对住宅地价贡献值梯度变化图

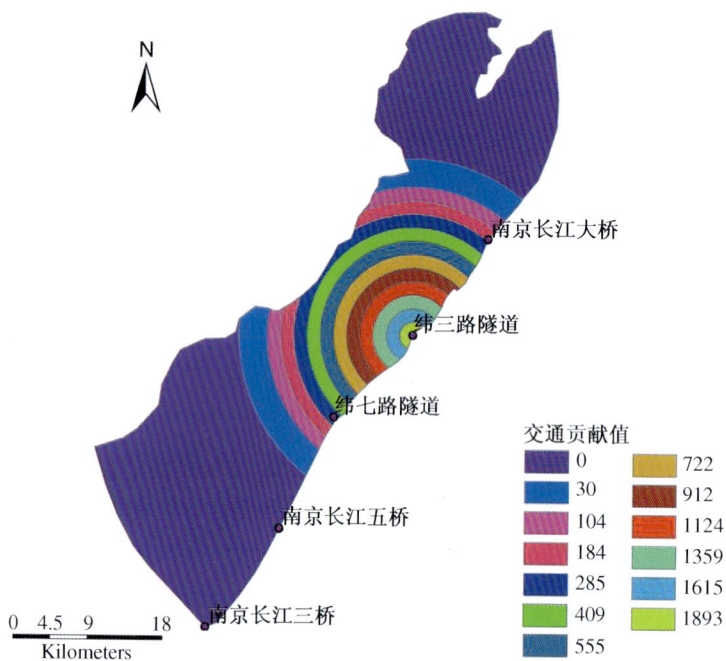

图 5-23　纬三路隧道对住宅地价贡献值梯度变化图

图 5-23　纬三路隧道对住宅地价贡献值梯度变化图

交通贡献值

0	722
30	912
104	1124
184	1359
285	1615
409	1893
555	

南京长江大桥
纬三路隧道
纬七路隧道
南京长江五桥
南京长江三桥

0　4.5　9　　　18
Kilometers

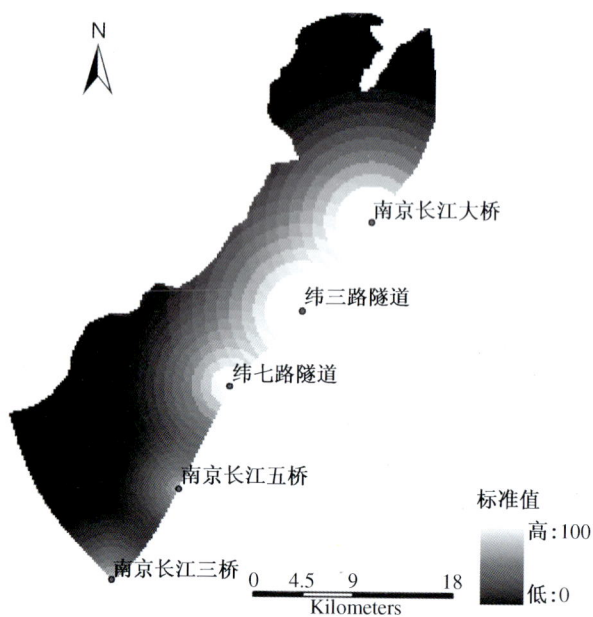

南京长江大桥
纬三路隧道
纬七路隧道
南京长江五桥
南京长江三桥

标准值
高:100
低:0

0　4.5　9　　　18
Kilometers

图 5-26　各跨江通道地价贡献标准值叠加图

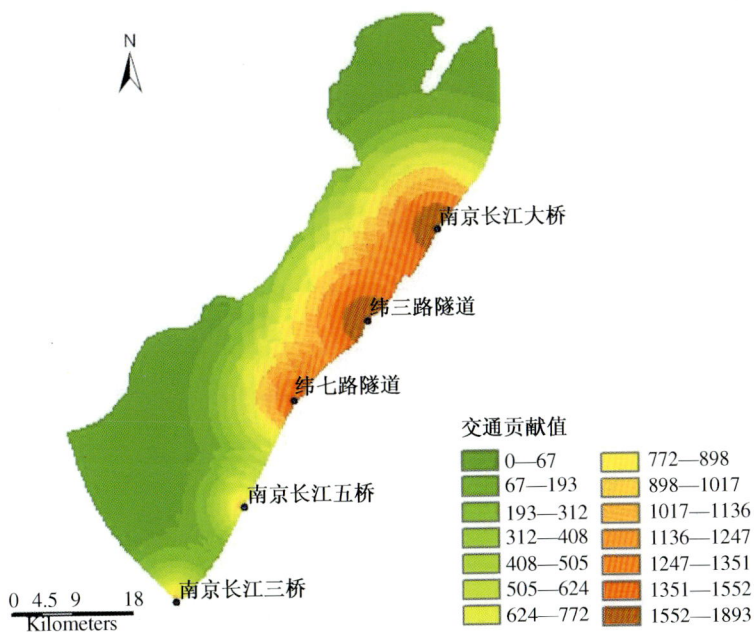

交通贡献值

■	0—67	■	772—898
■	67—193	■	898—1017
■	193—312	■	1017—1136
■	312—408	■	1136—1247
■	408—505	■	1247—1351
■	505—624	■	1351—1552
■	624—772	■	1552—1893

图 5-27　各跨江通道地价贡献值叠加示意图

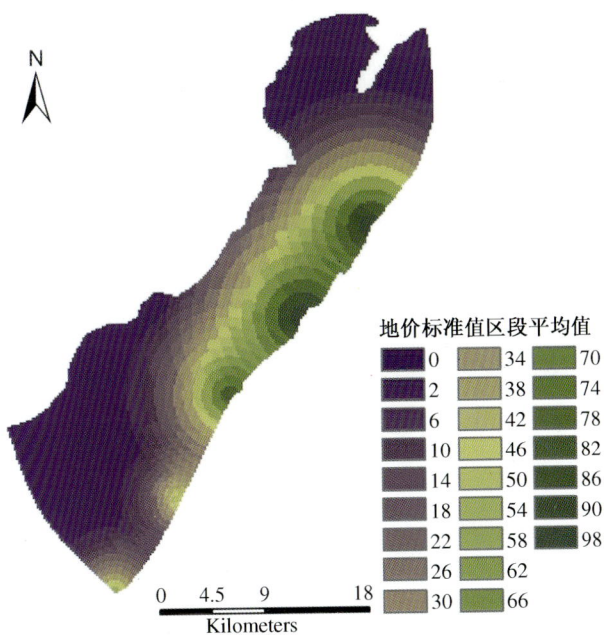

地价标准值区段平均值

■ 0	■ 34	■ 70
■ 2	■ 38	■ 74
■ 6	■ 42	■ 78
■ 10	■ 46	■ 82
■ 14	■ 50	■ 86
■ 18	■ 54	■ 90
■ 22	■ 58	■ 98
■ 26	■ 62	
■ 30	■ 66	

图 5-28　跨江通道建设对住宅地价标准贡献值区位图

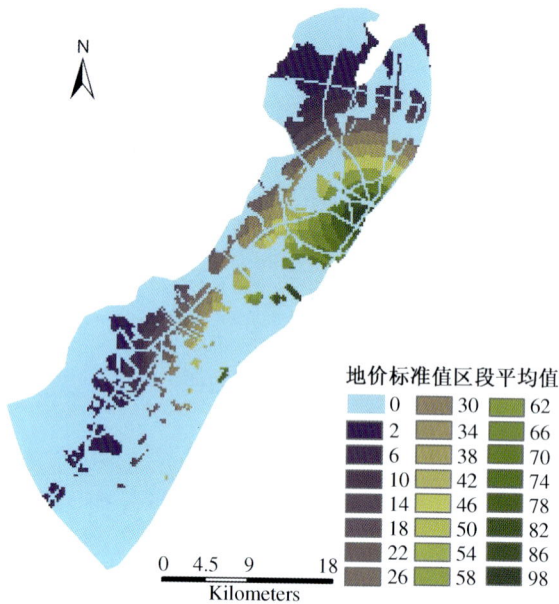

图 5-29　跨江通道建设对现状城市用地住宅地价标准贡献值区位图

图 5-30　浦口区轨道线网规划图

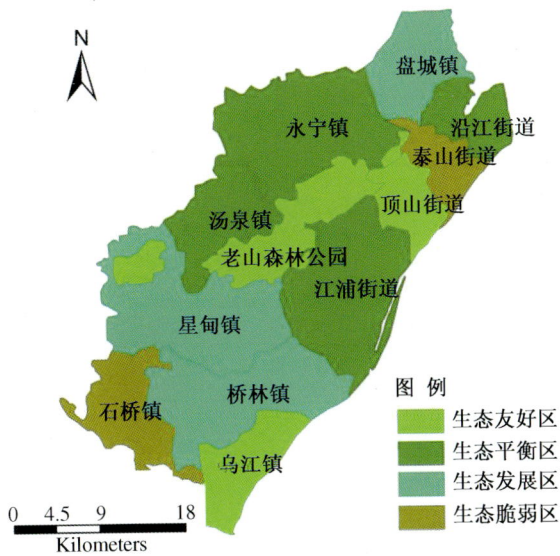

N

盘城镇

永宁镇

沿江街道

泰山街道

汤泉镇

顶山街道

老山森林公园

江浦街道

星甸镇

桥林镇

图 例

石桥镇

生态友好区

乌江镇

生态平衡区

生态发展区

0 4.5 9 18

生态脆弱区

Kilometers

图 6 - 4 2003 年浦口区各镇街生态区分布图

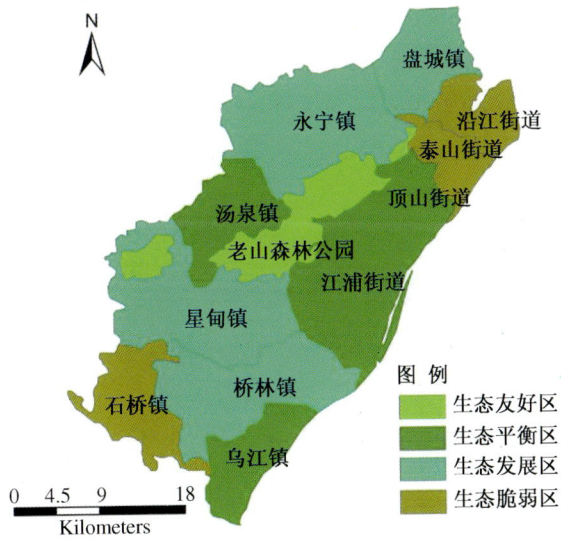

N

盘城镇

永宁镇

沿江街道

泰山街道

汤泉镇

顶山街道

老山森林公园

江浦街道

星甸镇

桥林镇

图 例

石桥镇

生态友好区

乌江镇

生态平衡区

生态发展区

0 4.5 9 18

生态脆弱区

Kilometers

图 6 - 5 2008 年浦口区各镇街生态区分布图

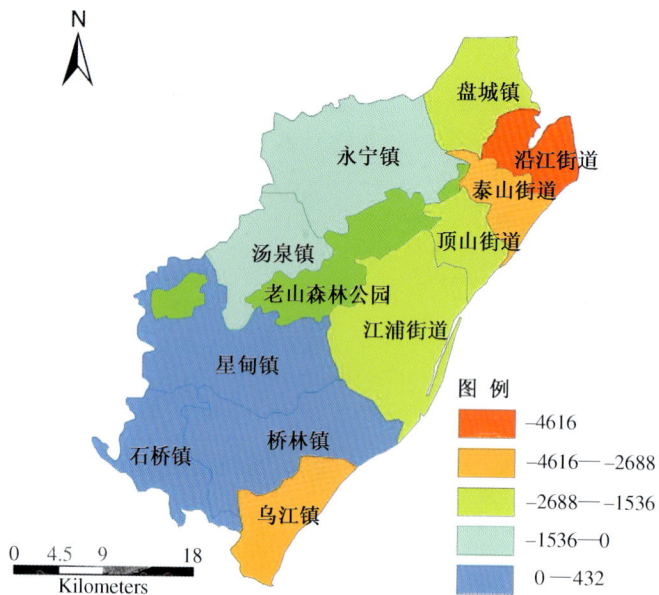

图 6-6 浦口区各镇街生态系统服务价值变化空间分布图

图 例
- -4616
- -4616—-2688
- -2688—-1536
- -1536—0
- 0—432

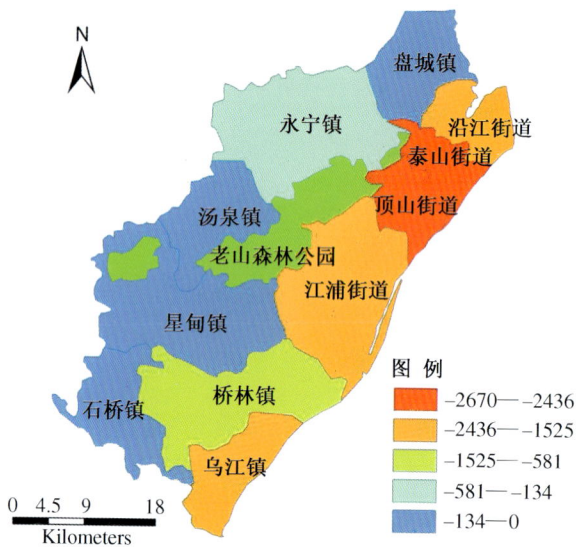

图 6-8 2008—2020 年浦口区各镇街单位生态系统服务价值变化空间分布图

图 例
- -2670—-2436
- -2436—-1525
- -1525—-581
- -581—-134
- -134—0

图书在版编目（CIP）数据

跨江通道对滨江副城土地利用影响研究 / 杨得志，
吴巍，沈春竹著. —南京：南京大学出版社，2012.11
（南京大学人文地理丛书）
ISBN 978 - 7 - 305 - 10769 - 6

Ⅰ. ①跨… Ⅱ. ①杨… ②吴… ③沈… Ⅲ. ①城市土
地-土地利用-研究-南京市 Ⅳ. ①F299.275.31

中国版本图书馆 CIP 数据核字（2012）第 264317 号

出版发行　南京大学出版社
社　　址　南京市汉口路 22 号　　　　邮　编 210093
网　　址　http://www.NjupCo.com
出版人　左　健

丛 书 名　南京大学人文地理丛书
书　　名　跨江通道对滨江副城土地利用影响研究——以南京市浦口区为例
著 任 者　杨得志　吴　巍　沈春竹
责任编辑　经　晶　荣卫红　　　　　编辑热线　025 - 83593963

照　　排　南京紫藤制版印务中心
印　　刷　南京人民印刷厂
开　　本　787×960　1/16　印张 12　字数 183 千
版　　次　2012 年 11 月第 1 版　2012 年 11 月第 1 次印刷
ISBN　978 - 7 - 305 - 10769 - 6
定　　价　30.00 元

发行热线　025 - 83594756　83686452
电子邮箱　Press@NjupCo.com
　　　　　Sales@NjupCo.com（市场部）

南京大学"985"三期建设工程
江苏高校优势学科建设工程 联合资助

南京大学人文地理丛书

跨江通道对滨江副城 土地利用影响研究

——以南京市浦口区为例

◎杨得志 吴 巍 沈春竹 著

南京大学出版社